AF457936

LA LUTTE POUR L'EXISTENCE

ET

L'ÉVOLUTION DES SOCIÉTÉS

LA LUTTE

POUR

L'EXISTENCE

ET

L'ÉVOLUTION DES SOCIÉTÉS

PAR

J.-L. DE LANESSAN
Député,
Ancien Ministre de la Marine,
Professeur agrégé à la Faculté de Médecine de Paris.

PARIS
FÉLIX ALCAN, ÉDITEUR
ANCIENNE LIBRAIRIE GERMER BAILLIÈRE ET Cie
108, BOULEVARD SAINT-GERMAIN, 108

1903

LA LUTTE POUR L'EXISTENCE

ET L'ÉVOLUTION DES SOCIÉTÉS

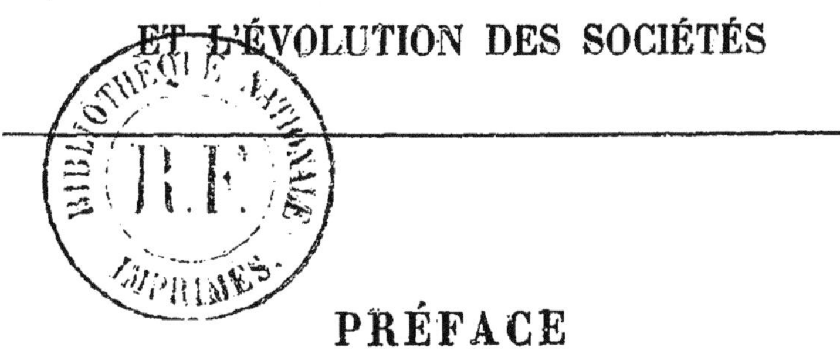

PRÉFACE

Le problème social n'est point, ainsi que le pensent un grand nombre de personnes, un problème nouveau, qui aurait été posé seulement de nos jours et que les penseurs des époques antérieures à la nôtre auraient méconnu ou systématiquement dédaigné.

Les livres sacrés des religions sont, en grande partie, le produit de son étude; les plus beaux ouvrages de Platon et d'Aristote lui sont consacrés; il fit l'objet des méditations des disciples d'Epicure et de Zénon; il a préoccupé les Pères de l'Eglise et les docteurs du moyen âge eux-mêmes; il a passionné, depuis la renaissance de l'esprit philosophique, tous les penseurs de l'Occident, jusqu'au jour où les hommes de notre grande Révolution tentèrent d'en formuler une solution pratique. Des discussions qu'il a provoquées, dans l'antiquité comme de nos jours, sont sortis, avec les lois sociales des divers peuples civilisés, les progrès qui ont été faits par l'humanité dans la recherche du bonheur auquel aspirent tous ses membres.

Du cahos d'opinions innombrables et contradictoires, auxquelles l'étude du problème social a donné naissance, deux sortes principales de conceptions se dégagent.

Les uns, négligeant les faits, même quand ils les ont constatés, prétendent fonder les sociétés humaines sur des principes purement métaphysiques et bâtissent, de toutes pièces, des organismes sociaux tellement parfaits que nul ne les connaît et ne les connaîtra jamais.

Socrate, Xénophon, Platon, Aristote et leurs disciples d'une part, les Epicuriens et les Stoïciens de l'autre furent, plusieurs siècles avant notre ère, les fondateurs de cette école sociale. Ils font preuve d'une connaissance suffisamment exacte de la nature humaine ; ils voient dans les besoins naturels des hommes, et dans la solidarité de ces besoins, la source de la famille et des groupements plus étendus auxquels ils donnent le nom d'Etat ; mais, dominés par la pensée que l'âme est préexistante au corps, qu'elle doit lui survivre après la mort et que, par suite, elle représente la portion la plus essentielle de l'organisme humain, celle dont il faut s'occuper avant tout, ils édifient leur Etat idéal et théorique beaucoup moins en vue de la satisfaction des besoins du corps que pour atteindre à la perfection spirituelle de l'âme. Ils condamnent les richesses, le luxe, le commerce, l'industrie, méprisent tout travail salarié, même s'il est intellectuel, ou ne l'acceptent, comme les Cyniques, qu'à titre de protestation contre l'orgueil des riches et seulement comme un moyen de conquérir l'indépendance. Ils considèrent comme des vices les tendances que les hommes manifestent vers le bonheur matériel, et préconisent comme des actes de vertu toutes les entraves mises à l'accroissement des besoins et des désirs des hommes. Ils réservent aux esclaves l'existence utilitaire et n'ont d'estime que pour la vie contemplative. Le corps lui-même n'est, à leurs yeux, qu'un esclave, dont l'âme est l'omnipotente souveraine.

Soit qu'avec Platon ils brisent la famille au profit de la société et concèdent à l'État le pouvoir le plus absolu sur tous les citoyens ; soit qu'avec Aristote ils proclament la dignité de l'individu, les groupements sociaux qu'ils imaginent seraient incapables de vivre ailleurs que dans des cités célestes, et toutes relations entre leurs membres seraient inutiles, car l'existence entière de chacun s'écoulerait dans la contemplation de son âme et de son Dieu.

A cette école se rattachent : les conceptions sociales des prophètes d'Israël et les organisations monastiques des Hébreux ; la sociologie des Pères de l'Eglise, héritiers directs du prophétisme hébraïque et contempteurs de la propriété elle-même ; les sociétés monacales que le christianisme offre en modèles, depuis vingt siècles, à la société civile ; les rêveries des docteurs du moyen âge, pour lesquels la sociologie n'était qu'un chapitre de la théologie, comme le droit en était un autre.

De cette école découlent également tous les systèmes sociaux qui, dans les temps modernes et sous des formes diverses, prétendent régler l'organisation et le fonctionnement des sociétés humaines d'après de prétendues idées innées, et en vertu des principes théoriques d'une morale elle-même fondée sur l'intangible Absolu.

Cependant, les sociétés humaines évoluaient, en dépit des leçons et des écrits des métaphysiciens, dans la direction que leur imposent la nature des hommes et celle des milieux dans lesquels ils vivent. Le fait était plus fort que la théorie. Le naturisme triomphait, dans la réalité, du mysticisme. Et un jour vint où, pour réagir contre l'ascétisme des doctrines chrétiennes, seules enseignées jusqu'alors dans les écoles de l'Occident, on alla chercher dans les œuvres des philosophes païens, non plus l'idéalisme qu'ils y avaient placé, à titre de conclusions et comme but assigné à l'esprit, mais les faits qu'ils avaient puisés dans la nature, les observations qu'ils avaient recueillies dans les sociétés de leur temps et les considérations rationnelles que l'expérience leur avait inspirées.

Sur ces bases, on commença d'édifier une doctrine nouvelle, plus conforme aux réalités que celles admises précédemment, plus apte aussi à favoriser le développement de l'activité sociale dans le commerce et l'industrie tant méprisés jadis, et à rehausser le travail autrefois regardé comme indigne de l'homme libre.

Lorsque Abélard, au XIIe siècle, commente, devant ses élèves de l'université de Paris, les œuvres politiques et sociales d'Aristote, récemment apportées d'Orient, c'est un monde intellectuel nouveau dont il entr'ouvre les portes; et ni sa condamnation, ni celle d'Aristote lui-même par l'Eglise de ce temps, ni les persécutions que les adeptes du naturisme auront à subir désormais de la part des pouvoirs religieux ou civils, n'enrayeront les progrès de la science sociale, n'imposeront silence aux penseurs que la nature attire, que l'observation tente, qui prétendent voir avant de croire, et qui aspirent à relever la dignité de l'homme dans le seul monde qu'il nous soit possible de connaître.

Il surgira encore, de temps à autre, pendant quelques siècles, des docteurs imbus de la doctrine mystique des Prophètes et des Pères de l'Eglise, ennemis des biens de la terre, hostiles au progrès matériel; on entendra des prédicateurs, comme le cordelier Olivier Maillard, déclamer des sermons violents contre les richesses, le luxe, le commerce, l'industrie, le prêt de l'argent, et préconiser le retour à la pauvreté; on assistera, vers le milieu du XIVe siècle, au spectacle de moines proclamant, d'une façon solennelle, que la pauvreté est l'idéal de la vie chrétienne et faisant condamner par le concile de 1332 toutes les formes de la propriété, aussi bien l'individuelle que la collective; mais on ne prêtera qu'une attention railleuse à toutes ces manifestations de doctrines surannées.

Les scolastiques eux-mêmes s'étaient déjà prononcés en faveur de l'utilité du commerce, de la dignité du travail rémunéré; ils avaient accepté la nécessité du prêt, jusqu'alors formellement interdit par l'Eglise, et ils allaient jusqu'à soutenir cette idée, bien neuve alors, que la monnaie n'était point la propriété du prince, mais celle des particuliers et de la communauté sociale. A partir de ce moment, les écrivains abondent qui discutent, en dehors des préceptes de l'Eglise, malgré ses préceptes faut-il dire, de la meilleure organisation des États et cherchent dans la nature la source des droits des citoyens envisagés au double point de vue politique et social.

Quelques métaphysiciens attardés, comme Thomas Morus et Campanella, pourront encore rêver de cités platoniciennes idéales, où tous les actes des citoyens seraient déterminés par la loi, où tous les biens seraient communs, d'où la monnaie serait bannie, où les distractions elles-mêmes seraient réglées par les pouvoirs publics, mais ceux-là ne condamnent plus ni l'industrie ni le commerce, et ils considèrent le travail comme un devoir social. Du reste, au milieu de l'activité qui va chaque jour en s'accentuant, leurs voix et leurs écrits restent sans nul effet.

Un homme d'État comme Sully pourra aussi, revenant aux idées d'un passé déjà lointain, se prononcer contre le développement des métiers et repousser l'introduction dans le royaume de toute industrie nouvelle, mais il ne sera pas moins impuissant que les philosophes à enrayer la marche du progrès social ; et bientôt Montesquieu, dans son admirable livre *De l'Esprit des Lois*, trouvera la voie que suivront, pendant tout le XVIIIe siècle, les précurseurs politiques et sociaux, disons les initiateurs de la Révolution française.

A la suite de Montesquieu, ce n'est plus ni dans la métaphysique des philosophes païens, ni dans la théologie des docteurs chrétiens, que les penseurs iront chercher le fondement des lois, mais dans la nature de l'homme et dans les conditions imposées à son existence par les milieux dans lesquels se sont formés les groupes sociaux.

Avec Montesquieu la politique et la sociologie naturistes sont fondées, mais elles ne pourront se développer sur des bases véritablement solides que le jour où les sciences d'observation seront en état de fournir aux sociologues des renseignements précis sur la constitution de notre globe, sur la nature de notre organisme et celle des êtres vivants qui nous entourent, sur les phénomènes naturels qui déterminentle progrès ou la dégénérescence des individus, des familles ou des sociétés, et sur les liens de toutes sortes qui rattachent l'homme aux autres êtres vivants.

C'est seulement à partir de ce jour que l'on pourra s'occuper utilement de l'avenir réservé aux société humaines par les conditions diverses dans lesquelles leur évolution s'effectue, et que l'on étudiera fructueusement les moyens d'améliorer le sort de chacune des catégories d'individus qui les composent.

Cette œuvre nouvelle débute vers le milieu du XVIIIe siècle, avec les philosophes encyclopédistes d'une part, et, d'autre part, avec Buffon et ses disciples ; elle se développera, au commencement du XIXe siècle, avec Geoffroy-Saint-Hilaire qui lui apportera sa grande science de naturaliste, et avec les communistes qui la réchaufferont de leur ardente foi dans l'avenir de l'humanité; mais son importance réelle ne devait être totalement comprise que dans la seconde moitié du siècle, à la suite des patientes et fructueuses recherches de l'École évolutionniste.

Le naturisme, entrevu dans l'antiquité par les philosophes grecs, mais abandonné par eux-mêmes dans leurs projets d'organisation des sociétés humaines, restauré quinze siècles plus tard par les philosophes et les naturalistes, est désormais fondé sur des bases rigoureusement scientifiques. Il sera le flambeau lumineux dont parle Lucrèce et que se transmettront, de main en main, tous les philosophes, historiens et savants soucieux de ne chercher la vérité que dans les faits dont l'univers matériel est le théâtre.

C'est un tel souci qui m'a guidé dans la confection du présent livre.

Il a pour base l'observation de la nature humaine et celle des sociétés formées par les hommes; on n'y trouvera que des principes et des règles tirés de cette observation.

S'il contient des erreurs, il faudra les mettre sur le compte de l'insuffisance des moyens dont la science dispose en ce moment, ou bien les attribuer à quelque défaut de perspicacité de l'observateur. On n'en devra pas accuser la méthode mise en application, car c'est la même qui a permis aux sciences naturelles de réaliser, depuis un siècle et demi, tous les progrès qui font leur honneur et qui les placent au premier rang dans les vastes domaines ouverts par le génie humain.

Je me suis efforcé de poser les questions de la manière la plus rigoureusement scientifique. J'ai étudié en naturaliste les sociétés humaines et les maux dont elles souffrent, comme s'il se fût agi d'une espèce d'êtres à laquelle je serais étranger.

J'ai constaté avec tristesse que l'évolution ascendante d'une portion de nos sociétés est accompagnée de la dégénérescence parallèle d'une autre portion non moins considérable et j'ai recherché les causes de ces phénomènes, afin de découvrir et de signaler les mesures à prendre pour les modifier.

Au cours de ces patientes études, je n'ai construit aucune folle hypothèse, je n'ai fait aucun rêve irréalisable, et je me suis gardé avec le plus grand soin d'écrire pour nos arrière-neveux, car l'expérience m'a enseigné que l'homme politique ne doit jamais, s'il veut produire quelque effet utile, ni jouer au prophète ni se donner les allures d'un apôtre. Le rôle que j'envie est beaucoup plus modeste.

La démocratie monte à l'assaut de tous les progrès avec une ardeur sans cesse croissante ; mais elle y monte en ordre dispersé, par mille chemins ou sentiers qui zigzaguent à travers les broussailles de l'erreur ou des préjugés, et la direction lui fait souvent défaut.

Je lui propose, en ce livre, pour guider sa marche, la méthode des sciences d'observation et d'expérimentation.

Si j'ai pu, dans la course que je viens moi-même

de faire à l'aide de cette boussole directrice, jeter quelque lumière sur les obscurs problèmes de notre vie sociale, retracer avec vérité quelques phases de nos luttes pour l'existence et quelques étapes de l'évolution de la morale sociale dans notre pays, si je puis inspirer à d'autres le désir de suivre la même voie, je croirai ne point avoir perdu mon temps.

J.-L. DE LANESSAN.

LIVRE PREMIER

LA LUTTE POUR L'EXISTENCE ET SES EFFETS DANS LES SOCIÉTÉS HUMAINES

CHAPITRE PREMIER

EN QUOI CONSISTE LA LUTTE POUR L'EXISTENCE

Formulé pour la première fois par Buffon, il y a plus de cent ans, exposé avec de grands détails et une remarquable accumulation de faits, dans la dernière moitié du XIXe siècle, par Darwin et un grand nombre d'autres naturalistes, le principe de la concurrence vitale ou lutte pour l'existence (*struggle for life*) a pris place, depuis quelque temps, dans les écrits des politiciens et des sociologues, mais il ne me paraît pas qu'aucun d'entre eux en ait compris la signification exacte, ni observé convenablement les résultats. On me pardonnera donc d'entrer dans quelques détails sur cette question qui, en fait, domine la sociologie tout entière.

La lutte pour l'existence est commune à tous les êtres vivants sans aucune exception, depuis le végétal ou l'animal le plus infime jusqu'à la plante et à l'animal les plus parfaits, et depuis la forme la plus primitive de l'espèce humaine jusqu'au type le plus perfectionné de l'humanité. Aucun individu vivant n'y échappe ; chacun est en lutte incessante, non seulement avec tous les êtres semblables ou dissemblables qui l'entourent, mais encore avec tous les éléments du milieu dans lequel il vit.

Les premières observations relatives à ce grand fait biologique sont dues à Buffon. Après avoir découvert et signalé l'influence que le climat, la nourriture, les croisements, etc., exercent sur la production des caractères individuels de tous les êtres vivants, il constata que, sous l'influence de ces actions diverses, chaque individu naît avec quelques caractères qui permettent de le distinguer de tous ceux de son espèce, de sa race et même de sa famille. Puis, il observa qu'il est possible et même facile de créer une race nouvelle en sélectionnant et accouplant les individus qui se distinguent par un même caractère[1].

1. Je ne puis mieux faire que de reproduire les observations de Buffon sur la manière dont, avec une seule espèce de pigeons sauvages, le biset, on a pu créer toutes les variétés domestiques que nous connaissons. « Une fois, dit Buffon, nos colombiers établis et peuplés, ce qui était le premier point et le plus difficile à remplir pour obtenir quelque empire sur une espèce aussi fugitive, aussi volage, on se sera bientôt aperçu que, dans le grand nombre de jeunes pigeons que ces établissements nous produisent à chaque saison, il s'en trouve quelques-uns qui varient pour la grandeur, la forme et les couleurs. On aura donc choisi les plus gros, les plus singuliers, les plus beaux ; on les aura séparés de la troupe commune pour les élever à part avec des soins plus assidus et dans une captivité plus étroite ; les descendants de ces esclaves choisis auront encore présenté de nouvelles variétés, qu'on aura séparées, distinguées des autres, unissant constamment et mettant ensemble ceux qui ont paru les plus beaux et les plus utiles... » *Œuvres complètes*, Edit. De Lanessan, t. V, p. 505; et *Introduction*, p. 409.

Dans son histoire du chat il explique comment par ce choix, cette *sélection*, disons-nous aujourd'hui, on a obtenu les chats angoras, entièrement blancs et à longs poils. « Le chat sauvage, dit-il, a les couleurs dures et le poil un peu rude, comme la plupart des autres animaux sauvages ; devenu domestique, le poil s'est radouci, les couleurs ont varié, et dans le climat favorable du Chorazan et de la Syrie le poil est devenu plus long, plus fin, plus fourni, et les couleurs se sont uniformément adoucies ; le noir et le roux sont devenus d'un brun clair, le gris brun est devenu gris cendré, et en comparant un chat sauvage de nos forêts avec un chartreux, on voit qu'ils ne diffèrent en effet que par cette dégradation des couleurs; ensuite, comme ces animaux ont plus ou moins de blanc sous le ventre et aux côtés, on concevra aisément que pour avoir des chats tout blancs et à longs poils, tels que ceux que nous appelons proprement chats d'Angora, il n'a fallu que choisir dans cette race adoucie ceux qui avaient le plus de

C'est aussi à Buffon qu'appartient l'honneur d'avoir signalé pour la première fois les faits que Darwin devait réunir plus tard, en les multipliant, sous le nom de « lutte pour l'existence ». Le grand naturaliste français remarque, non sans raison, que la terre serait promptement envahie par une espèce quelconque de végétaux et d'animaux, surtout par les espèces très fécondes et qui sont, d'ordinaire, les plus petites, si ces êtres ne se détruisaient pas pour se nourrir les uns des autres ou n'étaient pas détruits par les accidents cosmiques, les maladies, etc. « Lorsqu'on réfléchit, dit-il[1], sur cette fécondité sans bornes donnée à chaque espèce, sur le produit innombrable qui doit en résulter, sur la prompte et prodigieuse multiplication de certains animaux qui pullulent tout à coup et viennent par milliers dévaster les campagnes et ravager la terre, on est étonné qu'ils n'envahissent pas la nature ; on craint qu'ils ne l'oppriment par le nombre et qu'après avoir dévoré sa substance, ils ne périssent eux-mêmes avec elle. » S'il n'en est point ainsi, c'est que « des obstacles sans nombre réduisent cette fécondité à une mesure déterminée et ne laissent en tout temps qu'à peu près la même quantité d'individus de chaque espèce ».

Notre espèce n'échappe pas à cette loi générale : « lorsqu'une portion de la terre est surchargée d'hommes, ils se dispersent, ils se répandent, ils se détruisent, et il s'établit en même temps des lois et des usages qui ne préviennent que trop cet excès de multiplication... Il

blanc aux côtés et sous le ventre, et qu'en les unissant ensemble, on sera parvenu à leur faire produire des chats entièrement blancs, comme on l'a fait aussi pour avoir des lapins blancs, des chiens blancs, des chèvres blanches, des cerfs blancs, des daims blancs, etc. » *Ibid.*, t. VIII, p. 612. Il n'y a pas, aujourd'hui, un seul horticulteur ou éleveur qui ne connaisse l'importance de la sélection dans l'amélioration ou la production des races végétales et animales.

1. *Œuvres complètes*, Edit. De Lanessan, t. IX, p. 37-40.

se fait sur les hommes, sans qu'on s'en aperçoive, ce qui se fait sur les animaux : On les soigne, on les multiplie, on les néglige, on les détruit, selon le besoin, l'incommodité, les désagréments qui en résultent[1]... »

Il insiste ailleurs sur les causes qui empêchent la destruction totale des espèces. Il signale notamment la rapide multiplication des animaux de petite taille et dépourvus de force, comme moyen de résister aux causes de destruction dont ils sont entourés.

Enfin, il déduit de ces divers faits cette proposition, où se trouve en germe toute la théorie de la lutte pour l'existence et de la sélection que Darwin devait formuler cent ans plus tard : « les espèces les moins parfaites, les plus pesantes, les moins armées, etc., ont déjà disparu ou disparaîtront. »

Plus tard, Malthus, dans un livre célèbre[2], formule une autre proposition, d'ailleurs contredite, dans une certaine mesure, par les faits, à savoir que les animaux croissent suivant une proportion géométrique, tandis que les aliments ne peuvent augmenter que dans une proportion arithmétique, d'où il résulte que si les animaux et les hommes n'étaient pas détruits en partie par des causes diverses, ils finiraient par succomber tous, faute de nourriture. Il est bien évident, du reste, que tous les individus d'une même espèce ne courent pas les mêmes chances de destruction ; les plus forts et les plus habiles, ceux qui savent le mieux se nourrir, se protéger contre les intempéries des saisons, etc., résistent, tandis que les autres disparaissent.

Enfin, généralisant et complétant les observations antérieures à lui, Darwin constate que tous les êtres vivants, y compris les hommes, ont à lutter les uns

1. *Loc. cit.*, t. IX, p. 37-40 et *Introd.*, p. 442.
2. *Essai sur le principe de la population.*

contre les autres et contre les mille difficultés de la vie, et que dans cette lutte, à laquelle il donne le nom de *struggle for life* (lutte pour l'existence) ceux-là seuls survivent qui sont les mieux doués, les mieux armés, ou, si l'on veut, les plus aptes à résister aux causes nombreuses de destruction dont tous sont entourés. « Grâce à cette lutte, dit-il[1], les variations (caractères particuliers à chaque individu), quelque faibles qu'elles soient et de quelque cause qu'elles proviennent, tendent à préserver les individus d'une espèce et se transmettent d'ordinaire à leur descendance, pourvu qu'elles soient utiles à ces individus dans leurs rapports infiniment complexes avec les autres êtres organisés et avec les conditions physiques de la vie. Les descendants auront, eux aussi, en vertu de ce fait, une plus grande chance de survivre ; car, sur les individus d'une espèce quelconque nés périodiquement, un bien petit nombre peut survivre. J'ai donné à ce principe, en vertu duquel une variation, si minime qu'elle soit, se conserve et se perpétue, si elle est utile, le nom de *sélection naturelle* pour indiquer les rapports de cette sélection avec celle que l'homme peut accomplir. Mais l'expression qu'emploie souvent M. Herbert Spencer, *la persistance du plus apte*, est plus exacte et quelquefois tout aussi commode[2]. »

1. *Origine des espèces*, p. 67.

2. Formulée dans ces termes, la doctrine de la sélection naturelle n'est pas conforme à la réalité des faits. D'abord, il n'est pas rendu compte de la cause des variations individuelles, ce qui est un défaut capital. Ensuite, Darwin paraît supposer qu'un seul individu ou un petit nombre d'individus d'une espèce déterminée ayant acquis un caractère utile, celui-ci sera nécessairement conservé par la sélection, uniquement parce qu'il est utile. Or, il n'en est rien. Pour qu'un caractère, même très utile, soit conservé dans la descendance des individus qui le présentent, il faut, ou bien que ces individus représentent la grande majorité des animaux vivant dans une localité déterminée, ou bien que les circonstances les séparent des autres, les ségrègent, ainsi qu'on le fait pour les pigeons, les chevaux, les chiens, etc., que l'on veut artificiellement sélectionner pour créer une race nouvelle. Un caractère même très utile, qui n'existerait que chez un petit nombre d'individus d'une

En résumé : les végétaux luttent entre eux pour la nourriture, chaque espèce tendant à s'emparer du sol au détriment des autres; ils luttent contre les animaux et l'homme qui les menacent et ils n'échappent à la destruction que grâce à une multiplication très rapide et aux mille procédés à l'aide desquels leurs graines sont dispersées; enfin, ils luttent contre les conditions climatériques, contre la chaleur, le froid, la sécheresse, l'humidité excessive, les parasites, etc.

Les animaux, de leur côté, luttent d'abord entre eux, d'espèces à espèces, les uns détruisant les autres, et ils luttent entre eux dans une même espèce, chaque individu consommant une portion de nourriture dont souvent il prive un certain nombre d'autres; ils luttent aussi pour les femelles, chaque mâle cherchant à s'emparer d'une ou plusieurs femelles dont il s'efforce d'empêcher les autres mâles d'approcher, et chaque femelle choisissant de préférence, en beaucoup de cas, les mâles les plus beaux et les plus forts.

Végétaux et animaux luttent contre l'homme qui les détruit, soit pour son plaisir, soit pour sa nourriture ou la confection de ses vêtements, de son logement, de ses outils, de ses machines, de ses navires, etc.

Le résultat de toutes ces luttes est, en principe, le triomphe et la persistance des plus forts, des plus beaux, des plus intelligents, de ceux qui se multiplient avec le plus de rapidité, etc. ; en un mot, des mieux armés,

espèce déterminée, disparaîtrait vite par l'union de ces individus avec les autres. En fait, c'est toujours le milieu (c'est-à-dire le climat, la nourriture, etc.), qui détermine la production des caractères nouveaux et il agit toujours simultanément sur un grand nombre d'individus. La sélection intervient beaucoup moins pour assurer la conservation de ces individus que pour faire disparaître les autres. On doit donc admettre que les espèces nouvelles résultent de l'action des milieux, comme le pensait Buffon, et non de la sélection naturelle, ainsi que l'affirme Darwin.

c'est-à-dire des mieux dotés en moyens de résistance ou d'attaque et de multiplication.

Parmi les moyens de résistance, j'ai été, si je ne me trompe, le premier à signaler « l'association » des individus[1]. J'ai établi par des faits nombreux et empruntés à tous les règnes que tout individu isolé est presque fatalement condamné à succomber dans la lutte pour l'existence, tandis que les individus associés opposent une force de résistance beaucoup plus grande à toutes les causes de destruction.

Les faits de lutte pour l'existence et de sélection sont aussi faciles à constater dans l'espèce humaine que dans les espèces animales et végétales, et leurs conséquences par rapport à la persistance ou à la destruction des individus ainsi qu'à l'évolution des familles et des races sont absolument les mêmes que dans toutes les autres espèces d'êtres vivants.

Les faits naturels auxquels on a donné le nom général de *lutte pour l'existence* sont susceptibles d'être classés en trois groupes dont il me paraît indispensable de préciser les caractères et qui sont assez distincts les uns des autres pour qu'on doive leur donner des noms particuliers.

1° Je donne l'épithète de *combat pour la vie* à tous les faits de lutte pour l'existence qui ont pour objet la conservation de l'individu et celle de l'espèce contre toutes les causes de destruction qui les menacent, soit que ces causes aient leur siège dans le milieu cosmique, soit qu'elles résident dans les êtres de toutes espèces qui entourent l'individu envisagé. Par exemple : l'homme est contraint de défendre sa vie (il combat pour la vie) contre les intempéries des saisons et les

1. Voy. De Lanessan, *La Lutte pour l'existence et l'Association pour la lutte*; *Le Transformisme* (1883); *La République démocratique*.

maladies d'une part, et, d'autre part, contre tous les autres hommes, animaux ou végétaux qui sont susceptibles de la menacer.

2° Je réunis sous le titre de *concurrence individuelle* tous les faits relatifs à la lutte qu'ont à soutenir les uns contre les autres tous les individus d'un même groupe social ; c'est-à-dire tous les membres d'une même famille, tous ceux d'une même tribu ou d'une même classe, tous ceux d'une même nation. La concurrence individuelle n'a pas seulement pour objet la conservation de l'individu et de l'espèce, mais aussi et surtout, la recherche, par chacun, des moyens les plus propres à lui assurer des avantages matériels et moraux sur les individus du même groupe social avec lesquels il est appelé à vivre.

3° Je groupe sous le nom de *concurrence sociale* tous les faits de lutte pour l'existence qui se produisent entre les divers groupes sociaux, c'est-à-dire entre les différentes familles d'une même tribu ou d'une même classe, entre les différentes tribus d'un même peuple, entre les différentes classes d'une même nation, entre les nations et entre les races. La concurrence sociale a pour objet principal la prépondérance que chaque groupe aspire à prendre sur un ou plusieurs autres groupes.

Les faits relatifs au combat pour la vie sont communs à tous les êtres vivants sans exception. Ceux de la concurrence individuelle sont faciles à observer dans toutes les espèces animales et, plus particulièrement, dans celles qui forment des sociétés. Ceux de la concurrence sociale n'atteignent leur entier développement que dans les sociétés humaines où ils sont la source de tous les événements politiques et sociaux.

Dans l'espèce humaine, il n'est pas rare que ces trois ordres de faits se produisent simultanément. Il faut alors, pour les distinguer, procéder à une analyse qui est toujours fort instructive.

LA LUTTE POUR LA CONSERVATION INDIVIDUELLE DANS L'ESPÈCE HUMAINE

C'est, d'ordinaire, au bord des grands fleuves et, plus particulièrement, près de leurs embouchures, ou près des grands lacs, que les agglomérations humaines se forment dès que la race atteint un certain degré de civilisation. Dans ces points, l'alimentation est facile, en raison de la grande abondance des animaux aquatiques et du gibier à poil ou à plume que l'eau attire ; les plantes alimentaires sauvages y sont aussi plus nombreuses qu'ailleurs en raison de la grande fertilité du sol ; la circulation est plus facile et moins fatigante par eau que par terre. Enfin, en construisant leurs habitations au-dessus de l'eau, les hommes encore peu armés se mettent à l'abri des attaques de leurs semblables et de celles des animaux féroces. La multiplication est d'autant plus rapide, dans ces sociétés, que les plaisirs génésiques sont encore les seuls connus ; mais l'accroissement de chaque agglomération entraîne après lui des modifications notables dans les conditions de la vie.

En premier lieu, l'alimentation devient peu à peu plus difficile, parce que les animaux terrestres ou aquatiques, ayant appris à connaître l'homme et ses habitudes de chasse ou de pêche, le fuient davantage et parce que les plantes sauvages ne se multiplient pas assez vite pour réparer la consommation qui en est faite. Ceux-là seuls peuvent se nourrir d'une manière convenable qui sont les plus habiles à la pêche, à la chasse, à la récolte des plantes nutritives.

Dès lors la concurrence individuelle s'ajoute au combat pour la vie, chaque individu s'efforçant de se faire une situation meilleure que celle des autres, même au détriment de ces derniers. Les efforts de chacun s'appliquent d'abord à la satisfaction des besoins nutritifs; puis, bientôt, ils sont accrus par la difficulté sans cesse croissante de se procurer les vêtements fournis par les animaux, les logements édifiés à l'aide des arbres de la forêt, etc.

Les individus les plus forts et les plus intelligents seront les mieux nourris, les mieux vêtus, les mieux logés, ceux qui échapperont le plus aisément aux intempéries des saisons et aux maladies que la misère occasionne. Et plus l'agglomération sociale s'étend, plus la lutte ayant pour objet la conservation de l'individu prend d'acuité. Plus aussi, fort heureusement, l'intelligence humaine se développe; car la source principale, sinon unique de son progrès, se trouve dans les efforts auxquels l'homme est tenu pour satisfaire ses besoins.

Bientôt il domestique les animaux et cultive les plantes; il perfectionne ses vêtements, son logement, ses moyens de locomotion, etc.; en un mot, il se civilise.

Et plus il se civilise, plus le nombre de ses besoins s'accroît. Il ne lui suffit plus de faire cuire ses aliments, que jadis il dévorait tout crus, il en vient à les assaisonner pour les rendre plus agréables au goût. Autrefois il allait tout nu ou ne se couvrait que pour se préserver du froid et de la pluie; maintenant il ornemente sa personne et ses vêtements, il orne également sa maison. Il invente le luxe, il l'aime et travaille pour se le procurer; et tous les efforts qu'il fait pour satisfaire ces besoins nouveaux contribuent encore au progrès de son intelligence.

Ceux-là commettent une grossière erreur qui voudraient faire disparaître le luxe des sociétés humaines[1]. Ils supprimeraient, par ce seul fait, la majeure partie des causes qui contribuent au progrès de notre espèce. Nul être humain, en effet, n'échappe à cet ensemble de

1. Les philosophes anciens et certains sociologues des derniers siècles prenaient volontiers pour thème de leurs disssertations sociologiques ce que l'on appela longtemps « la médiocrité ». On vantait les peuples assez heureux pour ne connaître ni la richesse, ni le luxe, ni les arts, et l'on considéra même longtemps « la médiocrité » comme la vertu la plus indispensable dans le régime républicain. C'était une doctrine purement théorique, mais c'était une doctrine admise comme incontestable par d'éminents esprits. Ce fut celle de Socrate, de Platon et des Pères de l'Église. Tous condamnaient la richesse comme contraire à la vertu. Montesquieu est peut-être le dernier des grands penseurs qui ait formulé cette doctrine. Parlant du régime républicain démocratique il dit : « L'amour de la République, dans une démocratie, est celui de la démocratie ; l'amour de la démocratie est celui de l'égalité. L'amour de la démocratie est encore celui de la frugalité ».

Par ce dernier terme, il désigne ce que les anciens appelaient la médiocrité, c'est-à-dire l'absence des richesses et du luxe : « chacun, dit-il, devant avoir, dans la démocratie, le même bonheur et les mêmes avantages, y doit goûter les mêmes plaisirs et former les mêmes espérances ; chose qu'on ne peut attendre que de la frugalité générale ». Précisant sa pensée, il ajoute : « Les richesses donnent une puissance dont un citoyen ne peut pas user pour lui, car il ne serait pas égal. Elles procurent des délices dont il ne doit point jouir non plus, parce qu'elles choqueraient l'égalité tout de même. Aussi les bonnes démocraties, en établissant la frugalité domestique, ont-elles ouvert la porte aux dépenses publiques. » Il semble supposer, en effet, que les citoyens continueront à s'enrichir, mais qu'étant contraints de vivre modestement, ils consacreront leurs richesses à des travaux d'intérêt général. Il avoue, d'ailleurs, que la « frugalité domestique » devra être imposée par les lois. « C'est dit-il, une maxime très vraie que, pour que l'on aime l'égalité et la frugalité, dans une République, il faut que les lois les y aint établies : » Quelques sociétés anciennes ont légiféré dans cet esprit ; certaines de leurs lois sur les successions et un grand nombre de lois somptuaires ont eu pour objet de supprimer le luxe, en faisant disparaître la fortune individuelle ; aucune de ces mesures n'a pu résister à la puissance des sentiments contre lesquels on les avait dirigées et qui, ayant eux-mêmes leur source dans la nature, sont indéracinables de l'esprit humain. Il n'y a pas de théories ou de lois, si excellentes soient-elles par le but qu'on leur assigne et par l'intention qui anime leurs auteurs, qui puissent vaincre la nature. Si je considère comme chimériques et méritant l'oubli dont elles ont été frappées, les observations de Montesquieu que je viens de reproduire, j'appelle l'attention sur le mot qui les termine. « Dans une bonne démocratie, où l'on ne doit dépenser que pour le nécessaire, *chacun doit l'avoir*. » C'est tout le problème social formulé en un mot par l'illustre penseur du XVIIIe siècle. (Voy. : *De l'Esprit des lois*, Livre V, chap. III à VI.)

besoins dont le luxe représente la satisfaction. L'ancêtre sauvage et velu qui peuplait nos cavernes pendant la période magdalénienne, sculptait déjà les manches de ses armes en os ou en corne et cherchait, dans la reproduction des animaux ou de ses semblables par le dessin, un moyen d'orner sa primitive demeure. Il se parait, en même temps, d'anneaux, de colliers, de ceintures formés de coquillages, de dents, d'osselets, etc. Elles ne font que reproduire les habitudes de leurs arrière-grand-mères, les femmes de nos jours qui se couvrent de bijoux et apportent un tel luxe dans leurs vêtements qu'il est permis de se demander si elles ne cherchent pas plutôt des prétextes à embellir les diverses parties de leurs corps que des préservatifs contre le froid ou des protections contre les regards indiscrets.

Combien de génies le goût du luxe, devenu le goût de l'art, ou aidé par ce dernier, n'a-t-il pas fait naître? N'est-ce pas lui qui a produit les sculpteurs et les peintres, les architectes et les ébénistes, les filateurs et les tisseurs, les ciseleurs et les brodeurs, et tous ces artisans que font vivre les besoins nés de la civilisation et aiguisés par la richesse?

L'homme débarrassé du luxe n'aurait plus, disent certaines écoles sociales, qu'à travailler en vue de la satisfaction de besoins infiniment réduits et il pourrait diminuer, dans d'énormes proportions, la somme de ses labeurs.

A cette théorie l'histoire entière de l'humanité répond que plus l'homme a de besoins, plus ses besoins sont impérieux, plus aussi ses efforts physiques et intellectuels sont grands et plus tous ses organes évoluent ascensionnellement, plus son intelligence progresse. Bien loin de souhaiter que le nombre des besoins de notre espèce diminue, on doit donc s'applaudir de l'apparition de tout besoin nouveau.

D'autre part, les besoins déterminent nécessairement une concurrence très vive entre tous les individus qui les éprouvent, car chacun s'efforce de les satisfaire le plus complètement et le plus vite possible. Cette lutte elle-même a pour conséquence l'évolution ascensionnelle de tous les individus qui s'y livrent, et c'est d'elle que résulte l'évolution ascendante de l'humanité.

Si je croyais que le progrès humain pût s'arrêter avant l'heure qui marquera la destruction de notre espèce, j'affirmerais, sans crainte de me tromper, que l'humanité cesserait de progresser le jour où elle cesserait de se forger des besoins nouveaux.

LA LUTTE POUR LA CONSERVATION DE LA RACE

La lutte individuelle qui a pour objet la conservation de la race ou de l'espèce est, parmi les animaux et même les végétaux, éminemment utile à l'évolution ascensionnelle de ces êtres.

Dans l'espèce humaine, il se produit simultanément deux séries de phénomènes conduisant à des conséquences tout à fait différentes les unes des autres.

Si la femme n'avait pas eu, de tout temps, le désir de plaire à l'homme et si ce dernier n'était pas dominé par la même préoccupation dans la recherche de la femme, un grand nombre de nos besoins n'auraient jamais existé, l'évolution de notre espèce aurait été beaucoup moins rapide et nous serions encore, à certains égards, fort arriérés dans la voie de la civilisation.

C'est, en effet, la lutte sexuelle, c'est la volonté qu'ont les deux sexes de se plaire réciproquement, qui a rendu les femmes coquettes et voluptueuses, qui leur inspire la recherche des ornements dont leur beauté s'accroît et qui pousse l'homme à inventer des parures toujours plus belles, plus riches, et témoignant de plus en plus de l'intensité de son amour ou de l'acuité de ses désirs.

Il est donc impossible de nier que la lutte sexuelle ait produit, dans les sociétés humaines, comme parmi les animaux supérieurs, une action progressive très efficace.

Cette influence est encore prépondérante, à notre époque, chez tous les peuples sauvages dont les passions sexuelles ne sont émoussées ni par la cupidité, ni par l'ambition, et où toute la vie des hommes est partagée entre les plaisirs de la chasse, de la pêche ou de la guerre, et ceux que procurent la femme.

La même influence est encore dominante parmi les populations civilisées que la chaleur du climat et un certain isolement tiennent à l'écart des grandes luttes humaines et des grosses affaires industrielles ou commerciales. Telles sont les sociétés musulmanes, grecques, chinoises, indiennes, annamites, etc; telles sont aussi la plupart des classes laborieuses de notre pays. Partout où la richesse n'intervient pas pour troubler, par ses combinaisons intéressées, les conditions normales de la lutte sexuelle, celle-ci contribue encore à l'amélioration de la race par le choix que les femmes font volontiers des hommes les plus intelligents, les plus forts et les plus beaux et par le soin avec lequel les hommes, de leur côté, recherchent les femmes les plus belles et les plus captivantes.

Malheureusement, à côté de cette action progressive, il s'en produit une autre parallèle, dirigée en sens contraire et qui provoque la régression d'une partie de nos sociétés. En raison de son goût particulier pour le luxe et le plaisir, et aussi à cause des multiples besoins qu'elle ressent, la femme est attirée vers l'homme non seulement par les qualités physiques, intellectuelles ou morales dont il peut être doué, mais encore par la fortune, où elle trouvera le moyen de satisfaire ses goûts et ses caprices. La nature et la passion la portent vers l'homme fort, intelligent et beau ; l'ambition et le besoin la détournent vers celui, fût-il laid, difforme et inintelligent, qui pourra faire vivre sa paresse et satisfaire ses appétits ou son orgueil. De là ces innombrables unions de la jeunesse plantureuse avec la vieillesse décrépite, de la santé florissante avec la maladie cacochyme, de la beauté avec la laideur, de la femme qui pourrait le mieux travailler au progrès de la race avec l'homme qui ne saurait contribuer qu'à sa régression et à sa dégénérescence. Si le mariage a consacré ces alliances nuisibles au progrès humain, l'adultère en corrigera les vices, en rapprochant par la passion ceux que l'argent avait séparés. Si c'est la misère qui a poussé la fille du peuple dans les bras d'un homme qu'elle ne saurait aimer, malgré le luxe dont il l'entoure, c'est, d'habitude, par le retour à la misère, après un passage plus ou moins long à travers la prostitution, que la triste épopée finira.

Ailleurs, la nature, le goût, la vertu, conservant leurs droits, la femme a choisi celui qu'elle aimait pour lui-même, et l'homme a trouvé dans sa compagne la réalisation de son idéal ; mais ce sont deux misères qui s'unissent : l'homme se suffisait à peu près quand il était seul ; il ne pourra plus, désormais, avec son gain trop faible, ni se nourrir lui-même suffisamment pour réparer l'usure physiologique déterminée par son travail, ni nourrir sa compagne. De leur amour réciproque, si ardent, de leur union si harmonieuse ne naîtront que des enfants débiles et condamnés, comme leurs parents, à se débiliter encore davantage par l'excès du travail et l'insuffisance du bien-être.

Il vous suffira de regarder autour de vous pour mettre des noms sur ces personnages divers, pour dresser des listes indéfinies de ces mariages, de ces concubinages, de ces unions de toutes sortes où tantôt la cupidité, tantôt l'orgueil, tantôt la misère ont pour résultats inévitables la production d'enfants que la régression marque de son triste sceau. Et ces enfants, si la mort ne les frappe pas avant l'âge, produiront des rejetons plus dégénérés encore qu'eux-mêmes, témoignant des terribles effets régressifs que la lutte sexuelle est susceptible de produire dans les sociétés humaines qui ont l'imprudence de se soustraire aux grandes lois de la nature.

Un autre fait contribue puissament à transformer, dans l'espèce humaine, la lutte sexuelle en une cause de dégénérescence de la race. Tandis que parmi les animaux, le mâle ne recherche la femelle qu'au moment où elle est susceptible de reproduire, l'homme, au contraire, ne voit en elle, trop souvent, qu'un instrument de plaisir. S'il recherche la beauté de la femme, ce n'est point, en bien des cas, pour en avoir des enfants également beaux, mais uniquement pour jouir de l'élégance ou de la plasticité de ses formes, et il tient alors doublement à ce qu'elle reste stérile : d'abord afin que sa beauté ne soit point altérée et, ensuite, pour se soustraire lui-même aux charges et aux obligations de la paternité. Dans ce cas, plus la femme est belle et plus il y a de chances pour qu'elle ne laisse aucun héritier de ses formes.

Elle-même joint souvent ses efforts à ceux de l'homme pour échapper au rôle que la nature lui assigne dans la perpétuation de la race. N'a-t-on pas vu, dans ces dernières années, un grand nombre de femmes se faire enlever les ovaires et s'exposer à perdre la vie dans une opéra-

tion cruelle, pour acquérir la certitude de ne point la donner[1] ?

Toute une portion notable du sexe féminin, et la portion la mieux douée au point de vue des qualités physiques ou intellectuelles, — car une certaine intelligence est nécessaire au rôle d'instrument de plaisir, — est ainsi condamnée par les vices de l'homme à ne prendre aucune part à la multiplication de l'espèce. C'est par milliers que se comptent, dans les grandes villes, les courtisanes et les prostituées que les caprices génésiques de l'homme, joints à son égoïsme et à sa cupidité, vouent à la stérilité.

Quant aux femmes dont l'homme consent à faire des mères, il les a, de tout temps, condamnées à un rôle subalterne où il trouve la satisfaction de son besoin atavique de domination. En Grèce et à Rome, la mère de famille est condamnée, dans le mystère du gynécée, aux plus viles besognes et elle est maintenue dans la plus noire ignorance, tandis que les hétaïres suivent les leçons des philosophes et des rhéteurs. Dans tous les pays musulmans, les épouses sont des servantes, même quand elles sont aussi des instruments de plaisir, et l'ignorance leur est imposée comme aux nonnes des couvents. Dans nos sociétés civilisées, le sort de la femme n'est pas beaucoup meilleur. Parmi les pauvres, elle n'est trop souvent qu'un souffre-douleur ; parmi les riches, on atrophie presque systématiquement son cerveau par la paresse et l'éloignement de toute occupation sérieuse, tandis que la bonne chère arrondit les formes

1. Montesquieu a fait, sur ce sujet, une observation qu'il me paraît intéressant de noter : « Les femelles des animaux, dit-il, ont à peu près une fécondité constante. Mais, dans l'espèce humaine, la manière de penser, le caractère, les passions, les fantaisies, les caprices, l'idée de conserver sa beauté, l'embarras de la grossesse, celui d'une famille trop nombreuse, troublent la propagation de mille manières » (*De l'Esprit des lois*, Liv. XXIII, chap. I).

qui excitent les désirs. Les juifs tunisiens, poussant ce système jusqu'aux extrêmes limites, mettent les jeunes filles à l'engrais avant leur mariage.

Nos sociétés modernes, fidèles en cela aux traditions des civilisations anciennes, sont arrivées ainsi à ce résultat monstrueux qu'entre le cerveau d'une parisienne et celui d'un parisien, il y a plus de différence, pour le poids et le volume, qu'entre le cerveau d'une australienne et celui de son sauvage compagnon. Par l'hérédité, la mère transmet à ses enfants les vices cérébraux et autres que l'égoïsme et l'esprit de domination de l'homme lui infligent, et la race tout entière se ressent du défaut d'usage auquel l'homme condamne le cerveau de la femme.

La lutte sexuelle qui, dans tous les êtres vivants, est l'une des causes les plus puissantes de sélection et d'évolution ascensionnelle, agit ainsi, dans notre espèce, sur un grand nombre d'individus, comme une cause de régression et de dégénérescence.

En résumé, la lutte individuelle pour l'existence, soit qu'elle ait pour objet la satisfaction des besoins relatifs à la conservation de l'individu et à son agrément, soit qu'elle tende à la satisfaction des besoins génésiques, ne contribue pas toujours, comme on le croit généralement, à l'évolution ascendante des individus. Il n'est pas rare qu'elle produise la régression des facultés intellectuelles ou des qualités physiques d'un certain nombre de membres de nos sociétés. Toutefois, elle est profitable à l'ensemble de l'humanité ; et elle le serait davantage encore s'il n'existait pas des divisions qui, dans chaque peuple, ajoutent à la lutte individuelle pour l'existence les luttes de familles et de classes, que j'ai indiquées plus haut sous le nom de concurrence sociale, et qu'il me reste à étudier.

CHAPITRE II

EN QUOI CONSISTE LA CONCURRENCE SOCIALE

Les faits relatifs à la concurrence sociale sont, en quelque sorte, de simples corollaires d'un phénomène offert par toutes les espèces vivantes, et qui consiste dans un véritable antagonisme entre les intérêts familiaux et les intérêts sociaux.

ANTAGONISME DES INTÉRÊTS FAMILIAUX ET DES INTÉRÊTS SOCIAUX

Je crois avoir été le premier à signaler cet antagonisme chez les animaux et les végétaux [1]. L'étude attentive de ces êtres permet de constater que le développement de la vie sociale s'y fait toujours en sens contraire de celui de la vie familiale ; que, en d'autres termes, là où la société atteint son plus haut degré de développement, la famille existe à peine, et réciproquement. Je n'en citerai que deux ou trois exemples, pour servir de point de départ aux observations que le lecteur pourra faire lui-même. Parmi les chiens sauvages, la famille n'existe pas, même à l'état rudimentaire : le mâle délaisse sa femelle aussitôt qu'il a satisfait ses désirs génésiques ; la femelle abandonne ses petits dès qu'elle n'a plus de lait. Cependant, les chiens sauvages vivent partout en

1. De Lanessan, *Le Transformisme.*

nombreuses sociétés. Dans certains pays même ils forment des villages à habitations souterraines, ils ont des chefs de divers ordres et suivent à la chasse, sous leur direction, une stratégie fort habile.

Les fourmis et les abeilles poussent encore plus loin l'antagonisme de la vie sociale et de la vie familiale. Il n'y a, dans chaque société, qu'une seule femelle. Les mâles meurent aussitôt après que l'un d'eux s'est uni à la femelle. Tous les individus sexués qui en naissent sont expulsés dès qu'ils atteignent l'âge de la reproduction. Quant aux membres actifs, aux travailleurs de la société, ils sont dépourvus d'organes reproducteurs. Ainsi, chez ces êtres, pour que la famille serve de base à la société, il faut que les organes indispensables à la formation de la famille disparaissent.

Parmi les oiseaux, la famille et la société se confondent parfois, notamment chez les Gallinacés, mais il n'y a, dans chaque famille transformée en société, qu'un seul mâle ; aussitôt que les petits coqs atteignent l'âge adulte, ils s'éloignent, entraînant après eux un certain nombre de poules ; ils vont former ailleurs une nouvelle famille et un nouveau corps social. Il en est de même parmi les bœufs sauvages, les cerfs, les daims, etc.

Dans l'espèce humaine, la famille ne sert pas toujours de base à la formation des tribus primitives[1]. Quand il

1. Dans la plupart des races humaines, les relations continues des parents avec les enfants, et, par conséquent, la vie familiale se prolongent, d'ordinaire, jusqu'à l'âge où les enfants contractent des unions sexuelles. Chez les peuples primitifs, il est rare de voir les parents abandonner les enfants dont ils ont commencé l'élevage. Ce fait est, au contraire, fréquent dans les populations à demi-civilisées où les besoins des individus sont suffisamment nombreux et intenses pour qu'il y ait quelque difficulté à les satisfaire. C'est alors que la religion et les lois interviennent pour réglementer la conduite des parents et des enfants dans leurs rapports réciproques et pour donner à l'union de l'homme avec la femme un caractère d'abord religieux, puis légal. Alors seulement apparaît ce que l'on appelle le « mariage ». Celui-ci, dans la plupart des religions et des législations,

en est ainsi, il est rare qu'au début chaque village soit formé par plus d'une famille. Plus tard, à mesure que les familles se différencient, on les voit adopter chacune des habitudes et même des pratiques religieuses spéciales.

Chez les Hellènes et les Romains chaque famille a sa religion particulière[1]. La femme qui entre, par le mariage,

est institué non seulement en vue de donner de la fixité aux unions sexuelles, mais encore pour consacrer la domination que l'homme exerce naturellement sur sa femme et ses enfants. En échange des pouvoirs que le père reçoit ainsi de la religion et des lois, celles-ci lui imposent certaines obligations, et la famille se trouve religieusement d'abord, puis légalement instituée comme base des sociétés humaines. Montesquieu n'avait vu qu'un seul côté de cette question lorsqu'il écrivait : « L'obligation naturelle qu'a le père de nourrir ses enfants a fait établir le mariage qui déclare celui qui doit remplir cette obligation. » (*De l'Esprit des lois*, Livre XXIII, chap. II).

1. Le caractère essentiel de cette religion domestique, propre à chaque famille, était le culte des ancêtres, culte né du mystère que renfermait alors la question de la génération des êtres. « Le générateur, dit Fustel de Coulanges, leur paraissait un être divin, et ils adoraient leurs ancêtres. » Le feu, que presque tous les peuples ont adoré et qui brûlait dans le foyer de la maison, appartenant en propre à chaque famille, avait fini par être considéré comme une sorte de représentation des ancêtres : « il était la providence d'une famille et n'avait rien de commun avec le feu de la famille voisine qui était une autre providence. Chaque foyer protégeait les siens. Toute cette religion était renfermée dans l'enceinte de la maison. Le culte n'en était pas public. Toutes les cérémonies, au contraire, s'accomplissaient au milieu de la famille seule. Le foyer n'était jamais placé ni hors de la maison, ni même près de la porte extérieure, où l'étranger l'aurait trop bien vu. Les Grecs le plaçaient toujours dans une enceinte qui le protégeait contre le contact et même le regard des profanes. Les Romains le cachaient au milieu de leur maison. Tous ces dieux, Foyers, Lares, Manes, on les appelait les « dieux cachés » ou les dieux de l'intérieur. Pour tous les actes de cette religion, il fallait le secret, *Sacrificia occulta*, dit Cicéron; qu'une cérémonie fut aperçue par l'étranger, elle était troublée, souillée par ce seul regard. Pour cette religion domestique, il n'y avait ni règles uniformes, ni rituel convenu. Chaque famille avait l'indépendance la plus complète. Nulle puissance extérieure n'avait le droit de régler son culte ou sa croyance. Il n'y avait pas d'autre prêtre que le père. Comme prêtre, il ne connaissait aucune hiérarchie. Le pontife de Rome ou l'archonte d'Athènes pouvait bien s'assurer que le père de famille accomplissait tous ses rites religieux, mais il n'avait pas le droit de lui commander la moindre modification. *Suo quique ritu sacrificium faciat*, telle était la règle absolue... Le père, seul interprète et seul pontife de sa religion, avait seul le pouvoir de l'enseigner et ne pouvait l'enseigner qu'à son fils... » (Voy. Fustel de Coulanges, *La Cité antique*, p. 35).

dans une famille nouvelle, rompt toutes relations cultuelles et sociales avec ses propres parents; elle ne connaît plus les dieux de son foyer natal, elle n'héritera pas des biens de ceux qui la mirent au monde; et pour marquer la rivalité atavique des familles, la jeune fille est l'objet, de la part de son futur époux, d'un simulacre de rapt qui rappelle les habitudes des peuples les plus primitifs et les plus sauvages.

Les familles grecques et romaines ne se fondent jamais entièrement dans la société; non seulement elles ont chacune leur religion propre, mais encore toutes les religions familiales sont distinctes de celle de la cité[1].

L'histoire de notre espèce révèle encore un autre fait analogue à ceux offerts par les animaux : presque toujours, les peuples où la vie sociale offre le plus d'activité sont ceux où la vie de famille est la moins intense. Je n'en citerai qu'un exemple. On ne saurait contester que les peuples anglo-saxons offrent, à notre époque, le maximum d'activité dans toutes les sphères de la vie sociale, agriculture, commerce, industrie, navigation, finances, etc. Nulle part on ne trouve l'esprit d'association, c'est-à-dire la qualité la plus précieuse dans la vie sociale, aussi développé que parmi les anglo-saxons. Par contre, aucune autre race civilisée ne présente une vie de famille aussi réduite. Les enfants sont élevés à la « nursery », à l'écart de leur mère et de leur père, qu'ils voient seulement à de rares intervalles chaque jour.

1. Dans l'Inde, à l'époque du Rig-Vida, la religion fut d'abord purement domestique. Le feu sacré était allumé par le père de famille lui-même; la liqueur enivrante préparée par sa femme ne pouvait être offerte que par lui à la divinité, et consommée que par lui. La religion nationale et les prêtres n'apparurent que plus tard.

En Chine et dans l'empire d'Annam où la seule religion traditionnelle est, aujourd'hui encore, le culte des ancêtres, le culte est purement domestique, comme chez les anciens Grecs et Romains, et c'est le chef de la famille qui en est le pontife; c'est lui qui offre le sacrifice aux ancêtres; c'est à lui seul que peut revenir cet honneur.

Dès qu'ils ont atteint quinze ou seize ans, les garçons se préparent à quitter la maison paternelle et ni le père ni la mère ne font aucun effort pour les retenir. Beaucoup ne reviendront jamais, car ils savent qu'ils n'ont aucun héritage à attendre, et ils ont vécu trop en dehors de leurs parents pour leur être très profondément attachés. Le père et la mère ont eu soin, d'ailleurs, de leur inculquer, dès le jeune âge, la pensée qu'ils devront se suffire par leur propre travail. M. Demolins, qui a bien mis ces faits en lumière[1] rapporte un mot de Franklin où se révèle tout l'esprit de la race anglo-saxonne relativement à la famille : « Je vais le désabuser, dit-il d'un de ses fils qui, comptant sur la fortune paternelle, hésitait à se créer une situation, car du train dont je dépense mon argent, il va voir que je ne lui laisserai rien ». C'est précisément la nécessité où sont les enfants de se « débrouiller » eux-mêmes, de se faire, de très bonne heure, une situation, qui donne à la vie sociale des anglo-saxons une si remarquable activité.

Faut-il s'étonner que les races dites latines, et, en particulier, les Français, offrent, au contraire, une vie sociale peu intense, quand on voit chez nous les parents gâter leurs enfants, les retenir auprès d'eux aussi étroitement et aussi longtemps que possible, se priver des choses les plus nécessaires pour leur amasser un héritage et refuser de s'en séparer même au risque de compromettre tout leur avenir? Une vie familiale si étroite, une tutelle si prolongée, une telle certitude, chez les enfants, qu'ils auront de quoi vivre après la mort de leurs parents, tous ces faits ne doivent-ils pas, nécessairement, réduire l'effort de chaque individu et produire une vie sociale aussi peu active que la vie familiale est intense?

1. Edmond Demolins, *A quoi tient la supériorité des Anglo-Saxons*, p. 109.

Il est donc impossible de nier qu'il y ait un antagonisme constant entre la famille et la société, aussi bien parmi les hommes que parmi les autres espèces vivantes.

Dans l'espèce humaine, la famille prend une telle importance qu'elle forme, à peu près partout, une véritable unité naturelle. Aussi constate-t-on l'existence d'une véritable « lutte familiale pour l'existence » entre les familles d'une même tribu ou d'un même peuple, chaque famille s'efforçant de satisfaire le mieux possible tous ses besoins, sans se préoccuper de ce qui en adviendra pour les autres.

La conséquence inévitable de cette lutte est l'évolution ascendante de certaines familles, tandis que d'autres subissent, par contre-coup, une évolution régressive plus ou moins prononcée.

FORMATION DES CLASSES SOCIALES

D'après la théorie conçue par Darwin, la « persistance des plus aptes » ou, comme il dit, la « sélection », suffirait pour donner naissance à des races et à des espèces nouvelles. Je crois avoir établi, il y a déjà bien des années[1], et concurremment avec quelques autres naturalistes, que parmi les animaux et les végétaux vivant en liberté, la sélection seule est impuissante à produire des races et des espèces et qu'il y faut ajouter deux phénomènes dont l'importance est beaucoup plus grande : l'action du milieu et l'isolement.

Le milieu, c'est-à-dire l'ensemble des conditions dans lesquelles vivent les végétaux, les animaux ou les hommes, produit les variations individuelles ; si celles-ci sont avantageuses, l'individu qui les présente aura plus

1. De Lanessan, *Le Transformisme*, p. 381 et suiv.

de chances de vivre que ceux de ses congénères qui ne les offrent pas; mais il ne pourra les transmettre à sa descendance et former souche d'une variété nouvelle, que si lui-même et ceux de ses descendants qui offrent le même caractère sont séparés de ceux qui ne le présentent pas; à moins, cependant, qu'ils ne forment eux-mêmes la très grande majorité du groupe dont ils font partie. En d'autres termes, la sélection ne produit son effet que si elle est accompagnée de la ségrégation (de *segregare*, séparer). C'est précisément ce fait que Buffon a si bien décrit dans l'histoire du pigeon et dans celle de l'angora que j'ai rappelées plus haut.

L'espèce humaine offre les mêmes faits. Les caractères individuels y sont produits par le milieu; leur persistance dans la descendance des individus est assurée par la sélection, à la condition que celle-ci soit accompagnée de ségrégation.

Lorsque la sélection et la ségrégation agissent pendant un temps suffisamment long et sur un nombre assez considérable de générations, il se produit des groupes de familles, et, finalement, de véritables classes, distinctes les unes des autres par des caractères assez nets pour qu'on puisse aisément les reconnaître.

Une fois constituées, ces classes ne pourront maintenir leur existence qu'à la condition d'éviter tout mélange avec les autres. Les moyens qu'elles emploient à cet effet sont d'autant plus brutaux que la masse du peuple est moins intelligente, moins instruite et plus misérable.

Dans les sociétés imparfaitement civilisées, on constate toujours l'existence de lois ou de coutumes qui prohibent l'union des familles appartenant aux diverses classes. Aucun pays n'est plus instructif à cet égard que l'Inde, même à notre époque. Non seulement il ne peut pas y avoir d'unions matrimoniales entre les classes ou castes, mais encore aucun contact n'est autorisé avec les individus de certaines castes : nul ne boira dans un verre où but un paria ; nul ne mangera d'un aliment préparé par un paria ; il est interdit au paria d'habiter sous le même toit qu'un homme des castes supérieures, etc. Quant à la caste des Brahmes, qui est la plus élevée de toutes, mille précautions ont été prises pour en fermer l'entrée.

Chez les Hébreux, à côté et en dehors de la classe aristocratique, les familles sacerdotales qui vivaient du temple et autour du temple, ne pouvaient pas se mêler aux autres et finirent par constituer une véritable caste qui a fourni seule les prêtres jusqu'à la veille des temps modernes.

Dans la société romaine, le mariage est interdit entre les familles patriciennes et les familles plébéiennes, quoique, parmi ces dernières, il y en eût de fort riches et jouant un rôle considérable dans le commerce et l'industrie ou la finance [1]. Patriciens et plébéiens non seulement ne pouvaient pas loger dans la même habitation, mais encore étaient confinés sur des territoires distincts. Les patriciens et leurs clients habitaient seuls la cité proprement dite, c'est-à-dire, l'enceinte placée sous la protection du dieu, où ne se trouvaient primitivement que les autorités politiques et religieuses [2]. Des faits

1. C'est seulement en 309 av. J.-C. que le mariage entre patriciens et plébéiens est autorisé par la loi Camileia et que les enfants issus de ces mariages héritent du rang social du père. (Voy. Mommsen, *Hist. rom.*, I, 358).

2. Les législateurs romains et grecs avaient pris les précautions nécessaires pour que l'autorité fût toujours aux mains des plus riches et des plus instruits. A Rome, la population était divisée en centuries dont la dernière contenait tous les indigents; comme les suffrages étaient exprimés par centurie, la voix des pauvres était nécessairement écrasée par celle des riches. La population d'Athènes avait été divisée par Solon en quatre classes dont les trois premières étaient formées de gens

analogues nous seraient offerts par toutes les sociétés anciennes.

Dans toutes ces sociétés, les familles parvenues à la conquête des privilèges sociaux inscrivent dans les lois ou les coutumes la protection de leur ségrégation, en même temps que celle de leurs privilèges.

Trois ordres de faits dominent, en somme, toute l'histoire des sociétés humaines : d'abord, le combat pour la vie, caractérisé par les efforts que fait chaque homme pour résister aux multiples actions qui s'exercent sur lui, ainsi que pour assurer sa conservation personnelle et la perpétuation de sa race ; en second lieu, la concurrence individuelle, provoquée par le désir qu'a chaque individu de se faire un sort meilleur que celui des autres ; ensuite la lutte des familles les unes contre les autres, chacune s'efforçant de conquérir le plus grand nombre possible de privilèges, et celles qui y sont parvenues s'associant entre elles pour les conserver, en formant des classes ; enfin, la concurrence sociale, c'est-à-dire, la lutte des classes privilégiées, d'une part entre elles, d'autre part avec la masse sociale qui est naturellement tentée de conquérir aussi quelques avantages[1].

aisés. Les citoyens de toutes les classes prenaient part à l'élection des magistrats, mais ceux des trois premières classes étaient seuls éligibles.

Les idées relatives à la distinction des classes sociales et à leur séparation avaient si profondément pénétré tous les esprits, à Rome et en Grèce, que les plébéiens les respectaient alors même qu'ils auraient pu les négliger : « On sait, dit Montesquieu, qu'à Rome, quoique le peuple se fût donné le droit d'élever aux charges les plébéiens, il ne pouvait se résoudre à les élire ; et quoique à Athènes on put, par la loi d'Aristide, tirer les magistrats de toutes les classes, il n'arriva jamais, dit Xénophon, que le bas peuple demandât celles qui pouvaient intéresser son salut ou sa gloire. » (*Esprit des lois*, Liv. II, chap. II.)

1. La concurrence sociale entre les classes supérieures tourne fréquemment à l'avantage de la masse sociale. En France, par exemple, la lutte du clergé contre la noblesse a contribué, dans une large mesure, à l'émancipation politique du peuple et à l'amélioration de son

sort. Plus tard, comme le fait remarquer Montesquieu, le pouvoir du clergé a servi les intérêts du peuple en limitant la puissance royale. Aussi, « autant, selon le mot de Montesquieu, le pouvoir du clergé est dangereux dans une république » où il ne peut s'exercer qu'aux dépens du peuple, seul souverain, « autant est-il convenable dans une monarchie, surtout dans celles qui vont au despotisme... Barrière toujours bonne, quand il n'y en a pas d'autres, car, comme le despotisme cause à la nature humaine des maux effroyables, le mal luimême qui le limite est un bien. » (*Esprit des lois*, Liv. II, chap. IV.)

On remarquera que dans tous les gouvernements plus ou moins despotiques de notre époque, le chef de l'État est, aussi, le chef de la religion. S'il en était autrement, il y aurait conflit entre le monarque, en qui se résume la puissance politique et sociale, et le chef de la religion. C'est pour éviter ces conflits et consacrer leur omnipotence, que les princes allemands, scandinaves, anglais, etc., ont favorisé le développement de la Réforme dans leurs états. En supprimant l'autorité religieuse que le pape exerçait sur leurs sujets, ils s'émancipaient euxmêmes et accroissaient beaucoup leur puissance. C'est le même motif qui a déterminé les princes slaves et grecs à prendre la tête du schisme qui a séparé tout l'Orient chrétien du pontificat romain. Rois et empereurs schismatiques ou réformés ont soin de manifester, encore aujourd'hui, leur grand zèle pour la religion et s'en montrent les chefs, afin de conserver la totalité de leur autorité. Dans la libre Angleterre, le monarque est sacré pontife en même temps que roi. En Allemagne, l'empereur saisit toutes les occasions de dire publiquement les prières. En Russie, le tsar est le chef tellement incontesté de la religion que son image se trouve associée partout aux icones du Christ. Dans tous les pays protestants, les instituteurs enseignent la religion aux enfants de leurs écoles, et ils le font avec autant de zèle que les pasteurs dans les temples. La concurrence entre les classes supérieures et les gouvernements d'une part, la classe sacerdotale de l'autre, a été, dans tous ces pays, supprimée par le fait que les premiers ont absorbé la seconde.

LIVRE II

ÉVOLUTION MORALE DES SOCIÉTÉS ET DES GOUVERNEMENTS

CHAPITRE PREMIER

ÉVOLUTION MORALE ET GOUVERNEMENTALE DES SOCIÉTÉS PRIMITIVES

L'homme sauvage et isolé n'est guidé dans ses actes par aucun autre mobile que la satisfaction égoïste de ses besoins. Tout objet et tout être dont il peut s'emparer deviennent sa chose. Toute terre sur laquelle il s'établit et où il trouve sa nourriture par la chasse, la pêche, la culture, est sa propriété. Sa conduite par rapport à ces choses et à ses semblables ne connaît pas d'autre règle que l'égoïsme individuel hérité de ses ancêtres animaux, et sa morale tient tout entière dans cet égoïsme : il n'a que le sentiment de la liberté, s'attribue tous les droits, et ne se reconnaît aucun devoir.

Cependant, l'homme, même le plus primitif et le plus sauvage, ne peut vivre isolé. Le besoin génésique le porte à rechercher la femme avec laquelle il perpétuera sa race, comme la soif et la faim le poussent à la recherche de la plante ou de l'animal dont il se nourrira. Puis, à la femme qui satisfait son appétit sexuel, il s'attache comme à la source qui le désaltère, à la terre qui le nourrit, à l'arbre qui le protège de son ombre contre les rayons brûlants du soleil, à la peau de bête qui le vêt, à la caverne qui l'abrite contre la pluie, le froid et les animaux féroces; car il s'attache, il aime — si ce mot peut être employé dans un pareil sens — tout ce dont il a fait sa propriété, tout ce qui sert à l'assouvissement de besoins dont le nombre s'accroît à mesure que son intelligence se développe.

APPARITION ET ÉVOLUTION DES SENTIMENTS AFFECTIFS ET ORIGINE DES IDÉES DE DEVOIRS ET DE DROITS

1° *Sentiments sexuels.* — Au contact de la femme, l'attachement de l'homme pour ce qu'il possède, donne naissance à une série nouvelle d'idées. La femme n'est d'abord qu'un bien peu différent des autres, conquis comme eux par la force et conservé par la force; mais insensiblement l'homme s'attache à sa compagne, comme elle-même s'attache à lui. Dans ces deux êtres, l'amour surgit des mêmes besoins toujours renaissants, des mêmes passions jamais entièrement satisfaites, du partage quotidien de tous les maux et de tous les biens, de toutes les souffrances et de tous les plaisirs auxquels les expose la vie, alternativement rude et molle, qu'ils mènent ensemble.

Cependant, l'amour ne revêt pas chez tous les deux la même forme. Chez la femme, il est mêlé de reconnaissance et de respect pour l'être fort et courageux qui la nourrit, la protège, la défend contre les mille accidents de leur existence aventureuse. Chez l'homme, il est doublé de l'orgueil et du sentiment de domination que lui inspirent sa supériorité physique et qu'entretiennent les services rendus[1]. Il est complété dans la

1. L'homme hérite de ses ancêtres animaux non seulement des sentiments égoïstes qui caractérisent tous les êtres à leur naissance et

femme par la docilité de la servante, dans l'homme, par l'autorité du maître. Il est aussi moins intense chez l'homme que chez la femme. Chez cette dernière, il s'accroît par les sentiments particuliers que la maternité fait naître, et il devient plus fidèle en raison des charges de la grossesse, de l'allaitement et du besoin plus grand de protection et d'aide qu'a la femme pendant ces périodes.

2° *Sentiments familiaux.* — Des sentiments sexuels, — forme primitive et grossière d'un amour que seuls peuvent éprouver pleinement les êtres humains civilisés et polis, — naissent, avec le temps, par des transformations parallèles à l'évolution de l'intelligence, tous les sentiments affectifs dont le rôle est de rapprocher

tous les individus qui vivent isolés, mais encore d'un sentiment de *domination* qui se manifeste toutes les fois qu'il croit être plus fort ou plus intelligent que les individus dont il est entouré. Ce sentiment de domination trouve d'autant mieux à se traduire en actes, que la plupart des animaux supérieurs et des hommes primitifs naissent avec des dispositions héréditaires les portant à craindre tous les êtres qui menacent leur existence, dispositions qui s'accentuent par l'éducation dont ils sont l'objet de la part de leurs parents. Ainsi que je l'ai signalé dans mon livre sur *Le Transformisme*, tous les animaux supérieurs se montrent doués de deux sentiments en quelque sorte complémentaires l'un de l'autre, la crainte et l'esprit de domination. « Tous les animaux qui servent à l'alimentation des carnivores, tous les carnivores qui sont mangés par d'autres carnivores, sont, dès l'enfance, instruits par leurs parents ou leurs semblables de la nature des ennemis qu'ils ont à redouter et sont rendus craintifs par l'observation directe des ravages que font parmi eux ces ennemis. La crainte devient ainsi une qualité d'autant plus développée chez une espèce animale déterminée que cette espèce a plus de dangers à courir, mais cette crainte n'existe jamais, au début, qu'à l'égard des ennemis traditionnels de l'espèce... Le sentiment de crainte... a pour conséquence le groupement des membres d'un grand nombre de sociétés animales autour de quelques individus reconnus plus prudents ou plus hardis. Ces individus sont presque toujours des mâles plus robustes que les autres, qui cherchent à conquérir le suffrage des femelles par l'étalage de leur intelligence, de leur force, de leur prudence ou de leur courage. La conséquence de l'obéissance qui leur est manifestée est le développement chez eux d'un esprit très marqué de domination qui se transmet par l'hérédité et fait que, d'habitude, les fils d'un chef de troupeau, parvenus à l'âge adulte, entament la lutte avec leur père en vue de le supplanter, ou bien s'en vont en entraînant une partie de la société. » (Voy. De Lanessan, *Le Transformisme*, p. 490).

les individus, les familles, les sociétés et les nations qui composent cet ensemble gigantesque, agissant et pensant : l'humanité.

Avec l'enfant, né des voluptés de l'homme et de la femme, ont surgi d'abord l'amour maternel et l'amour filial, puis l'amour paternel.

Entre la mère et l'enfant, chair de sa chair, les relations sont si intimes, si lointaines et si puissantes, que l'amour maternel apparaît au cœur de la femme avant même que le fruit de son amour sexuel se soit détaché de son sein. Il s'avive par la vue du nouveau-né, par l'allaitement, par les soins de chaque instant, par les rapports ininterrompus qu'ont ces deux êtres pendant des mois et des années, et d'où l'amour filial naît, à son tour, graduellement, à mesure que l'enfant grandit, que sa mère lui fait faire les premiers pas dans la vie et lui communique, par l'éducation, les fruits de son expérience et les acquisitions de son cerveau.

J'ai montré ailleurs[1] comment des relations qui existent entre la mère et l'enfant et de l'amour qui les lie l'un à l'autre naît la première notion du devoir dans le cerveau humain : En raison de l'habitude des mêmes pratiques pendant de longues années, la mère est considérée par la société encore rudimentaire mais déjà pensante où elle vit, comme ayant le devoir de nourrir, de soigner, d'éduquer son enfant ; tandis qu'on attribue à ce dernier le devoir de rendre, en services de toutes sortes et en affection, à sa mère, les soins et les tendresses dont il a été entouré pendant son jeune âge.

Comme les relations du père et de l'enfant sont moins fréquentes et moins intimes, l'affection qui les lie est moins forte et les devoirs que l'opinion leur assigne sont

1. Voir De Lanessan, *La République démocratique*, p. 434 ; et, dans la *Revue scientifique*, nº du 19 octobre 1901 : *La morale scientifique*.

d'une nature différente. L'amour paternel est doublé de l'autorité que l'homme exerce déjà sur la femme et qui fortifie en lui le sentiment de domination; l'amour filial est accompagné de respect et de soumission. On dit que le père a le devoir d'aimer, de protéger, de nourrir son enfant, et l'on dit que l'enfant a le devoir d'aimer, de respecter son père et de lui obéir. D'où il résulte que les devoirs du père sont doublés de droits équivalents, tandis que l'enfant n'a que des devoirs à remplir à l'égard de son père.

Dans toutes les populations primitives, les droits du père sur ses enfants sont illimités; ils vont jusqu'au pouvoir de leur ôter la vie. Cette conception du droit paternel s'est gravée si profondément dans le cerveau humain qu'elle s'est perpétuée jusque dans les sociétés les plus civilisées, et que l'on en trouve encore des traces profondes dans les codes de toutes les nations modernes[1].

1. Chez les anciens grecs et romains, c'est-à-dire, dans des sociétés dont la civilisation était déjà très développée, les lois reconnaissaient au père de famille une « puissance illimitée », suivant l'expression employée par Fustel de Coulanges. Il a le pouvoir de « reconnaître l'enfant à sa naissance ou de le repousser », celui de le vendre comme une propriété. On lui reconnaît même sur cette propriété spéciale, des droits tels qu'il peut se réserver la faculté de racheter l'enfant qu'il a vendu et qu'il pourra plus tard le revendre de nouveau. D'après les Douze tables, cette opération peut-être faite trois fois de suite; à la troisième fois seulement, c'est-à-dire après le troisième rachat, le fils est considéré comme affranchi de la puissance paternelle. Les pouvoirs du mari sur la femme sont analogues à ceux du père sur les enfants. Les lois lui reconnaissent « le droit de répudier la femme, soit en cas de stérilité parce qu'il ne faut pas que la famille s'éteigne, soit en cas d'adultère, parce que la famille et la descendance doivent être pures de toute altération. Droit de marier la fille, c'est-à-dire, de céder à un autre la puissance qu'on a sur elle. Droit de marier le fils; le mariage du fils intéresse la perpétuité de la famille. Droit d'émanciper, c'est-à-dire d'exclure un fils de la famille et du culte. Droit d'adopter, c'est-à-dire d'introduire un étranger près du foyer domestique. Droit de désigner en mourant un tuteur à sa femme et à ses enfants ». D'autre part, « la femme n'avait pas le droit de divorcer, du moins dans les époques anciennes. Même quand elle était veuve elle ne pouvait ni émanciper, ni adopter. Elle n'était jamais tutrice, même de ses enfants. En cas de divorce, les enfants restaient avec le père, même les filles.

D'un autre côté, le respect affectueux des enfants pour

/

Elle n'avait jamais ses enfants en puissance. Pour le mariage de sa fille, son consentement n'était pas demandé ». Le père était seul propriétaire : « Ni la femme, ni le fils n'avaient rien en propre... La dot de la femme appartenait sans réserve au mari... Tout ce que la femme pouvait acquérir durant le mariage tombait entre les mains du mari. Elle ne reprenait même pas sa dot en devenant veuve. Le fils était dans les mêmes conditions que la femme, il ne possédait rien. Aucune donation faite par lui n'était valable par la raison qu'il n'avait rien à lui. Il ne pouvait rien acquérir ; les fruits de son travail, les bénéfices de son commerce étaient pour son père. Si un testament était fait en sa faveur par un étranger, c'était son père et non pas lui qui recevait le legs. Par là s'explique le texte du droit romain qui interdit tout contrat de vente entre le père et le fils. Si le père eût vendu au fils, il se fût vendu à lui-même puisque le fils n'acquérait que pour le père ».

Le père était encore, chez les Grecs et les Romains, le chef suprême de la religion domestique. Il en était de même chez les Aryas de l'Inde. « Personne dans la famille ne conteste sa suprématie sacerdotale. La cité elle-même et ses pontifes ne peuvent rien changer à son culte. Comme prêtre du foyer il ne reconnaît aucun supérieur. »

Le père était, enfin, seul responsable devant la justice publique de tous les délits commis par les membres de la famille, d'où résultait qu'il exerçait lui-même toute la justice à leur égard. « Ce droit de justice que le chef de famille exerçait dans sa maison était complet et sans appel. Il pouvait condamner à mort, comme faisait le magistrat dans la cité. Aucune autorité n'avait le droit de modifier ses arrêts. Le mari, dit Caton l'ancien, est juge de sa femme ; il peut ce qu'il veut. Si elle a commis quelque faute, il la punit ; si elle a bu du vin, il l'a condamne : si elle a eu commerce avec un autre homme, il la tue. Le droit était le même à l'égard de ses enfants. » Lorsque le Sénat romain voulut supprimer les Bacchanales, il décréta la peine de mort contre les hommes qui y prendraient part ; mais, respectant les droits du chef de famille, « il laissa aux maris et aux pères la charge de prononcer contre les femmes la peine de mort ». D'après Salluste, au moment de la conspiration de Catilina, on vit des pères rappeler leurs fils qui avaient suivi le rebelle et les condamner à mort, sans qu'aucun osât résister aux ordres et aux jugements de son père. La loi athénienne permettait au mari de tuer sa femme adultère et au père de vendre sa fille déshonorée. (Voy. pour tout ce qui précède : Fustel de Coulanges, *La Cité antique*, chap. VIII).

L'auteur de *La Cité antique* prétendait trouver dans la religion la source de la puissance paternelle : « Il faut remarquer, dit-il, que l'autorité paternelle n'était pas une puissance arbitraire, comme le serait celle qui dériverait du droit du plus fort. Elle avait son principe dans les croyances qui étaient au fond des âmes, et elle trouvait ses limites dans ces croyances mêmes. » Dans le but de démontrer que la source de la puissance paternelle, chez les Grecs et les Romains, ne résidait pas dans la nature il dit encore : « La nature veut que l'enfant ait un protecteur, un guide, un maître. La religion est d'accord avec la nature ; elle dit que le père sera le chef du culte et que le fils devra seulement l'aider dans ses fonctions saintes. Mais la nature n'exige cette subordination que pendant un certain nombre d'années ; la religion exige davantage. La nature fait au fils une majorité ; la religion ne lui en

le père est tellement naturel et si vivace chez tous les

accorde pas... Les frères ne se séparent pas à la mort de leur père; à plus forte raison ne peuvent-ils pas se séparer de lui de son vivant. Dans la rigueur du droit primitif, les fils restent liés au foyer du père, et, par conséquent, soumis à son autorité ; tant qu'il vit, ils sont mineurs. » A Rome, « le fils ne put jamais entretenir un foyer particulier du vivant de son père ; même marié, même ayant des enfants, il fut toujours en puissance » ; et cela en vertu des idées admises relativement à la religion domestique. Il fait remarquer encore que le nom de *pater* « qui est le même en grec, en latin, en sanscrit » n'avait aucun rapport avec le fait de la génération et « contenait en lui, non pas l'idée de paternité, mais celle d'autorité, de puissance, de dignité majestueuse ». Puis, partant de tous ces faits, il dit : « Grâce à la religion domestique, la famille était un petit corps organisé ; une petite société qui avait son chef et son gouvernement... Dans cette antiquité, le père n'est pas l'homme fort qui protège et qui a aussi le pouvoir de se faire obéir ; il est le prêtre, il est l'héritier du foyer, le continuateur des aïeux, la tige des descendants, le dépositaire des rites mystérieux du culte et des formules secrètes de la prière. Toute la religion réside en lui. »

Fustel de Coulanges fait encore observer, non sans raison, que la puissance du père de famille n'a pas été instituée par la cité, par la loi, qu'elle existait avant la cité et avant la loi, que la cité aurait plutôt cherché à s'attribuer elle-même l'autorité sur les enfants, que si elle ne l'a pas fait c'est qu'elle ne s'est pas sentie assez forte pour aller à l'encontre des idées préexistantes et que ses lois se sont bornées à consacrer ces idées. Mais, où il se trompe, c'est en attribuant à la religion la création du droit familial. « Une famille, dit-il, se compose d'un père, d'une mère, d'enfants, d'esclaves. Ce groupe si petit qu'il soit doit avoir sa discipline. A qui appartiendra donc l'autorité première? Au père ? Non. Il y a dans chaque maison quelque chose qui est au-dessus du père lui-même : C'est la religion domestique, c'est ce dieu que les Grecs appellent le foyer-maître, ἑστια δέσποινα, que les latins nomment : *Lar familiæ Pater*. Cette divinité intérieure, ou, ce qui revient au même, la croyance qui est dans l'âme humaine, voilà l'autorité la moins discutable. C'est elle qui va fixer les rangs dans la famille ». Il est impossible de nier que la religion domestique ait, chez les Grecs et les Romains, « fixé les rangs dans la famille » mais il n'est pas davantage possible de contester que ces rangs existaient avant l'apparition de la religion domestique. Ils existent aujourd'hui chez un grand nombre de populations primitives où n'existe pas la religion domestique ; ils existent même dans toutes les familles animales où l'on ne saurait trouver la trace d'une religion quelconque. C'est donc en dehors de la religion, à une époque antérieure à toutes les religions, qu'il faut chercher la source de la puissance paternelle. Je la trouve, quant à moi, dans les phénomènes naturels dont la famille est le siège, c'est-à-dire, d'une part, dans l'esprit de domination que manifeste toujours le mâle par rapport à la femelle, le plus fort par rapport aux plus faibles, le père à l'égard de ses enfants ; d'autre part, dans les sentiments affectifs qui lient entre eux tous les membres de la famille et qui conduit les enfants à respecter et à aimer celui qui les protège.

De ces sentiments naissent certaines idées relatives aux devoirs et aux droits du père et des enfants, sur lesquelles chacun réglera sa

hommes, même les plus primitifs, qu'il a servi de point de départ à la religion première de presque tous les peuples. Il ne serait probablement pas possible de citer une seule tribu sauvage, ni une seule nation ancienne ou même moderne, dans lesquelles le culte des ancêtres ne se présente sous une forme plus ou moins accentuée. Il importe de noter que chez tous les peuples, ce culte est une sorte de survivance des devoirs des enfants envers leur père, après que celui-ci est mort. Chez les Grecs et les Romains, l'enfant qui manquait au culte de son père commettait un véritable parricide.

En même temps que l'amour filial et les devoirs assignés, par l'opinion, aux enfants, à l'égard de leur père, donnent naissance à la religion primitive de tous les peuples, la famille sert de modèle à tous les gouvernements de l'antiquité et les devoirs filiaux fournissent les premières règles des relations des rois avec les peuples.

Dans toutes les monarchies antiques, le roi est considéré comme le père de ses sujets, — les Chinois et les Annamites disent qu'il en est à la fois « le père et la mère », — l'Etat n'est envisagé que comme une agrégation de familles, et la morale gouvernementale est calquée sur la morale familiale. Aucune monarchie n'est compréhensible si l'on n'a pas ces notions présentes à l'esprit; toutes, au contraire, paraissent d'une extrême simplicité quand on se rappelle que l'autocratie du monarque a sa source dans l'omnipotence du père de famille, que la docilité des peuples envers leurs rois découle de l'obéissance affectueuse des enfants pour leur père, des femmes pour leur mari, des cadets pour leurs aînés, et que tous

conduite. Plus tard, les religions et les lois s'empareront de ces idées et des coutumes qui en seront résultées; elles les inscriront dans des livres sacrés et dans des codes civils, mais elles ne les auront pas créées, et l'on se trompera gravement lorsqu'on leur en attribuera la paternité. Celle-ci réside dans la nature et non dans les religions ou les lois.

les biens et les propriétés de la famille appartiennent à son chef[1].

1. Dans les sociétés primitives formées par la réunion de plusieurs familles, dont chacune a son chef, la monarchie peut se constituer de deux façons différentes. Tantôt l'un des chefs de famille parvient à imposer son autorité à tous les chefs des autres familles, et, devenu roi, s'arrange de façon à maintenir la royauté dans sa famille; tantôt, au contraire, les divers chefs de famille élisent l'un d'entre eux à la dignité royale, en se réservant de procéder, après sa mort, à l'élection d'un nouveau roi, pris soit en dehors de la famille du défunt, soit dans cette famille. Dans les deux cas, tous les chefs de famille constituent, autour du monarque, une sorte d'aristocratie plus ou moins puissante, et qui imposera son autorité, en même temps que celle du roi, à toutes les familles qui, ultérieurement, viendront se joindre à la société primitive.

Dans les premiers temps de la société romaine, le roi était élu de la façon que je viens de dire; mais les chefs de famille ne participaient pas seuls à son élection; les enfants parvenus à la majorité y prenaient également part, car si la loi romaine reconnaissait, dans l'intérieur de la famille, une autorité illimitée au père, elle attribuait aux fils, dans le domaine politique, des droits et des devoirs identiques à ceux du père.

Désigné par l'élection ou par l'hérédité, le roi, dans toutes les sociétés grecques et latines, était assimilé par les lois à un père de famille. « Comme l'État, dit Mommsen (*Hist. romaine*, I, p. 78) trouve ses éléments dans la « gens » qui repose sur la famille, de même la forme du corps politique est modelée, dans l'ensemble comme dans le détail, sur la famille ». Le roi « était maître dans la maison de la communauté romaine... on trouvait dans sa résidence ou tout auprès, le foyer toujours ardent, et la chambre close des trésors de la communauté; la Vesta romaine et les pénates romains; ce sont les signes de l'unité visible de ce foyer suprême qui comprenait Rome tout entière. » Après avoir reçu le serment des hommes libres « il a acquis dans la communauté toute la puissance qui, dans la maison, appartient au père de famille, et commande comme lui pendant la durée de sa vie. Il est chargé des relations avec les dieux de la communauté qu'il consulte et qu'il apaise (*auspicia publica*) et nomme tous les prêtres et les prêtresses : son pouvoir (*imperium*) est tout puissant dans la paix et dans la guerre... A lui appartient, comme au père, le droit de discipline et de justice... Il appelle le peuple au service militaire et commande l'armée... Le pouvoir royal n'a pas de limite légale extérieure et ne peut en avoir; il y a pour le seigneur de la communauté, aussi peu de contrôle de ses actes que pour le chef de famille dans sa maison. La mort seule met fin à son pouvoir... Cette unité du peuple romain que représente dans le domaine religieux le Diovis romain, est représenté en droit par le prince, et, par conséquent, son costume était celui du souverain dieu; le chariot promené dans la ville, où tout le monde va à pied; le sceptre d'ivoire avec l'aigle, la figure peinte en vermillon, la couronne en feuilles de chêne d'or, appartiennent au dieu romain comme au roi. » Cependant, ainsi que le fait remarquer Mommsen, la monarchie romaine ainsi constituée n'est point une théocratie, pas plus que la famille. De même que le père de famille, souverain absolu, dans sa maison, reste distinct du dieu, du foyer, dont il est seulement le prêtre,

Lorsque la famille comporte plusieurs femmes et un nombre proportionnel d'enfants, la situation de l'homme s'accentue considérablement dans le sens de l'autorité, en même temps que s'accroît en lui l'esprit de domination. Il n'est plus seulement un chef de famille ; il est en passe de devenir chef de tribu ; il l'est réellement lorsque ses fils, parvenus à l'âge adulte et ayant, à leur tour, des femmes et des enfants, restent groupés autour de lui.

J'ai vu, à la côte occidentale d'Afrique, des villages de plusieurs centaines d'habitants, composés exclusivement par les enfants et les petits enfants d'un seul chef de famille encore vivant. Tous les hommes avaient bâti leurs cases autour du foyer paternel et y avaient amené leurs femmes issues de villages voisins.

3° *Sentiments sociaux; apparition de la morale gouvernementale.* — Dans ces sortes de communautés, il est facile de saisir l'origine de tous les sentiments sociaux et celle des idées relatives aux devoirs et aux droits individuels, familiaux et sociaux. On y voit aussi se des-

le roi, souverain dans l'Etat, n'est pas le dieu du peuple; mais « il est avant tout, dit Mommsen, le propriétaire de l'État », comme le père de famille est le propriétaire unique et absolu de tous les biens de la famille et même de ses membres. « De même, ajoute l'historien, que le fils obéit au père sans condition, sans se considérer comme moindre que le père, de même le citoyen se soumet au maître, sans pour cela le considérer comme un être supérieur à lui. » Il ajoute ce trait caractéristique : « La limite légale du pouvoir royal consiste dans ce principe que le roi est fait pour appliquer la loi et non pour la changer; en fait, toute déviation de la loi doit recevoir d'abord la sanction de l'assemblée du peuple; si elle ne reçoit pas cette sanction, c'est un acte nul et tyrannique, qui ne peut produire d'effets légaux ».

Il est bien évident que plus la société constituée sur de telles bases prendra d'extension et plus il y aura de chance pour que l'autorité absolue que le roi tire de son caractère de chef d'État-famille, si je puis dire, change de caractère et devienne tyrannique. C'est ce qui se produisit dans la société romaine où, finalement, les Césars se déifièrent. C'est ce qui s'est produit dans la plupart des sociétés orientales formées par la race sémitique ou par la race jaune. Après avoir été simplement le prêtre du dieu de l'État, le roi ou l'empereur se fait assimiler à ce même dieu ; c'est dans la logique de l'esprit humain, tant que l'égoïsme atavique y est prépondérant.

siner les premirs linéaments de ce que j'ai appelé, en tête de ce chapitre, la morale gouvernementale.

Le père de chaque famille est, à la fois, aimé, respecté et craint par ses femmes et ses enfants, au point que le moindre de ses ordres est exécuté avec la plus grande déférence. Le mélange, en chaque enfant, de l'amour filial et du respect est poussé à un tel degré, que jamais la pensée ne viendrait à l'un d'eux d'exercer la moindre violence à l'égard de leur père et que le parricide est tout à fait inconnu. La fidélité de l'épouse n'est pas toujours absolue; mais, par une singulière application des lois naturelles, les plus infidèles ne sont ni moins tendres ni moins respectueuses que celles dont la conduite est la plus régulière. Simple question de tempérament et de mœurs.

Quant à l'époux et père, il n'est rien qu'il ne fasse pour témoigner son affection à ses femmes et à ses enfants ; mais il est manifeste qu'il se considère comme leur chef, leur maître et leur propriétaire, ainsi qu'il est le propriétaire de tout ce qui appartient à la famille[1].

1. Il résulte naturellement de la constitution de la famille, et de son existence constante dans presque toutes les sociétés humaines dont les mœurs nous sont connues, que la première forme importante de la propriété a dû être la propriété familiale. Avant que l'homme se fût adonné à l'agriculture, alors qu'il menait la vie du chasseur et du pêcheur, il est fort probable que chaque famille se cantonnait, sinon d'une manière permanente, du moins pendant un certain temps, sur un point déterminé de territoire, ainsi que le font aujourd'hui tous les animaux carnivores. Il est permis de penser aussi que, comme ces derniers, chaque famille avait une tendance plus ou moins prononcée à se réserver l'usage du territoire sur lequel elle s'était établie, car de ce territoire dépendait sa nourriture. Les mêmes observations s'appliquent naturellement aux tribus formées par la réunion de plusieurs familles. « Chez les Tasmaniens, chaque tribu ou horde avait son territoire de chasse, lieu délimité et qu'un étranger ne pouvait violer qu'au péril de sa vie. » (Letourneau, *La Sociologie*, p. 383).

Les hommes qui prirent l'initiative de domestiquer les chevaux, les bœufs, les chèvres, les moutons, etc., et qui s'adonnèrent à la vie pastorale vécurent toujours en familles et en tribus, que la nécessité de trouver des herbages convenables obligeaient à se déplacer. La propriété familiale apparaît alors plus nettement. La famille de chasseurs et de

Enfin, l'esprit de domination provoque chez lui un véritable besoin de commander. De ce qu'il les a faits, il

pêcheurs ne possédait que ses engins de chasse et de pêche et son habitation plus ou moins rudimentaire ; la famille des pasteurs possède ses troupeaux, et cette propriété est commune à tous les membres de la famille ; mais le chef de celle-ci en est plus particulièrement le maître, et le maître absolu, en vertu de la souveraineté qu'il a sur tous les êtres et tous les objets du groupe familial.

Lorsque l'agriculture apparaît, la famille s'arroge la propriété de la portion du sol qu'elle cultive ; cela est fort naturel ; il serait étrange que les cultivateurs d'un terrain abandonnassent à d'autres le sol qu'ils se sont donné la peine de défricher, les plantes qu'ils ont semées, les arbres qu'ils ont plantés et soignés jusqu'à l'heure de la production des fruits. Comme tous les membres de la famille vivent ensemble et travaillent ensemble sur les mêmes champs, ils s'en considèrent tous comme également propriétaires, mais tous aussi reconnaissent la souveraineté du chef de famille. L'idée de cette souveraineté se confondant avec celle de la propriété, le chef de famille finit par être reconnu comme le propriétaire, ou du moins l'usufruitier du bien, en même temps que le souverain de la communauté familiale. « D'après les antiques principes, dit Fustel de Coulanges (*La Cité antique*, p. 96), le foyer est indivisible et la propriété l'est comme lui ». « Il ne pouvait y avoir, dit-il encore (*Ibid.*, p. 100), dans chaque famille, qu'un propriétaire, qui était la famille même, et qu'un usufruitier qui était le père. »

A la propriété familiale, qui a dû être partout la forme primitive de la propriété foncière, se substitue, chez certains peuples, la propriété de la tribu. Il y a encore dans le Laos annamite des villages dont tous les membres formant une tribu habitent la même case et travaillent le sol en commun. Chez les Germains, la tribu assignait annuellement à chaque famille son lot de terre à cultiver et chacune conservait la propriété des moissons ou des fruits qu'elle avait récoltés. Dans quelques parties de la Grèce, le sol appartenait d'une manière permanente à chaque famille, mais tous les produits devaient être mis en commun pour l'usage de la tribu entière. Il est à peine besoin de dire qu'une fois la propriété familiale constituée par l'occupation et le travail, on fit appel à la religion d'abord, puis à la loi pour la consacrer. De là, chez les Romains et les Grecs, la coutume des « termes » ou bornes, que l'on plantait avec des cérémonies religieuses autour du champ, celle des processions et des sacrifices que le chef de famille faisait, chaque année, autour de ce même champ, etc. Chez ces peuples, les idées de propriété familiale et de religion domestique sont inséparables.

La propriété individuelle proprement dite n'a fait son apparition, dans les sociétés occidentales et, probablement, dans toutes les autres sociétés humaines, qu'après la propriété familiale, lorsque les liens de famille se sont relâchés par suite de la formation de sociétés plus ou moins étendues où les intérêts individuels devenaient beaucoup plus complexes. Les fils se séparent du père, et vont former une nouvelle famille, soit dans le même village, soit dans un autre plus ou moins éloigné et ils se constituent des propriétés personnelles. La famille se disjoint et la société se développe. La propriété familiale fait place à la propriété individuelle. A cet égard comme à bien d'autres, on peut

conclut que ses enfants sont sa propriété et il n'est pas de droits qu'il ne s'attribue par rapport à eux, de même qu'il se décharge sur eux de la plupart des besognes désagréables.

En revanche, il se considère comme leur protecteur contre les accidents et les dangers de la vie, et il prend à son compte les occupations d'où la famille peut retirer le plus d'honneur et de profit, telles que la chasse et la pêche, le commerce et les expéditions à travers les broussailles ou le long des rivières, à la recherche des produits qui seront consommés ou vendus.

Lorsque ces besognes font défaut, il passe volontiers sa vie dans l'inaction, à l'ombre des grands arbres ou sous l'auvent de la case en feuilles de palmier, tandis que la femme travaille le champ ou prépare les repas. C'est elle qui le sert, et il n'admet autour de son écuelle que les enfants mâles assez grands pour l'aider dans les travaux qu'il se réserve. Chaque femme vit avec ses filles et ses jeunes garçons.

dire sans hésitation que le premier caractère de la civilisation réside dans le progrès de l'autonomie et de la puissance des individus. Plus tard, ces individus eux-mêmes éprouvent la nécessité de se réunir, de s'associer, afin d'échapper aux dangers auxquels ils seraient exposés s'ils restaient isolés. Certaines propriétés deviennent alors collectives; les forêts, les rivages de la mer, les fleuves et les rivières, certains pâturages, etc. sont considérés comme appartenant à la société tout entière. En même temps, des individus plus ou moins nombreux se réunissent pour faire en commun soit des travaux, soit du commerce ou de l'industrie, et ils constituent des propriétés dont le nombre des co-participants peut être très considérable. C'est à ce point que nous en sommes aujourd'hui. Nos petits-neveux iront-ils plus loin dans la même voie ? arriveront-ils à mettre en commun le sol, les usines, les mille industries qui, aujourd'hui, appartiennent soit à des individus isolés, soit à des groupes d'individus ? L'avenir seul pourra répondre à cette question. Ce qu'il ne faut pas oublier, quand on discute la question de la propriété, c'est que l'on trouve dans l'histoire des sociétés humaines des exemples de toutes les formes imaginables de propriétés, depuis la plus étroitement individuelle jusqu'à la plus largement collective, et que, par suite, toutes les théories peuvent invoquer en leur faveur des faits tirés de la vie sociale des divers peuples, sans qu'un tel argument puisse rien prouver en faveur d'aucune doctrine.

Cette famille est une petite société humaine dont tous les membres sont unis les uns aux autres, à la fois, par l'intérêt qu'ils ont à vivre ensemble en se partageant les travaux quotidiens, par l'affection qu'ils éprouvent les uns pour les autres et par l'autorité non contestée dont le père jouit sur tous ses enfants et ses femmes.

Que la notion du devoir, que l'idée de la justice et la conception de la morale, dans le sens que nous attribuons à ces mots, aient déjà germé dans les intelligences rudimentaires des membres de cette communauté primitive, je serais aussi en peine de l'affirmer que de le nier ; eux-mêmes ne se sont jamais posé des questions aussi sublimes ; mais tous leurs actes sont combinés et enchaînés comme ils le devraient être s'ils connaissaient exactement les droits et les devoirs de chacun par rapport à tous les autres. Les filles aiment et respectent leurs frères ; les cadets aiment et respectent leurs aînés ; depuis le père jusqu'au plus petit des enfants, il existe une hiérarchie dont les règles, pour n'avoir jamais été consignées dans aucune législation, n'en sont pas moins très docilement suivies ; en sorte que cette famille peut être comparée à un petit gouvernement autocratique, dont le père est le chef souverain et dont les sujets sont représentés par les femmes et les enfants ; gouvernement dont la loi constitutionnelle est résumée en ce fait que chacun respecte tous ses aînés et leur obéit, et que tous manifestent respect et obéissance au chef de la famille.

Les mêmes faits sont présentés à notre observation par les communautés formées de plusieurs familles. L'aïeul en est le chef reconnu et obéi par tous sans discussion ; les chefs des différentes familles se respectent les uns les autres et manifestent, au plus haut degré, ce sentiment particulier que j'ai décrit ailleurs [1],

1. De Lanessan, *Le Transformisme*, p. 488 et suiv.

comme le lien naturel et primitif de toutes les sociétés humaines, en lui donnant le nom d'amour social ou « sociabilité », sentiment d'où naîtra, dans les races humaines dont l'intelligence est suffisamment développée, la notion des droits et des devoirs sociaux.

La communauté rudimentaire que je viens de décrire peut déjà être considérée, malgré l'absence de toute constitution et de tout contrat social, comme dotée d'un véritable gouvernement dont le modèle réside dans les familles qui la composent.

L'aïeul le plus âgé est une sorte de monarque autocrate, dont l'omnipotence et le besoin de domination sont tempérés par les affections familiales et sociales qui le lient à tous ses sujets et par les avantages qu'il trouve dans leur coopération à toutes ses entreprises. Il n'a jamais discuté ses devoirs et ses droits avec ses enfants et petits-enfants, pas plus que ces derniers ne se sont demandé en vertu de quels principes ils le respectent, lui obéissent, se respectent et s'obéissent entre eux ; mais, dans tous ses actes, l'aïeul se conduit comme le protecteur de la société tout entière et, tant que ses forces le lui permettent, il prend à son compte les charges multiples qu'entraîne cette protection. S'il y a guerre avec une communauté voisine, il commande l'expédition et se croit tenu d'y montrer plus de courage et d'habileté que tous les autres ; s'il s'agit d'une pêche ou d'une chasse importante, c'est lui qui, avec la direction, assume les plus grandes fatigues ; si la communauté se livre à quelque trafic avec les indigènes ou les européens, c'est à lui encore qu'incombe le soin de conduire les négociations et d'en tirer le plus grand profit possible. Il est, en un mot, le père, le chef, le conseiller, le directeur et le général de la communauté qui s'est formée autour de lui.

Un fait digne de remarque et qui éclaire déjà toute l'histoire des gouvernements, c'est que si l'on ne peut pas affirmer que cet embryon de roi ait conscience de ses devoirs, il est aisé de se convaincre qu'il a une idée très précise de ses droits et qu'il éprouve un véritable besoin de dominer. A lui les honneurs des victoires remportées dans les batailles, à lui la plus large part des chasses et des pêches, à lui les meilleurs produits des champs cultivés par la communauté et la plus grande portion des bénéfices réalisés dans les trafics et les échanges. Il se considère, et il est considéré par la tribu tout entière, non seulement comme son chef, son maître, son roi omnipotent, mais encore comme le propriétaire de tous les biens qu'elle possède et de toutes les terres qu'elle travaille.

Il ne serait point homme s'il n'avait pas des tendances plus ou moins prononcées à abuser de son autorité, et s'il ne cédait pas, en plus d'une occasion, à cette humaine faiblesse. En lui, comme en tous ses semblables, l'égoïsme hérité des ancêtres lutte contre les sentiments altruistes nés des relations familiales et sociales, et, dans la lutte intime de ces deux catégories de sentiments, il y a d'autant plus de chances en faveur du triomphe de l'égoïsme, que la notion raisonnée des droits individuels se développe avant celle des devoirs, de même que l'égoïsme préexiste à l'altruisme.

Dans la communauté familiale, ou, si l'on veut employer un autre terme, dans le gouvernement patriarcal que je viens de décrire, les abus occasionnés par l'égoïsme du chef ne sont jamais très considérables. La société est étroite, tous ses membres sont liés les uns aux autres par une parenté dont les termes sont connus de chacun, tous partagent à peu près les mêmes conditions d'existence, il y a une surveillance quotidienne exercée par tous sur chacun et par chacun sur tous, et qui porte plus particulièrement encore sur le chef ; malgré le respect qu'on a pour ce dernier, les remontrances plus ou moins affectueuses ne lui sont pas ménagées et il a tout intérêt à ne pas abuser de son pouvoir, afin de conserver autour de lui les gens d'où il tire ses avantages et qui lui permettent de satisfaire son besoin de domination.

D'autre part, j'ai supposé la communauté établie dans un pays riche : le poisson, le gibier abondent, le sol produit sans grand travail les fruits et les légumes, les forêts contiennent, en grande quantité, les palmiers sur lesquels chacun peut cueillir les noix d'où l'on extrait l'huile qu'achètent les européens ; les rivières et les ruisseaux roulent des sables aurifères facilement exploitables ; toutes les conditions, en un mot, sont réunies pour que les sentiments et les idées évoluent plutôt vers le bien que vers le mal, et pour que les affections familiales et sociales produisent une morale gouvernementale conforme, à la fois, aux intérêts généraux de la communauté et à ceux de chacun de ses membres. Aussi, dans les sociétés de cette sorte qu'il m'a été donné d'observer directement, n'ai-je point constaté d'abus sérieux, soit de la part du chef patriarcal, soit de celle des différents chefs de famille rangés autour de lui. Les querelles y étaient rares, les vols à peu près inconnus, et le chef n'avait besoin d'aucune force pour protéger ou imposer son autorité, car personne ne la contestait.

Dans une société primitive plus étendue que celle dont je viens de tracer le tableau, quand les familles sont nombreuses, dispersées en des villages assez éloignés les uns des autres pour que les relations ne soient pas très fréquentes et pour que le chef de la communauté échappe à la surveillance directe de tous ceux qui acceptent son autorité, la porte s'ouvre d'elle-même aux abus. Une pareille communauté se constitue, d'habitude, par l'ascendant que prend un village sur ceux qui l'entourent et par l'autorité dont jouissent, dans ce village, une famille et son chef.

Ce dernier devient chef militaire et civil de la communauté tout entière ; on doit à son habile direction ou à son courage d'être à l'abri des incursions des tribus voisines, de travailler et de trafiquer en paix, et l'on s'en montre reconnaissant, d'abord en suivant ses conseils qui bientôt deviennent des ordres, puis en lui remettant une portion des fruits du sol dont il assure la tranquillité et des objets de trafic dont il protège la circulation. Ce tribut, d'abord volontaire, se transforme rapidement en une sorte d'impôt régulier et obligatoire.

En même temps, par une évolution naturelle des idées qui règnent dans chaque famille, on en vient à le considérer comme le maître du sol lui-même. Un pas nouveau est fait alors vers la constitution d'un véritable gouvernement.

PREMIÈRE FORME DE LA MONARCHIE ET DE L'ARISTOCRATIE

Un gouvernement véritable existera en fait, avant qu'aucun contrat ni aucune constitution l'ait consacré, le jour où quelque village ayant négligé de payer sa redevance coutumière, le chef emploiera la contrainte à son égard. Dès ce moment, il est obligé d'organiser une force de police plus ou moins permanente, distincte de la troupe qu'il réunit accidentellement pour combattre les ennemis du dehors, et son autorité, jusque-là purement morale, se transforme en un pouvoir matériel qui est la première forme de la monarchie.

Autour de ce minuscule monarque, une sorte d'aristocratie existe déjà, représentée par tous les chefs de village avec lesquels il est obligé de s'entendre et de partager une portion de son pouvoir, sous peine de provoquer leur émigration ou leur rébellion. Ils reconnaissent sa suprématie, lui garantissent la redevance annuelle de leurs villages, à la condition qu'il les laisse maîtres chez eux, qu'il ne s'occupe ni de leurs affaires locales, ni des profits qu'ils tirent de la communauté dont ils ont eux-mêmes la direction.

Il existe encore en Afrique, où j'ai eu le moyen de les observer, un très grand nombre de sociétés constituées sur ce type et où l'on peut assez exactement se rendre compte de l'une des phases les plus importantes de l'évolution de la morale sociale et de la morale gouvernementale. Les chefs ont une notion très exacte du devoir qui leur incombe de protéger les populations parmi lesquelles leur autorité est reconnue, et ils les remplissent assez correctement pour que nul n'ait à se plaindre. Ils ont également conscience des droits que leur donne l'accomplissement de ce devoir, et tous les membres de la communauté les leur reconnaissent volontiers. Si le chef abuse de son autorité, ce n'est que dans des limites restreintes, car l'espace est grand, les villages sont rares, les habitations sont rudimentaires et ne coûtent que la peine de les construire ; les terres fertiles abondent ; il n'y a pas de famille ou de village qui ne puisse, en quelques jours, se transporter assez loin pour échapper à toute autorité. Or, un village qui émigre, c'est une portion des revenus du chef qui disparaît. Il n'en faut pas davantage pour restreindre l'étendue des abus d'autorité qu'il serait tenté de commettre.

DIFFÉRENCIATION DES FONCTIONS SOCIALES

Parmi les populations sauvages les plus primitives, les diverses fonctions sociales ne se différencient pas les unes des autres. Tous les adultes, même les femmes, contribuent à la culture des terres, à la pêche, à la chasse. On n'y connaît encore ni maçons, ni charpentiers, ni menuisiers pour construire les habitations, ni filateurs ni tisserands pour fabriquer les vêtements, ni chapeliers, ni cordonniers. Tous les habitants savent faire et font eux-mêmes ce qui est nécessaire à la satisfaction de leurs besoins très réduits.

A mesure que ces communautés se civilisent, il s'y produit une certaine division du travail, car la différence des aptitudes porte chacun à s'occuper plus particulièrement de tel objet plutôt que de tel autre.

La première profession que l'on voit, d'ordinaire, se différencier, est celle de forgeron-bijoutier. Il n'y en a souvent qu'un seul dans toute une région. Il se déplace, avec ses instruments, suivant les appels qu'on lui adresse de tel ou tel village. Puis, il se fixe dans le village le plus riche, dans celui ou quelque chef le retient, ou bien dans celui qui est le siège des marchés les plus importants, et où se rendent, en vue des échanges, les habitants de toute une contrée. Il ne fait encore aucun ouvrage d'avance, car il n'est pas assez riche pour se constituer des approvisionnements de métaux. Il ne travaille que sur commande et avec la matière première qui lui est fournie par chaque client. Il n'est pas rare que le chef d'un village ou d'une tribu se l'attache d'une manière permanente, lui fournissant le fer, le cuivre, l'or, l'argent, les outils, et le faisant travailler soit exclusivement pour lui-même et les siens, soit dans le but de revendre ses produits. Il le paie par la nourriture, le logement, etc.

Le forgeron et le bijoutier se confondent d'abord en un seul et même individu qui fabrique indifféremment des sabres ou des couteaux, des bracelets, des boucles d'oréilles, des bagues, des colliers en cuivre, en argent ou en or. Puis les deux métiers se divisent; d'autres encore naissent tour à tour et diverses sortes de familles d'artisans se constituent; car les métiers se transmettent de père en fils et les secrets en sont conservés dans chaque famille avec un soin jaloux[1].

1. Platon a décrit, dans sa *République* (Livre II, V), d'une façon fort intéressante, les causes déterminantes de la formation des premières sociétés assez civilisées pour constituer ce qu'il appelle un Etat. « Ce qui, fait-il dire à Socrate, donne naissance à un Etat c'est, je crois, l'impuissance où se trouve chaque individu de se suffire à lui-même et le besoin qu'il a d'une foule de choses : ou bien à quelle autre cause attribues-tu l'origine d'un Etat? — ADIMANTE : A aucune autre. — SOCRATE : Ainsi le besoin d'une chose ayant engagé un homme à se joindre à un autre homme. et le besoin d'une autre chose à un autre encore, la multiplicité des besoins a réuni dans une même habitation plusieurs hommes dans la vue de s'entr'aider; nous avons donné à cette association le nom d'Etat, n'est-ce pas? — ADIMANTE : oui ». Et Socrate formule cette première conclusion : « Jetons par la pensée les fondements d'un Etat. ces fondements seront vraisemblablement nos besoins. » Puis il décrit ces besoins : la nourriture d'abord, « le plus grand de tous, d'où dépend la conservation de notre être et de notre vie, » puis le logement, le vêtement. « Mais, dit Socrate, comment l'Etat satisfera-t-il à tous ces besoins? Ne faudra-t-il pas pour cela que l'un soit laboureur, un autre architecte, un autre tisserand? Ajouterons-nous encore un cordonnier ou un autre artisan pour les besoins du corps? — ADIMANTE : C'est de toute nécessité. — SOCRATE : Je fais la réflexion que chacun de nous n'apporte pas en naissant les mêmes aptitudes, et que l'un a plus de disposition pour faire une chose. l'autre pour faire une autre chose... Il se fait plus de choses, elles se font mieux et plus aisément lorsque chacun fait celle à laquelle il est propre. Le laboureur ne doit pas faire lui-même sa charrue pour son propre usage, s'il veut qu'elle soit bien faite, ni sa bêche, ni les autres instruments qui servent au labourage. Il en est de même de l'architecte auquel il faut beaucoup d'outils, du tisserand et du cordonnier... Voilà donc les charpentiers, les forgerons et les autres ouvriers de ce genre qui vont entrer dans notre petit Etat et l'agrandir... Ce ne sera pas l'agrandir beaucoup que d'y ajouter des bouviers, des pâtres et des bergers de toute espèce, afin que le laboureur ait des bœufs pour le labourage, l'architecte des bêtes de somme pour le transport de ses matériaux, le cordonnier et le tisserand, des peaux et des laines... Ce n'est pas tout : Il est presqu'impossible de fonder un Etat dans un lieu où

APPARITION ET ÉVOLUTION DE L'ESCLAVAGE

Tandis que les métiers se constituent et que les artisans se multiplient, la société évolue vers un état

l'on n'ait pas besoin de denrées importées... Notre Etat aura donc encore besoin d'autres personnes qui seront chargées d'aller chercher dans d'autres Etats ce qui lui manque... Mais, si ces personnes arrivent les mains vides, sans rien apporter en échange de ce qui leur manque à elles-mêmes, elles s'en retourneront aussi les mains vides... Il faudra donc travailler non seulement pour les besoins de l'Etat, mais encore pour ceux des étrangers, en proportion de ces besoins... L'Etat aura donc besoin d'un plus grand nombre de laboureurs et d'autres ouvriers. Il lui faudra donc encore d'autres personnes pour l'importation et pour l'exportation, c'est-à-dire des commerçants... Et si le commerce se fait par mer, il nous faudra encore un grand nombre de personnes habiles dans ce genre de commerce... Mais dans l'intérieur même de l'Etat, comment les citoyens se feront-ils part les uns aux autres de leur travail? — Adimante : Il est évident que ce sera par vente et par achat. — Socrate. De là nous arrivera la nécessité d'un marché et d'une monnaie, signe de la valeur des objets échangés. » Il ajoute qu'il faudra des intermédiaires entre ceux qui produisent et ceux qui achètent, c'est-à-dire « des marchands qui, dit-il, dans les Etats bien policés, sont ordinairement les personnes les plus faibles de santé, incapables de tout autre travail. » Socrate ajoute : « Il y a encore, ce me semble, des gens de peine, gens peu dignes de faire partie de l'Etat, mais dont la force de corps est à l'épreuve de la fatigue. Ils trafiquent des forces de leur corps et appellent salaire l'argent que leur procure ce trafic; d'où leur vient, je crois, le nom de mercenaires. » Il demande où, dans cette société, prendront naissance la justice et l'injustice et Adimante répond : « Je ne le vois pas, à moins que ce soit dans les rapports mutuels qui naissent du besoin des citoyens. » Cependant, Socrate fait remarquer qu'on ne connaîtra pas l'injustice, tant que chacun n'éprouvera que des besoins limités : « Considérons, dit-il, quelle sera la vie que mèneront les hommes ainsi organisés. Ils se procureront de la nourriture, du vin, des vêtements, des chaussures; ils se bâtiront des maisons; pendant l'été, ils travailleront ordinairement peu vêtus et nu-pieds; pendant l'hiver bien vêtus et bien chaussés. Pour leur nourriture ils prépareront des pâtes de farine d'orge et de froment qu'ils pétriront et feront cuire; ils serviront des pains et des gâteaux sur des chaumes ou des feuilles toutes fraîches; couchés sur des lits de petites branches d'if et de myrte, ils prendront leurs repas avec leurs enfants, boiront du vin, se couronneront de fleurs, chanteront les louanges des dieux et passeront leur vie les uns avec les autres dans le bonheur et dans la joie. D'ailleurs, ils proportionneront à leur fortune, le nombre de leurs enfants, dans la crainte de la pauvreté et de la guerre... J'ai oublié qu'ils auront avec leur pain, du sel, des olives, du fromage; ils feront cuire des oignons, des légumes et des plantes potagères qui viennent dans les champs... Ils auront des figues, des pois, des fèves, feront griller sous la cendre des baies de myrte et des faines qu'ils mangeront en buvant modérément et c'est ainsi que jouissant pendant

social et politique plus complexe. La première différenciation qui s'y produit consiste dans la formation de deux classes de gens : celle des hommes libres et celle des esclaves.

Dans toutes les sociétés primitives, le principal objet de la guerre est la capture des esclaves que l'on charge des travaux les plus pénibles et que l'on vend comme des bêtes de somme. En Afrique, l'esclavage existe partout et les esclaves proviennent presque tous de la guerre. Dans les pays plus civilisés de l'antiquité ou des temps modernes, l'esclavage a souvent une autre source : il est la conséquence de la législation coutumière ou écrite sur les dettes. Tout individu qui ne peut pas rendre ce qu'il a emprunté est contraint de donner sa personne à son créancier ; il devient esclave et il le reste jusqu'à ce

toute leur vie de la paix et de la santé, ils parviendront à une grande vieillesse et qu'en mourant ils laisseront à leurs enfants l'héritage d'une vie heureuse. » Adimante fait remarquer que ces hommes voudront avoir des meubles, des mets délicats, et Socrate continue : « J'entends. Ce n'est pas simplement l'origine d'un Etat que nous cherchons, mais d'un Etat qui regorge de délices. Peut-être n'est-ce pas un mal. Nous pourrions bien découvrir de cette manière par où la justice et l'injustice s'introduisent dans les Etats... Il y a apparence que plusieurs ne seront pas contents de cette organisation ni de ce régime. Ils y ajouteront des lits, des tables, des meubles de toute espèce, des mets variés, des parfums, des odeurs, des courtisanes, des friandises, et tout cela en abondance... » Et il montre les métiers se multipliant, le peuple ne se contentant plus de son territoire et envahissant celui des voisins pour y trouver des terres et du butin. La guerre produira la nécessité d'avoir ce qu'il appelle « des gardiens de l'Etat », c'est-à-dire des soldats que les autres citoyens nourriront de leur travail, car leur seule occupation devra être de se préparer sans cesse à la défense du pays. Il montre ensuite comment deviendront nécessaires, et des chefs de l'Etat et des lois, pour prévenir ou réprimer les injustices.

Bien des erreurs et des chimères pourraient être relevées dans cette conception de l'Etat et de son évolution, mais il en ressort deux idées fort justes, au delà desquelles nous ne nous sommes encore que bien peu avancés : d'abord, celle que la différenciation des fonctions, dans toute société humaine, résulte de la diversité des aptitudes des individus et de la multiplicité de leurs besoins ; ensuite, celle que la diversité des aptitudes et la multiplicité des besoins rendent tous les hommes d'une même société solidaires les uns des autres. Voilà pourquoi il m'a semblé bon de reproduire ici cette belle page du penseur grec.

qu'il se soit acquitté. Au Cambodge, à Madagascar, le tiers au moins de la population est composé, au moment où j'écris ces lignes, d'esclaves ayant cette dernière origine et restant attachés à leurs maîtres en dépit de toutes les lois par lesquelles nous avons la prétention de les libérer.

Dans toutes les sociétés anciennes parvenues à un certain degré de civilisation, c'est par des esclaves que la plus grande partie des travaux des champs était faite, et c'est à la main des esclaves qu'étaient dus les produits des diverses industries[1].

1. Il importe d'insister sur ce fait que l'esclavage n'a jamais existé dans les premières phases de l'évolution des sociétés humaines. Il n'apparaît qu'avec la guerre et comme conséquence de la guerre, et ne prend un développement un peu considérable qu'après l'apparition du commerce et de l'industrie. Dans toutes les civilisations anciennes à leurs débuts, l'agriculture est en honneur et les membres des familles les plus considérées peuvent s'y livrer sans encourir aucune mésestime. Cela tient, sans doute, à ce que l'agriculture a marqué le premier pas fait par les hommes vers leur fixation au sol. Ceux qui, les premiers, dans une société primitive quelconque, eurent la pensée de cultiver les plantes, dont on s'était jusqu'alors contenté de cueillir les fruits venus à l'état sauvage, durent être regardés par leurs semblables comme des hommes supérieurs. L'art qu'ils montraient en domestiquant les plantes, en les cultivant, en rendant plus agréables au goût leurs fruits, leurs racines, leurs feuilles ou leurs tiges, dût provoquer une grande admiration. « Pour les Grecs-Italiotes, comme pour toutes les autres nations, dit justement Mommsen (*Hist. rom.*, I, p. 25) l'agriculture a été le germe et le noyau de la vie publique et privée, et est restée telle dans l'imagination des peuples. La maison et le foyer particulier que le paysan s'est construit, au lieu de la hutte légère et du foyer mobile (des pasteurs nomades) sont entrés dans le domaine religieux et ont été idéalisés dans la déesse Vesta ou 'Εστία. »

L'historien fait remarquer encore (*Ibid*, p. 229) qu'à Rome « la classe agricole était autrefois la pierre angulaire de l'Etat et qu'on essayait constamment de maintenir le corps des propriétaires fonciers comme le noyau de la communauté. » Plus tard, lorsqu'une partie de la propriété foncière fut passée aux mains de « non-citoyens » on « divisa les membres de la communauté, une fois pour toutes, sans égard pour leur situation politique, en « propriétaires » (*assidui*) et « producteurs d'enfants » (*proletarii*) et l'on imposa aux premiers les charges publiques, en raison de leur richesse, en même temps qu'on leur accorda des droits particuliers.

En Grèce, l'agriculture n'était pas moins estimée qu'à Rome. Si l'on en croit Xéphonon, son maître Socrate estimait que « les deux seuls arts dignes d'un honnête homme sont l'agriculture et l'art militaire, étroitement unis parce que l'agriculteur est seul bon soldat. » Socrate disait

La morale sociale n'admettait, dans ces sociétés, qu'un principe, relativement à l'esclavage : le maître était le propriétaire de l'esclave, comme on l'est d'une terre ou d'un meuble ; il avait le droit de le louer ou de le vendre, de le juger et de le punir, même de la mort, l'esclave ne pouvant être soumis à aucune autre juridiction que celle de son maître.

Les pouvoirs gouvernementaux ne se connaissaient, dans les mêmes communautés, qu'un seul devoir : celui de protéger, de la manière la plus absolue, le maître, contre toute tentative que ferait l'esclave pour lui échapper ou se soustraire à l'exécution de ses ordres et de ses jugements.

Tout cela s'explique aisément par l'analogie que les Grecs et les Romains établissaient entre le maître et le père de famille. L'idée que l'on se faisait du premier dérivait de celle que l'on avait du second. L'esclave était la propriété du maître, au même titre que l'enfant était

de l'agriculture elle-même : « Il n'y a pas pour un homme d'un noble naturel, de profession ni de science au-dessus de l'agriculture, qui procure aux hommes le nécessaire... Elle donne au corps la plus grande beauté, la plus grande vigueur et aux âmes assez de loisir pour songer aux amis et à la chose publique. » Ce dernier trait est sans doute celui qui avait, aux yeux de Socrate, le plus d'importance, car s'il condamnait les arts industriels et mécaniques, s'il voulait qu'ils fussent réservés aux esclaves, c'est parce qu'il les accusait d'affaiblir et de déformer le corps par les attitudes et l'effort qu'ils exigent, de rendre ainsi les hommes impropres à la guerre, et enfin d'empêcher, en raison de l'assiduité qu'ils exigent, la culture et le développement de l'esprit. L'agriculture, au contraire, disait-il « nous a paru exciter les hommes à devenir courageux, vu que c'est en dehors des remparts, à portée des incursions de l'ennemi, qu'elle fournit le nécessaire à ceux qui l'exercent. Voilà pourquoi, dans tous les Etats, c'est la profession la plus honorée, parce qu'elle donne à la société les citoyens les meilleurs et les mieux intentionnés. » (Voy. A. Espinas, *Histoire des doctrines économiques*, p. 22).

Cependant, en Grèce comme à Rome, le travail de l'agriculture fut assigné aux esclaves aussitôt que les propriétés foncières prirent assez d'étendue pour que les citoyens et leur famille fussent incapables de travailler eux-mêmes leurs terres. L'homme riche s'adonne alors exclusivement à la guerre et à la discussion des affaires publiques, et les vaincus de la guerre sont transportés en Grèce pour la culture des champs. (Voy. la note de la page 68)

celle du père. Comme le père était aussi le protecteur de ses enfants, le maître était celui de ses esclaves. D'où le caractère particulier que revêtait l'esclavage dans la famille ancienne; d'où le mélange de familiarité et de sévérité qui caractérisait la manière dont l'esclave était traité.

C'est sur des idées analogues qu'ont été fondées, après la suppression de l'esclavage, les relations des patrons avec leurs ouvriers. Le patron se considérait comme revêtu, à l'égard de ses ouvriers, des droits d'un père sur ses enfants; il exerçait sur eux à la fois l'autorité et la protection d'un père; et j'ai à peine besoin d'ajouter que même dans notre société moderne, il est encore bien des patrons qui pensent de la sorte et se montrent fort étonnés que leurs ouvriers prétendent à être leurs égaux.

L'esclave antique représentait la machine et le bras de toutes les industries. Les riches citoyens romains possédaient des milliers d'esclaves instruits dans les divers métiers et dont ils louaient les services quand ils ne les utilisaient pas pour leur propre compte. On était d'autant plus riche qu'on était propriétaire d'un plus grand nombre d'esclaves et que ceux-ci étaient plus habiles dans les diverses professions, depuis celle de rhéteur et de poète jusqu'à celle de berger.

D'un autre côté, moins les esclaves rapportaient à leurs maîtres, moins ceux-ci avaient de motifs d'y tenir et de les soigner. Au moment des grandes conquêtes de la République romaine, lorsque César expédie de la Gaule deux millions d'esclaves, lorsque Pompée en envoie de l'Orient un nombre au moins égal, lorsque les habitants de toutes les villes ioniennes et des côtes barbaresques se livrent à la piraterie pour faire des captifs qu'ils vendent sur les marchés de Corinthe, de

Chio, de Rome, etc., les esclaves sont si nombreux en Italie, et leurs propriétaires en tirent si peu de revenus, qu'ils les pendent ou les crucifient pour la moindre faute, les abandonnent aux bêtes fauves lorsqu'ils sont vieux, les nourrissent moins bien que leurs chiens et leurs murènes, ou même ne les nourrissent pas du tout.

On ne peut donc s'étonner ni des insurrections formidables d'esclaves qui se produisirent sur la fin de la république romaine, ni de la férocité avec laquelle furent détruits les esclaves insurgés par les troupes lancées à leur poursuite.

C'est, néanmoins, presque exclusivement aux esclaves des campagnes et à ceux exerçant les métiers inférieurs ou travaillant pour le compte des administrations publiques, qu'il faut appliquer ces considérations. Ceux qui, dans les grandes villes, exerçaient les hautes professions, tels que les rhéteurs, les grammairiens, les médecins, les acteurs, alors très nombreux, très recherchés par les patriciens et très applaudis par le peuple, et, d'autre part, ceux qui pratiquaient les métiers de luxe, les bijoutiers, les armuriers, les brodeurs, les peintres, etc., profitent des ruines occasionnées par le luxe effrené des riches romains.

En raison même du grand nombre de ces sortes d'esclaves et de la concurrence qui en résultait dans toutes les professions et industries, les maîtres étaient obligés de provoquer leur zèle par la concession de certains avantages. A ceux qui rapportaient le plus, on abandonnait une partie du fruit de leur travail, ou bien on les autorisait à faire des travaux particuliers dont ils gardaient le prix. L'esclave laborieux et économe pouvait de la sorte amasser un petit pécule, avec lequel, plus tard, il payait son affranchissement.

Après la constitution de l'empire romain, lorsque le temple de Janus eut été fermé au capitole, lorsque cessèrent les grandes guerres de la conquête méditerranéenne, le nombre des esclaves diminua très rapidement : la mort, occasionnée par la misère, en emportait un grand nombre, tandis que la piraterie et les expéditions coloniales n'en fournissaient plus qu'un chiffre relativement minime. Les maîtres durent alors modérer la rigueur des traitements, accorder plus de liberté, abandonner une part plus grande des produits du travail, et les esclaves eurent, par suite, plus de facilités à gagner un pécule. Ils obtenaient aussi plus aisément leur affranchissement, parce que les maîtres appauvris avaient besoin d'argent. Il se constitua de la sorte une classe considérable d'affranchis, entre les mains desquels se trouvaient toutes les professions qualifiées aujourd'hui de libérales, toutes les professions industrielles lucratives et une partie notable du commerce intérieur ou international.

Ces affranchis, d'ailleurs, n'étaient pas entièrement libres. Ils portaient encore une partie des chaînes de l'esclavage, et une partie d'autant plus lourde que les maîtres jouissaient du droit de régler eux-mêmes les conditions de l'affranchissement. Ils se réservaient, d'ordinaire, une portion plus ou moins considérable des produits du travail de l'affranchi et ils étaient ses héritiers privilégiés.

Les affranchis formaient une classe sociale nouvelle, intermédiaire aux esclaves et aux hommes libres ; ils formeront pendant les siècles ultérieurs une partie considérable de la société féodale, au moins dans les campagnes.

FORMATION DES CLASSES SOCIALES

Parallèlement à l'évolution sociale, il se produit, dans les sociétés primitives, une évolution politique non moins intéressante à observer. Autour du gouvernement, quel qu'il soit, on voit se former des familles de citoyens sur lesquelles il s'appuie pour dominer la masse entière de la société, et auxquelles il abandonne ou concède des privilèges plus ou moins étendus, en échange de l'assistance qu'il en reçoit. Ces familles, en se multipliant, arrivent à former de véritables classes.

En fait, il n'a pas existé un seul peuple qui ne présentât une *classe aristocratique* jouissant de privilèges plus ou moins étendus. Parmi les populations primitives, la source de cette aristocratie se trouve dans les chefs des divers villages réunis en une tribu. Il n'y a d'abord, dans chaque village, qu'un seul chef et qu'une seule famille prépondérante ; mais à mesure que l'agglomération augmente, que le village devient une ville et que les citoyens se partagent les différents travaux, on voit certaines familles s'élever au-dessus de la masse, dédaigner les travaux des champs, de l'industrie ou du commerce et se consacrer exclusivement aux plaisirs de la chasse ou aux aventures de la guerre. C'est d'elles que naîtront les familles aristocratiques.

Les intérêts de ces familles sont, à beaucoup d'égards, tellement opposés à ceux du peuple, que l'histoire intérieure de la plupart des nations se résume dans les luttes de la masse sociale contre la classe aristocratique.

Les membres de celle-ci se distinguent par certains traits d'esprit et de caractère que l'éducation détermine et que l'hérédité perpétue : la force physique, le courage, l'habileté guerrière et politique, l'esprit de domination et de commandement. Les familles aristocratiques ne s'unissent qu'entre elles, limitent le nombre de leurs membres, réservent aux aînés la transmission de leurs propriétés et de leurs privilèges politiques ou sociaux, prennent, en un mot, toutes les précautions imaginables pour conserver leur prépondérance politique et sociale.

D'autre part, à mesure que les sociétés humaines se perfectionnent dans les arts et les sciences, dans l'agriculture, le commerce, l'industrie, et dans toutes les branches de l'activité humaine, physique ou intellectuelle, certains individus et leurs familles envahissent les professions les plus lucratives, s'enrichissent et finissent par former une deuxième classe, parfois aussi puissante que la première, mais dont l'autorité résulte de la connaissance des affaires et du commerce[1]. Les familles qui détiennent ces avantages ne prennent, d'ailleurs, pas moins de précautions que celles de l'aristocratie militaire pour les conserver : elles aussi limitent le nombre de leurs enfants, prennent des mesures pour que la fortune ne sorte pas de leurs rangs, s'isolent, autant que possible, de la masse de la société, dans le but de conserver leurs privilèges.

1. Pendant toute l'antiquité, le commerce, l'industrie, et même les professions dites aujourd'hui libérales n'étaient exercées que par des esclaves ou des affranchis. « Dans les villes grecques. surtout celles qui avaient pour principal objet la guerre, tous les travaux et toutes les professions qui pouvaient conduire à gagner de l'argent étaient regardées comme indignes d'un homme libre... Ce ne fut que dans la corruption de quelques démocraties que les artisans parvinrent à être citoyens. L'agriculture était encore une profession servile et, ordinairement, c'était quelque peuple vaincu qui l'exerçait : les Ilotes chez les Lacédémoniens, les Périéciens chez les Crétois, les Pénestes chez les Thessaliens, d'autres peuples esclaves dans d'autres Républiques. Enfin, tout bas commerce était infâme chez les Grecs... Aussi Platon veut-il. dans ses *Lois*, qu'on punisse un *citoyen* qui ferait le commerce. On était donc fort embarrassé dans les républiques grecques ; on ne voulait pas que les citoyens travaillassent au commerce, à l'agriculture ni aux arts ; on ne voulait pas non plus qu'ils fussent oisifs. Ils trouvaient une occupation dans les exercices qui dépendaient de la gymnastique et dans ceux qui avaient rapport à la guerre. L'institution ne leur en donnait point d'autres. Il faut donc regarder les Grecs comme une société d'athlètes et de combattants. Or, ces exercices si propres à faire des gens durs et sauvages avaient besoin d'être tempérés par d'autres qui pussent adoucir les mœurs. La musique, qui tient à l'esprit par les organes du corps était très propre à cela... on ne peut pas dire que la musique inspirât la vertu ; cela serait inconcevable, mais elle empêchait l'effet de la férocité de l'institution. » (Montesquieu, *De l'Esprit des lois*, Liv. IV, Chap. VIII.)

Ces deux catégories de familles forment, dans les sociétés civilisées, deux véritables classes sociales, susceptibles de s'accroître par l'annexion de familles nouvelles, mais conservant chacune un certain nombre de caractères propres qui servent à les distinguer l'une de l'autre et à les différencier de la masse.

A côté d'elles, et, d'ordinaire, recrutée parmi elles, il s'est constitué, de tout temps et chez tous les peuples, non plus une classe, mais une caste dont la puissance repose sur la foi religieuse. C'est la caste sacerdotale ou clergé. Celle-ci est formée habituellement non pas de familles distinctes, mais d'individus unis les uns aux autres par des engagements réciproques, par une initiation plus ou moins secrète et par une hiérarchie d'une nature particulière. Il est fréquent que les individus formant cette caste se condamnent au célibat, ce qui les a empêchés, dans la plupart des pays, de former une classe véritable. A l'influence que leur donne la foi religieuse du peuple, s'ajoute celle qui provient d'une instruction plus ou moins développée. Parfois, même, la caste sacerdotale a le monopole de la science, se livre aux pratiques médicales, etc., et il en résulte un accroissement considérable de son autorité sur les autres parties de la société.

A côté, ou, pour mieux dire, en dessous de ces classes et castes dominantes, la masse sociale, la plèbe, n'ayant aucun intérêt à restreindre sa multiplication puisqu'elle ne possède rien, s'accroît avec une telle rapidité que presque toujours le nombre de ses membres devient supérieur à celui qui serait nécessaire pour accomplir le travail destiné à l'entretien des autres classes, de sorte que, souvent, chaque individu n'obtient même pas la quantité de nourriture indispensable à son développement, à moins de produire une somme de travail supérieure à ses forces. Il en résulte des caractères physiques et moraux particuliers et héréditaires. Au physique, tantôt une force musculaire assez grande et déterminée par le fonctionnement des membres que nécessite le travail, tantôt, au contraire, une faiblesse notable, déterminée par l'excès du labeur et l'insuffisance de la nutrition. Au moral, l'ignorance, avec un mélange de servilisme produit par l'obéissance, et de tendance à la révolte occasionnée par le désir naturel d'échapper à la servitude.

FIXATION DE LA SOCIÉTÉ AU SOL ET ACCROISSEMENT DE L'AUTORITÉ GOUVERNEMENTALE

A mesure que les différentes classes de la société se différencient, les familles et les agglomérations de familles qui constituent les villages se fixent au sol par des établissements définitifs.

Les cabanes rudimentaires d'autrefois sont remplacées par des habitations plus solides, plus confortables, plus difficiles à bâtir et auxquelles, par conséquent, la famille s'attache. Les cultures ont pris, également, davantage d'importance : on ne se contente plus de gratter superficiellement le sol, on le laboure, on le fume, on le sarcle, et l'on s'y attache d'autant plus que l'on y récolte des fruits plus abondants, des moissons plus riches. Comme tous les membres de la famille ont pris part à ces travaux, chez tous surgit, fort naturellement, l'idée que cette maison et ce champ appartiennent à la famille, constituent une propriété familiale. Chacun des membres de la famille n'aura plus ensuite qu'un pas à faire pour concevoir la pensée qu'une portion de cette propriété lui appartient en propre, puisqu'il a contribué à sa création et à son entretien. Que ces idées soient appelées à se transformer par la suite dans diverses directions, nul ne saurait le nier, et ce n'est pas la question qui me préoccupe en ce moment.

Ce que je tiens seulement à constater, c'est qu'avec la fixation au sol des familles plus ou moins nombreuses qui constituent la société encore primitive dont j'ai parlé plus haut, et avec l'apparition des idées de propriété familiale et de propriété individuelle, les conditions de la vie sociale sont profondément modifiées. Les gouvernements, en effet, sont d'autant plus portés vers les abus d'autorité que les familles, et encore moins les villages, ne peuvent plus se déplacer avec la même facilité que dans les sociétés primitives où l'homme, ne possédant rien, n'est retenu par rien sur un point quelconque du sol.

En fait, comme il est facile de s'en assurer par l'histoire des différentes sortes de sociétés, les abus de l'autorité gouvernementale ne peuvent devenir sérieusement préjudiciables aux membres de la société qu'à partir du moment où le pays est assez peuplé et assez civilisé pour que les populations agricoles, commerçantes et industrielles ne puissent pas se déplacer sans compromettre gravement leurs intérêts. Tel est le cas des contrées où les agriculteurs ont creusé des puits, des canaux d'irrigation ou de dessèchement, comblé des étangs et des marécages, construit des acqueducs, des routes, etc. ; où les commerçants ont bâti des comptoirs, construit des ports et des navires ; où les industriels ont édifié des usines, mis en exploitation des carrières et des mines ; en un mot, partout où l'homme a fait des établissements définitifs.

Dès que ces conditions se trouvent réunies, on constate toujours l'existence d'un gouvernement plus ou moins absolu, s'attribuant le devoir de protéger les populations, mais se faisant reconnaître par elles le droit de prélever, sur leurs revenus, les sommes nécessaires à son entretien et à celui des forces qui lui servent à établir l'ordre dans l'intérieur de la société ou à la protéger contre les ennemis du dehors[1].

1. Par le fait que la première forme du gouvernement dérive de la famille, elle ne peut être qu'autocratique, ainsi que l'est la puissance du père de famille. Mais le despotisme de ce gouvernement sera fatalement plus dur que ne l'est l'autocratie du père parce qu'il n'est pas tempéré au même degré par les sentiments affectifs. Plus le nombre des sujets sera considérable, moins le monarque aura la connaissance exacte de leurs multiples besoins et moins il sera tenté de se consacrer à la satisfaction de ces derniers, moins il sacrifiera ses propres intérêts ou ses jouissances personnelles aux intérêts ou au bonheur de son peuple ; plus, par conséquent, il sera tenu de multiplier les moyens de répression contre les mécontentements qui ne manqueront pas de se produire. Plus il sera égoïste et plus il devra se faire craindre. Montesquieu (*De l'Esprit des Lois*, Liv. III) définissait le gouvernement despotique : celui par lequel « un seul, sans loi et sans règle, entraîne tout par sa volonté et par ses caprices. » C'est bien un tel gouvernement qui devait naître de la famille primitive où le père s'attribuait, en vertu de l'égoïsme atavique, les droits les plus absolus sur ses enfants. Montesquieu ajoutait, non sans raison, à sa définition d'un tel gouvernement : « un homme à qui ses cinq sens disent sans cesse qu'il est tout, et que les autres ne sont rien, est naturellement paresseux, ignorant, voluptueux ». Il est donc porté à dédaigner tous les devoirs que le père de famille se reconnaît à l'égard de ses enfants, au point de ne pas même exercer directement son autorité et de s'en remettre à quelqu'autre qui aura su gagner sa confiance, qu'il pourra, du reste, supprimer quand il lui plaira. « Il abandonne donc les affaires, dit Montesquieu. Mais s'il les confiait à plusieurs il y aurait des disputes entre eux ; on ferait des brigues pour être le premier esclave, le prince serait obligé de rentrer dans l'administration. Il est donc plus simple qu'il l'abandonne à un visir qui aura d'abord la même puissance que lui. L'établissement d'un visir est, dans cet état, une loi fondamentale, » loi appliquable même à la papauté qui est un pouvoir despotique ; « on dit qu'un pape, à son élection, pénétré de son incapacité, fit d'abord des difficultés infinies. Il accepta, enfin, et livra à son neveu toutes les affaires. »

Tandis que l'autorité du père, dans la famille primitive, était fondée à la fois sur l'affection et le respect, celle du monarque, dans le gouvernement despotique, repose nécessairement sur la *crainte :* « Comme, dit Montesquieu, il faut de la vertu dans une république, et dans une monarchie de l'honneur, il faut de la crainte dans un gouvernement despotique. » Il dit encore que dans ce gouvernement : « L'homme est une créature qui obéit à une créature qui veut. » Aucun ordre du despote ne peut être modifié, « sans cela il se contredirait et la loi ne peut se contredire. »

Il observe que la religion seule peut faire obstacle à l'exécution des volontés du despote. « On abandonnera son père, on le tuera même si le prince l'ordonne. Les lois de la religion sont d'un précepte supérieur,

Dès lors commence l'évolution de la morale gouvernementale proprement dite.

En suivre toutes les phases dans les diverses nations, serait l'objet du livre le plus intéressant qu'il soit possible d'écrire, mais d'un livre tellement considérable qu'il devrait occuper toute la vie de l'homme le mieux doué pour l'entreprendre. Je me bornerai à tracer, dans les chapitres suivants, l'esquisse de cette évolution en France, d'abord pendant les dix-huit siècles qui ont précédé la Révolution, et, ensuite, depuis la Révolution jusqu'à notre époque.

parce qu'elles sont données sur la tête du prince comme sur celle de ses sujets. » Aussi, tous les despotes sont-ils intéressés à être, à la fois, les chefs politiques et les chefs religieux de leurs peuples. Il en est ainsi dans tous les gouvernements despotiques et même dans un certain nombre de monarchies, par exemple, dans les monarchies protestantes et schismatiques de l'Europe. Le prince, dans ce cas, donne l'exemple de la religion, sachant qu'il lui doit, en grande partie, la soumission de ses sujets.

Comparant la monarchie au despotisme, Montesquieu écrit justement : « Quoique la manière d'obéir soit différente dans ces deux gouvernements, le pouvoir est pourtant le même. De quelque côté que le monarque tourne, il emporte et précipite la balance et est obéi. » J'ajoute qu'il le sera plus docilement encore s'il réunit en lui l'autorité religieuse à l'autorité politique. Les papes tentèrent cette union des deux pouvoirs par l'institution d'une théocratie universelle dont ils auraient été les chefs ; ils échouèrent dans leur entreprise. Les empereurs et rois schismatiques ou protestants y ont pleinement réussi. Et c'est là, sans aucun doute, qu'il faut chercher, en partie, le secret de l'inébranlable loyalisme dont certains monarques de l'Occident sont l'objet de la part de leurs sujets, à une époque où l'esprit de critique et d'émancipation est très développé chez tous les peuples civilisés.

CHAPITRE II

ÉVOLUTION DE LA SOCIÉTÉ ET DE LA MORALE GOUVERNEMENTALE EN FRANCE JUSQU'A L'ÉPOQUE DE LA RÉVOLUTION

La France a vu se former et évoluer sur son sol toutes les formes imaginables de sociétés et de gouvernements, depuis les communautés préhistoriques les plus sauvages et les plus rudimentaires, jusqu'aux sociétés les plus civilisées et aux régimes les plus avides d'appliquer dans toute leur pureté la morale individuelle, la morale sociale et la morale gouvernementale.

ÉTAT POLITIQUE ET SOCIAL AVANT LA CONQUÊTE ROMAINE

Avant la conquête de la Gaule par les Romains, notre pays est divisé en une nonantaine d'états ou cités, dont le régime diffère, dont les populations sont de races différentes, les unes Celtes, les autres Germaines, d'autres Ibères, d'autres formées par des métissages variés. L'état politique change d'une cité à l'autre, mais partout existe à peu près la même organisation sociale. Au sommet, un petit nombre d'aristocrates, propriétaires du sol et chefs militaires ; tout à fait en bas des esclaves, sur lesquels le maître a tous les droits et dont le nombre est si considérable que les marchands romains les achètent souvent pour « une mesure de vin ». Entre les nobles et les esclaves, une tourbe d'hommes dits « libres », mais peu différents, en réalité, des esclaves, car ils ne possèdent rien, ne jouissent d'à peu près aucun droit civil et ne vivent que des services rendus à l'aristocratie dont ils forment la clientèle. Ils se battent pour ses ambitions et travaillent à son profit[1].

Parmi ces clients ou ambacts, les uns se livraient aux divers travaux des champs ou des villes, les autres s'adonnaient plus particulièrement, sous les ordres et pour le compte particulier d'un chef, aux occupations militaires qui avaient une grande importance à cause des guerres incessantes entre cités et du rôle que les nobles jouaient dans les guerres[2].

Avec ces soldats et leurs autres clients, les nobles fomentaient des guerres et des révolutions incessantes.

Les nobles étaient-ils de la même race que la plèbe?

1. « L'homme qui n'était ni druide ni chevalier, dit Fustel de Coulanges (*Histoire des institutions politiques de l'ancienne France. La Gaule romaine*, p. 35.) n'était rien dans la République (dans la Cité) et ne pouvait pas compter sur elle. Les lois le protégeaient mal, les pouvoirs publics ne le défendaient pas. S'il restait isolé, réduit à ses propres forces, il n'avait aucune garantie pour la liberté de sa personne et pour la jouissance de son bien... Les hommes pauvres et faibles recherchaient la protection d'un homme puissant et riche, afin de vivre en paix et de se mettre à l'abri de la violence. Ils lui accordaient leur obéissance, en échange de sa protection. Ils se donnaient à lui, et, à partir de ce jour, ils lui appartenaient sans réserve. Sans qu'ils fussent légalement esclaves, cet homme avait sur leurs personnes autant de droits que s'ils l'eussent été. Il était pour eux un maître; ils étaient pour lui des serviteurs... Comme les faibles se préoccupaient uniquement d'avoir un protecteur, ils s'adressaient à celui qu'ils jugeaient le plus capable de les protéger, c'est-à-dire à l'homme le plus riche et le plus puissant du canton.... Ils cessaient de lui obéir dès qu'il ne savait plus les défendre. »

2. Ces soldats « n'étaient pas soldats de l'État, ils l'étaient de leur chef. Ils ne combattaient pas pour la patrie, mais pour sa personne. Ils ne recevaient d'ordres que de lui. Ils le soutenaient dans toutes ses entreprises et contre tous ses ennemis. Ils vivaient avec lui, partageaient sa bonne et sa mauvaise fortune. Le lien qui les unissait à lui était formé par un serment religieux d'une étrange puissance : ils lui étaient voués (devoti). Aussi ne leur était-il jamais permis de l'abandonner. Ils sacrifiaient leur vie pour sauver la sienne. S'il mourait, leur serment leur interdisait de lui survivre. Ils devaient mourir sur son corps, ou, comme ses esclaves, se laisser brûler sur son bûcher. » (Fustel de Coulanges, *Ibid*, p. 38).

Celle-ci appartenait-elle à la même race que les esclaves? Autant de questions insuffisamment résolues et qui pourtant sont d'un grand intérêt, car leur solution éclairerait d'un jour singulier l'histoire de notre pays. Ce qui est incontestable, c'est que la Germanie offrait alors, d'après Tacite, une organisation très analogue à celle de la noblesse de la Gaule, en sorte qu'il est permis de se demander si l'aristocratie et la soldatesque gauloises, au temps de César, n'étaient pas de race germaine, tandis que la plèbe et les esclaves auraient été de race celtique[1].

1. D'après l'opinion généralement admise aujourd'hui par les anthropologistes, le territoire qui forme la France aurait vu se succéder, sur les différentes parties de son sol, des races très diverses, provenant toutes de l'Est. « Plus de deux mille siècles ont passé, dit M. André Lefèvre (*Les Gaulois*, p. 166), depuis que le sauvage de Néanderthal est tombé mort sur l'humus où sa calotte crânienne est restée. A l'homme du Moustier a succédé ou plutôt s'est ajouté, l'homme de Solutré ; puis le chasseur, le pêcheur artiste de la Vézère, races innommées qui ont vu changer la figure de la terre, la profondeur des mers et des fleuves, la hauteur et la forme des montagnes, les climats, les faunes et les flores, races fossiles, mais *non éteintes pourtant*, seulement résorbées dans les afflux successifs venus du midi, de l'est, et du nord. C'est la période néolithique, c'est l'âge que nous nommons actuel, — huit ou dix mille ans environ — qui a vu l'Europe se remplir peu à peu d'immigrants pacifiques ou violents, par nature ou par nécessité, apportant avec eux des arts et des usages nouveaux; les uns, la poterie, d'autres la domestication des animaux, l'agriculture, ceux-ci des rites funéraires, les idées et les pratiques religieuses, ceux-là l'architecture sommaire des tumulus, des dolmens, des pierres dressées, des habitations lacustres, enfin l'industrie du bronze. Parmi ces immigrants, ceux qui nous intéressent en particulier sont d'abord « les Ibères, dolichocéphales, paraît-il, comme les gens de Cromagnon, comme le fameux squelette de Menton, qu'on apparente aujourd'hui aux Guanches des Canaries et aux Libyens ou Berbers. » Les Ibères occupent d'abord, sur notre continent, l'Espagne, le territoire situé entre les Pyrénées et la Garonne et les abords de l'Italie ; les Basques actuels paraissent être leurs descendants. « Ils ne sont pas des indo-européens ». Ils sont refoulés, plus tard, de l'est à l'ouest et du nord au sud, jusqu'à être confinés sur le seul territoire de l'Ibérie (Espagne) par une autre race venue de l'est, les Ligures. Ceux-ci sont brachycéphales, mais bruns comme les Ibères. Ils s'établissent dans le nord de l'Italie et le sud de la Gaule où ils remontent, par le bassin du Rhône, vers le nord. Les Ligures appartenaient à la race indo-européenne. Peut-être sont-ils plus ou moins identiques aux *Celtes bruns* dont parle César, en les distinguant des Celtes blonds qu'il avait trouvés sur le territoire de la Belique. Ces Celtes bruns étaient alors répandus en grand nombre dans

ÉTAT SOCIAL APRÈS LA CONQUÊTE ROMAINE

L'établissement de l'ordre et la suppression des guerres intestines, qui se produisirent aussitôt après la conquête de la Gaule par les Romains, eurent pour première conséquence d'arracher les nobles gaulois à leurs habitudes

les bassins de la Seine, de la Loire, du Rhône, de la Garonne, dans le massif central de l'Auvergne, en Bretagne et dans les îles britanniques; ils constituaient la « plèbe opprimée » dont parlent les historiens romains de la Gaule. Quant aux « armées d'hommes blonds et gigantesques qui furent longtemps la terreur de Rome » et dont les historiens romains décrivent les corps blancs et nus, les longues chevelures rutilantes, les membres ornés de bracelets d'or, c'était « une aristocratie peu nombreuse qui ne forma jamais, dans la Gaule transalpine, qu'une minorité, une oligarchie vraiment féodale. Terriblement décimée par César qui, avec cinq ou six légions, disons quarante mille hommes, la combattit à forces presqu'égales, elle ne put fournir à Vercingétorix que quinze mille cavaliers. En tenant compte des défections, nous triplerons ce nombre; mais, de toutes façons, il faudra réduire à quelques centaines de mille le chiffre total de la race Gauloise pure. Or, les évaluations de la population entière varient de trois millions (Beloch) à six millions (Levasseur). » C'est à ces hommes grands, blonds de cheveux, blancs de corps, que les anciens ont donné indifféremment les noms de Celtes, de Gaulois et de Galates. La destruction partielle, par les Romains, de cette aristocratie blonde, favorisa l'accession aux classes supérieurs des Celtes bruns les plus riches et les plus intelligents. « Les mélanges profitèrent aux bruns » qui étaient les plus nombreux, « si bien que pour maintenir la nuance aristocratique, on avait recours au lait de chaux; il fallut teindre en rouge les cheveux que la nature ne dorait plus. Il en était ainsi dès le premier siècle de notre ère ». Caligula voulant se donner la gloire d'un triomphe sur les Germains et n'ayant pas de prisonniers de cette race à sa disposition, fit teindre les cheveux de Gaulois bruns, choisis parmi les plus grands et appartenant en partie à l'aristocratie, leur fit revêtir le costume des germains et les traîna derrière son char en cette qualité. L'aristocratie gauloise venue du nord-est, c'est-à-dire de la région d'où viendront plus tard les Francs, peut être considérée comme appartenant à la race d'où sont issus les Germains actuels; « s'ils comptent encore de nombreux représentants dans le nord de l'ancienne Gaule, ils n'ont ni fortement ni longtemps modifié les populations compactes qui occupaient, qui occupent encore les bassins de la Loire, du Rhône et de la Garonne, pas plus d'ailleurs que ne l'ont fait les conquérants Germains, Francs, Burgondes, Vizigoths, Northmen ». Pour donner des noms à ces races, on est quelque peu embarrassé; cependant les anthropologistes sont maintenant d'accord « pour réserver le nom de Celtes aux habitants de la Gaule centrale » à ceux que César appelait les *Celtes bruns;* les Gaulois des anciens auteurs, étant comme les Francs, les Burgondes et les Visigoths, des Germains. (Voy. André Lefèvre, *Les Gaulois.* — Voy. aussi G. de Mortillet, *Formation de la nation française.*)

guerrières. Ils étaient autrefois chefs militaires, en même temps que grands propriétaires terriens; ils ne sont plus, après la conquête, que grands propriétaires. Cela ne suffisant pas à leur activité, ils furent amenés tout naturellement à rechercher les fonctions publiques, dont l'empire se montra volontiers prodigue à leur égard. C'était un procédé de colonisation habituel aux Romains, et un procédé fort habile, fort économique aussi, que celui consistant à gagner les bonnes grâces des populations colonisées, par le respect de leurs mœurs, de leur religion, de leurs coutumes administratives, et par l'utilisation des autorités locales[1].

La noblesse gauloise ne fut donc dépouillée par Rome d'aucune de ses prérogatives; elle fut seulement détournée du métier des armes et confinée dans un rôle social où les honneurs des fonctions publiques s'ajoutèrent aux revenus qu'elle tirait de ses propriétés et du travail de ses clients ou de ses esclaves. La noblesse gallo-romaine des historiens n'est pas autre chose que l'ancienne aristocratie gauloise, devenue romaine par les mœurs, par son introduction dans les cadres administratifs et politiques de l'Empire et par l'adoption de noms romains.

Le nombre des membres de cette noblesse va s'accroissant à mesure que la paix et la prospérité se répandent, et il s'y forme des échelons, comme dans tous les groupes sociaux qui voient augmenter le nombre de leurs membres. En tête, pendant la belle période de l'empire, se trouvent les très grands propriétaires fonciers. Ils dis-

1. C'est, à certains égards, le système que l'on désigne aujourd'hui sous le nom de protectorat, système dans lequel la nation colonisatrice se borne à donner l'impulsion générale, économique et administrative, en utilisant autant que possible les lois, les coutumes et l'organisation des populations colonisées. On y trouve le double avantage de dépenser beaucoup moins que par l'administration directe et d'éviter, dans la mesure du possible, le mécontentement des indigènes (Voy. : De Lanessan, *La Tunisie*; *La colonisation française en Indo-Chine*; et *Principes de colonisation*.

posent d'esclaves et de clients nombreux, hommes libres transformés en « colons », auxquels ils abandonnent des terres à cultiver moyennant certaines redevances.

Ces grands personnages s'engourdissent dans la paresse, le luxe, le culte des lettres et des arts ; ils finissent même par ne plus faire que traverser les fonctions publiques, afin d'en pouvoir ajouter les titres à leurs noms et en placer les insignes dans les vestibules de leurs demeures.

Au-dessous d'eux, se développe une noblesse de second ordre, si je puis ainsi parler, nous dirions aujourd'hui une bourgeoisie laborieuse, plus active, qui peuple les Sénats ou curies des villes et compense, par la gestion des affaires publiques, les sacrifices pécuniaires auxquels la condamnent ses fonctions. Elle tient le premier rang dans les villes, où elle est surtout agglomérée, quoique sa fortune soit en partie représentée, comme celle de la haute aristocratie, par les propriétés foncières dont il faut faire la preuve pour être inscrit au nombre des Curiales. C'est cette partie de la nation qui, au beau temps de l'empire, est véritablement le siège de la vie sociale et économique.

Au-dessous, les esclaves, les affranchis, les colons n'ont gagné que peu de chose à la pénétration de la civilisation romaine. Leur sort matériel s'est, sans doute, notablement amélioré, sous l'influence de la paix dont jouit l'empire et qui favorise le travail, mais leur sort moral est resté à peu près le même que jadis.

MODIFICATIONS INTRODUITES DANS L'ÉTAT SOCIAL PAR LES INVASIONS GERMAINES

Une nouvelle transformation s'opère lorsque se produisent les invasions germaines qui marquèrent les derniers temps de l'empire romain et qui en favorisèrent la ruine, si elles ne la provoquèrent pas.

Lorsque les Visigoths, les Burgondes et les Francs de Germanie, profitant de la désorganisation qui s'était glissée dans l'empire, recommencèrent à envoyer leurs bandes en Gaule comme ils le faisaient avant la conquête romaine, la misère succéda promptement à la richesse qui avait marqué l'apogée de la puissance impériale. Les hordes barbares dévastent les campagnes et pillent les villes. L'empire, afin de protéger ses provinces, leur oppose des troupes de même origine, germaines comme les bandes envahissantes, mais attachées à Rome depuis longtemps. Il assigne à chaque légion une province déterminée; les habitants doivent loger les soldats, les nourrir, les habiller; si bien que les protecteurs deviennent bientôt aussi gênants que les envahisseurs. Pendant ce temps, les impôts augmentent; les propriétaires, écrasés par le fisc, écrasent à leur tour les colons et les esclaves; et la misère se répand sur tout le pays.

Les grands seigneurs gallo-romains ne sont pas, dès lors, beaucoup plus heureux que les colons et les esclaves. Habitués, depuis des siècles, à vivre dans une abondance paresseuse et une élégance honorée, détournés par les coutumes et les lois du métier des armes, il sont incapables de résister aux barbares qui envahissent le pays. C'est dans leurs propres maisons, à côté de leurs familles, au milieu de leurs serviteurs, que, dans le cours du ve siècle, les chefs visigoths, burgondes ou francs s'établissent; c'est avec leurs terres que ces chefs s'enrichissent.

ORIGINE DU RÉGIME FÉODAL

Les chefs barbares protègeant par les armes les terres dont ils se sont emparés, les misérables travailleurs des champs se placent volontiers sous leur protection, se groupent autour d'eux et subissent sans discussion leur autorité. Il espèrent être désormais assurés de manger, d'échapper aux exactions des agents impériaux, et aux violences que les bandes errantes des pillards leur font subir. Dans le chef visigoth, burgonde ou franc, ils ne voient que le protecteur de leur vie, de leur foyer et de leur famille. Ce chef n'est ni plus ni moins propriétaire légitime du sol que ne l'était l'ancien maître, mais il a sur celui-ci l'avantage d'être suffisamment vaillant et assez fortement armé, pour que nul n'ose toucher ni à sa terre, ni à ceux qui la travaillent. Une sorte d'association d'intérêts s'établit ainsi entre le « chef féodal » — car c'est ainsi que commence la féodalité — et les habitants du fief où il s'est établi. Ceux-ci abandonnent sans résistance à leur protecteur et maître la part qu'il lui plaît de prélever sur les fruits récoltés ; le chef défend ses protégés contre les malfaiteurs du dehors et contre toute intervention d'une autorité quelconque dans leurs affaires et dans leurs maisons.

Les abus d'autorité auxquels ces maîtres nouveaux pouvaient se livrer étaient tempérés par la facilité avec laquelle, en raison de la faible densité de la population et de sa misère, les indigènes pouvaient se déplacer et se porter à la recherche d'une terre plus fertile, ou d'un maître plus humain.

Une autre cause qui contribua, sans aucun doute, dans les temps primitifs de la féodalité, à limiter les abus d'autorité des seigneurs, ce fut la création des monastères, des abbayes et des domaines ecclésiastiques où les moines, les abbés et les évêques attiraient les gens misérales et leur assuraient une liberté relative, à la condition qu'ils donnassent leur travail à la communauté.

Facilité des déplacements et concurrence, si l'on peut ainsi parler, entre les fiefs seigneuriaux et les domaines ecclésiastiques, étaient deux raisons suffisantes pour que les nouveaux propriétaires du sol se montrassent relativement humains et bienveillants.

FORMATION DES AGGLOMÉRATIONS RURALES

Dès les premiers temps du moyen âge, une double évolution parallèle se produit parmi les travailleurs des champs d'un côté, parmi les seigneurs propriétaires des fiefs de l'autre.

D'abord isolés dans les champs, les colons, serfs et esclaves ruraux s'agglomèrent à mesure que leur nombre et l'étendue des terres cultivées s'accroissent. Les sentiments sociaux progressent alors parmi eux et ils entrent dans la voie d'une véritable organisation, en même temps que les lois des barbares leur assurent une certaine protection[1].

En même temps que se formaient ces agglomérations rurales, le sort de leurs membres s'améliorait dans une très notable mesure; l'ancienne forme de l'esclavage, celle qui attachait l'homme à la personne du maître,

1. « Sur chaque grande terre dont l'exploitation prospérait, dit Augustin Thierry, les cabanes des hommes de travail, libres, colons ou esclaves, groupés selon le besoin ou la convenance, croissaient en nombre, se peuplaient davantage, arrivaient à former un hameau. Quand ces hameaux se trouvèrent situés dans une situation favorable, près d'un cours d'eau, à quelque embranchement de routes, ils continuèrent de grandir, et devinrent des villages où tous les métiers nécessaires à la vie commune, s'exerçaient *sous la même dépendance*. Bientôt la construction d'une église érigeait le village en paroisse, et par suite, la nouvelle paroisse prenait rang parmi les circonscriptions rurales. Ceux qui l'habitaient, serfs ou demi-serfs, attachés au même domaine, se voyaient liés l'un à l'autre par le voisinage et la communauté d'intérêts ; de là naquirent, sous l'autorité de l'intendant unie à celle du prêtre, des ébauches toutes spontanées d'organisation municipale, où l'Église reçut le dépôt des actes qui, selon le droit romain, s'inscrivaient sur les registres de la cité. » (Augustin Thierry, *Essai sur l'histoire du Tiers-État*, p. 9).

tendait à disparaître, pour faire place à une forme nouvelle, moins despotique, celle du servage, où l'homme étant attaché plutôt à la terre qu'à un autre homme, changeait de maître en même temps que le sol.

Toutefois, il ne faudrait pas considérer comme absolue la distinction que la plupart des historiens établissent entre les serfs et les esclaves. La fixation des travailleurs au sol par la formation des agglomérations rurales les mettait presque entièrement à la discrétion du propriétaire de la terre dont ils vivaient. Or, ces propriétaires eux-mêmes évoluaient parallèlement à leurs serfs, dans une direction qui augmentait beaucoup leur autorité.

Leur habitation est mieux construite, plus solide, gardée avec plus de soin ; elle se transforme en château fort. Leurs besoins se multiplient à mesure qu'ils trouvent à se mieux satisfaire, et les abus d'autorité deviennent d'autant plus nombreux et plus grands que la classe des seigneurs propriétaires est plus forte, plus en appétit, et que celle des travailleurs est davantage immobilisée sur chaque domaine.

LA MORALE SOCIALE DU SEIGNEUR FÉODAL

A partir de ce jour, le seigneur est plutôt un maître qu'un protecteur, et un maître dont rien ne tempère l'autorité. Sa morale gouvernementale ne reconnaît que des droits, sans devoirs, pour lui-même, et des devoirs sans droits pour les serfs qui peuplent son domaine et qui, de leur travail, nourrissent son oisiveté. Alors se systématisent, si je puis ainsi parler, les abus de pouvoir de la période de conquête et se légalisent par la coutume les privilèges que l'on décora plus tard du nom de « droits féodaux ».

Le seigneur se considère et il est considéré comme le

propriétaire des gens aussi bien que de la terre; il lui arrive souvent de vendre ou d'échanger ses serfs mâles ou femelles sans se préoccuper de savoir s'ils sont attachés à la personne ou au sol. Jusqu'au XIIIe siècle, il est question des esclaves dans les actes publics parvenus jusqu'à nous. Après cette époque, l'esclavage persiste dans les mœurs s'il ne figure plus dans les lois. Le propriétaire d'un fief laïque ou ecclésiastique ne se fait aucun scrupule de vendre les fils ou les filles de ceux qu'on nommait alors les « hommes de corps » ; ou bien on vendait les hommes en gardant les enfants. On les léguait en héritage à ses amis, comme des chevaux ou des objets d'art. [1]

Quant à l'esclavage des races extraeuropéennes, il persiste, en France, plus longtemps encore, surtout dans le Midi. Le parlement de Bordeaux, en 1571, rend la liberté à des Ethiopiens et autres esclaves qu'un marchand avait mis en vente sur le port, « la France ne pouvant admettre aucune servitude » ; ce qui n'empêchait pas ce commerce d'être très prospère encore dans les villes de Provence « où un enfant nègre de douze ans coûtait environ le double d'un perroquet [2] ».

A la veille même de la Révolution de 1789, le seigneur, selon le mot très juste de Taine « possédait le sol et les hommes [3]. »

1. Voy. D'Avenel, *La fortune privée à travers sept siècles*, p. 157.

2. D'Avenel, *Ibid.*, p. 181.

3. Renauldon, qui écrivait en 1765, dit, en effet : « Dans la Champagne propre, dans le Sénonais, la Marche, le Bourbonnais, le Nivernais, la Bourgogne, la Franche-Comté, il n'y a point ou très peu de terres où il ne reste des marques de l'ancienne servitude... On y trouve encore quantité de serfs personnels ou constitués tels par leur reconnaissance ou par celle de leurs auteurs. » Et Taine ajoute : « L'homme est serf, tantôt par le fait de sa naissance, tantôt par le fait de la terre. Mortaillables, mainmortables, bordeliers, d'une façon ou d'une autre, quinze cent mille personnes, dit-on, ont au col un morceau du collier féodal. Dans la baronnie de Choiseul, près de Chaumont en Champagne... les enfants ne succèdent aux parents qu'à condition de

On a prétendu, il est vrai, que ces droits étaient purement nominaux, et ne figuraient plus que pour la forme et par tradition dans les terriers (titres) des seigneurs, mais cette opinion est en contradiction avec l'édit de Louis XVI qui, en 1779, déclare : « Nous n'avons pu voir sans peine les restes de servitude qui subsistent dans plusieurs de nos provinces ; nous avons été affecté de ce qu'un grand nombre de nos sujets, servilement encore attachés à la glèbe, sont regardés comme en faisant partie ». Si le servage n'eût été que nominal, le roi ne se serait pas donné la peine de prendre un édit pour en atténuer les effets.

LE CHRISTIANISME ET L'ESCLAVAGE

Il est en quelque sorte de tradition, parmi les historiens du moyen âge français, d'attribuer à l'influence du christianisme l'abolition de l'esclavage et la suppression consécutive du servage. Cependant les faits protestent contre cette manière de voir. « Evidemment, dit M. d'Avenel[1] le christianisme était, en principe, hostile au servage et à l'esclavage ; mais en pratique il s'accommodait de l'un et de l'autre, comme d'un mal nécessaire auquel on est habitué. Le clergé régulier ou séculier ne prit aucune part, — comme clergé —, à la disparition du servage ; et il n'y prit, comme seigneur féodal,

de demeurer avec eux; s'ils sont absents à l'époque du décès, c'est le seigneur qui hérite. Voilà ce qu'en langage du temps on appelait une terre ayant de beaux droits. — Ailleurs le seigneur hérite des collatéraux, frères ou neveux, s'il n'étaient pas en communauté avec le défunt au moment de sa mort, et cette communauté n'est valable que par sa permission. Dans le Jura et le Nivernais, il peut poursuivre les serfs qui se sont enfuis, et réclamer à leur mort, non seulement le bien qu'ils ont laissé chez lui, mais encore le pécule qu'ils ont acquis ailleurs. A Saint-Claude il acquiert ce droit sur quiconque a passé un an et un jour dans une maison de la seigneurie. » (Voy. Taine, *L'Ancien régime*, p. 30).

1. *Ibid.*, p. 163.

qu'une part identique à celle des seigneurs laïques; affranchissant ses paysans comme ils affranchissaient les leurs, sans plus d'enthousiasme, ni plus tôt, ni plus tard, et selon que les circonstances l'exigeaient. Telle « charte de grâce » ou de libération accordée par une abbaye bénédictine à ses vassaux est un expédient financier : « le monastère est criblé de dettes » ! dit le rédacteur du document, pour s'excuser de laisser ainsi dépérir ses droits, de manger en quelque sorte son capital en aliénant la main-morte pour de l'argent. Cette propriété de l'homme par l'homme est si naturelle, si bien dans les mœurs que les religieux de l'ordre le plus sévère, les Chartreux, qui vivent en pénitents et se condamnent pour l'amour de Dieu aux plus rudes privations, vendent, en 1376, époque où beaucoup de serfs étaient déjà affranchis, leurs serfs de Coulommiers en Duesmois au duc de Bourgogne, en échange d'autres biens que ce prince leur abandonne ailleurs. Les transactions sur l'homme, après des dizaines de siècles de servitude, avant et après l'ère chrétienne, ne pouvaient sembler choquantes à personne. »

LES DROITS FÉODAUX

Du reste, à mesure que les droits des seigneurs sur les personnes allaient en s'atténuant, leurs droits sur la terre prenaient une extension plus considérable, s'il est possible, que dans les premiers temps de la féodalité, par suite de l'impossibilité de se déplacer dans laquelle se trouvaient les travailleurs ruraux. En raison de l'absence de toute législation réglant les rapports du seigneur avec ses serfs, il suffisait du caprice de celui-là pour imposer à ceux-ci une charge nouvelle quelconque. Ni la corvée au profit exclusif du seigneur, ni la redevance prélevée sur les fruits du sol n'avaient de limite ; le seigneur imposait le travail qu'il lui plaisait d'exiger, et il prélevait la redevance qu'il lui convenait de juger nécessaire à ses besoins.

Les droits féodaux qui furent abolis par la Révolution et qui nous paraissent si monstrueux n'étaient rien, sans doute, à côté des droits que s'arrogeaient primitivement les seigneurs des fiefs ruraux. Les droits primitifs étaient illimités. La limitation qu'ils subirent ensuite, petit à petit, ne fut que l'effet de la transformation des mœurs et non le résultat d'une législation supérieure, inspirée par le souci de la protection des travailleurs.

Pour prendre un exemple parmi les droits féodaux les plus impopulaires et les plus odieux, celui qui accordait au seigneur la première nuit des nouvelles mariées n'était, en réalité, que la limitation du droit que les conquérants se sont, en tout temps, attribué, de faire servir à leurs plaisirs les femmes de la terre conquise. Lorsque le conquérant se contente de la première nuit des nouvelles mariées, il limite ce qu'il considère comme son droit ; lorsque, plus tard, il se borne à faire racheter par les époux le plaisir dont il se prive, c'est une nouvelle limitation qu'il apporte, sous l'influence de l'évolution générale des mœurs, à son prétendu droit primitif ; et ceux auxquels il l'accorde en sont si reconnaissants qu'ils continuent à le payer, sous une autre forme, même après que les lois l'ont supprimé. Le cadeau de noces offert, de nos jours, dans les campagnes, au propriétaire par ses serviteurs, n'est pas autre chose que la dernière forme du rachat du droit de marquette.

Jusqu'à la veille de la Révolution, le seigneur est si bien considéré comme le propriétaire des personnes de son fief, qu'il passe pour très généreux et très bon s'il se dispense de tuer ses gens et de les battre, s'il limite leurs redevances aux coutumes adoptées, dans une région déterminée, par tous les autres seigneurs. On lui sait gré de ne pas substituer sa fantaisie à l'usage, et de ne pas ajouter des privilèges nouveaux à ceux qu'on est accoutumé de supporter.

Tous les cahiers de 1789[1] pour les circonscriptions rurales se plaignent des droits féodaux et en demandent la suppression avec plus ou moins de netteté ; mais il est évident que ce qui préoccupe surtout les intéressés, ce sont les abus et les vexations auxquels les droits donnent lieu, soit de la part des seigneurs, soit de la part des fermiers auxquels ceux-ci donnaient à bail la perception des droits afin d'en éviter les ennuis ou de s'assurer des ressources fixes. Par exemple, à propos du droit de Champart qui, dans certains pays, donnait une gerbe de foin ou de blé sur douze, ou même sur six, cinq ou quatre, au seigneur, les paysans protestent surtout contre l'obligation d'attendre pendant vingt-quatre heures les champartiers chargés d'opérer le prélèvement, ce retard exposant la récolte à être gâtée par la pluie. L'obligation de faire moudre le grain par le moulin du seigneur et de faire cuire le pain dans son four, moyennant une redevance, serait assez facilement acceptée du paysan qui n'a ni moulin ni four, si l'on n'était pas obligé de porter les grains à de longues distances, par des chemins défoncés, à travers des torrents et des rivières où l'on risque de les perdre, si le meunier ne volait pas une partie de la farine, si l'on n'attendait pas souvent trois ou quatre jours la mouture, si le boulanger ne brûlait pas le pain, si, en un mot, le fermier du moulin ou du four seigneurial n'était

1. Voy. Edme Champion, *La France d'après les cahiers de 1789*.

pas un coquin, et si les fours ou les moulins étaient davantage à la portée de ceux qui étaient contraints de s'en servir. Il en est de même pour les droits de péage sur les ponts, les bacs et les chemins. Les cahiers de 1789 protestent surtout parce que les seigneurs font payer le passage d'une rivière où ils devraient entretenir un bac ou un bateau, alors que bateau et bac font défaut; parce qu'ils font payer pour un pont qui n'existe plus, pour des chemins qu'ils n'entretiennent pas. On ne trouve point trop extraordinaire que le seigneur prélève une part du blé, des pommes de terre, des haricots, du sarrazin, du maïs, des pommes, des noix, du vin, et généralement, de tous les produits quelconques de la terre; les paysans y sont depuis trop longtemps habitués pour s'en scandaliser; mais ils se plaignent de ce que les mesures sont fausses, de ce qu'on en exige plus que le nombre accoutumé et de ce que l'on crée chaque année des redevances nouvelles, ainsi qu'il arrivait un peu partout, à cause de l'habitude qu'avaient contractée les seigneurs de faire reviser leurs terriers par des commissaires intéressés à imaginer des droits nouveaux afin d'élever le prix de leur propre travail.

Ce contre quoi les cahiers de 1789 protestent avec plus d'énergie encore, c'est contre certains droits sur les personnes ou sur la terre qui ne sont plus en harmonie avec la conception qu'a le peuple de la propriété foncière et de la liberté individuelle.

Dans plusieurs provinces, notamment en Bretagne et en Provence, les seigneurs exigeaient encore, à la veille de 1789, de tous les gens de la paroisse, y compris le consul ou maire et le curé, « l'hommage-lige à genoux, tête-nue, les mains-jointes sur le livre des saints évangiles. » Dans certaines localités, ils avaient conservé des pratiques ridicules, imaginées sans doute par leurs ancêtres dans le but de se créer des distractions; par exemple, l'obligation de monter, dans de certaines circonstances, à cloche-pied jusqu'au château, de faire sauter par-dessus le mur du cimetière les jeunes mariés, de transporter un œuf sur une charette pour l'offrir au seigneur, etc.

Le cahier du tiers état de Toul signale que les seigneurs s'arrogeaient le droit d'envoyer des bœufs dans les prairies du 23 avril au 25 juin, pendant tout le temps que le soleil était sur l'horizon, ce qui détruisait une grande partie des foins. Certains cahiers se plaignent de ce que les habitants ne peuvent faire brouter un brin d'herbe sur leur propre fonds, sans s'exposer à une amende. Ailleurs, on proteste contre la prétention qu'ont les seigneurs d'empêcher les habitants de vendre leurs grains ou leur vin avant qu'ils aient eux-mêmes vendu les leurs. A Brovès, il faut payer très cher pour avoir le droit de faire du feu dans sa chaumière. En Bretagne, il faut payer si l'on veut écraser son blé noir entre deux pierres. Le tiers de Ploermel proteste contre la persistance de droits qui presque partout ailleurs ont disparu, tels que l'empêchement mis par le seigneur à ce que le frère marié avant la majorité succède à son frère; l'impossibilité où se trouve le colon sans postérité de disposer de son bien; l'interdiction de faire aucune fenêtre ou changement à sa chaumière sans le consentement du seigneur. Les gens d'Exeaux se plaignent de ce que le curé exige : la moitié du lit où décède un mari ou une femme chef de communauté, un repas qu'il se fait donner ou de l'argent, un droit de prélibation en vertu duquel on lui paie quarante sols en argent et un bichet d'avoine.

Partout, on se plaint des ravages produits par le gibier contre lequel les paysans ne peuvent pas se protéger, qu'ils doivent même, en certains endroits, remiser dans leurs champs, de même qu'il leur est prescrit de tenir leurs terres ouvertes aux chasseurs, même à l'époque des foins, des moissons et des vendanges; d'où il résulte que le droit de chasse réservé aux seigneurs par les coutumes féodales constitue, à la veille même de la Révolution, l'une des principales sources de la misère des campagnes. Il est, en même temps, une cause incessante de vexations personnelles et de violences, allant jusqu'à la mort des récalcitrants ou des braconniers que l'on tue parfois, comme des sangliers et des cerfs, et sans avoir davantage à en rendre compte devant aucune justice. Partout, enfin, à travers ces plaintes, éclate l'appétit de la liberté[1].

1. M. Gomel (*Histoire financière de l'Assemblée constituante*, I, p. 25) fait observer que « si les droits seigneuriaux étaient aussi impopulaires, c'est parce que les paysans sur lesquels leur poids pesait principalement, étaient devenus propriétaires et qu'une notable partie du sol leur appartenait. » Il ajoute que c'est là « une vérité qui ne saurait plus être contestée » et il cite, à l'appui de cette assertion, le témoignage de Taine, de Léonce de Lavergne, de Tocqueville, d'Albert Babeau, ainsi que ceux d'écrivains du XVIIIe siècle, tels que l'abbé de Saint-Pierre, Forbonnais, le marquis de Mirabeau, Necker et Arthur Young qui disait : « Les petites propriétés des paysans se trouvent partout à un point que nous nous refuserions à croire en Angleterre, dans toutes les provinces, même dans celles où les autres régions prédominent; dans le Quercy, le Languedoc, les Pyrénées, le Béarn, la Gascogne, une partie de la Guyenne, l'Alsace, les Flandres et la Lorraine, ce sont elles qui l'emportent... Dans toutes les provinces de France, il y a de petites terres exploitées par leurs propriétaires, ce que nous ne connaissons pas chez nous. Le nombre en est si grand que je penche à croire qu'elles forment le tiers du royaume ». M. Gomel rappelle encore qu'Arthur Young signalait, en même temps, la trop faible étendue des petites propriétés et qu'il en concluait : « on penche à croire que la division de la terre a passé en France les limites raisonnables. » M. Gomel cite encore l'opinion de M. de Foville, qu'il adopte, et d'après laquelle, aux approches de la Révolution, le nombre des propriétaires fonciers aurait été d'environ quatre millions, c'est-à-dire la moitié de ce qu'il est aujourd'hui.

Cette manière de voir est combattue par d'autres écrivains dont les arguments ne sont pas sans valeur. M. Edme Champion, par exemple, (*La France d'après les cahiers de 1789*, p. 133 et suiv.) rappelle que d'après Lavoisier la France n'aurait compté, en 1789, que quatre cent-cinquante mille petits propriétaires. Il puise dans les Cahiers des indications d'après lesquelles la proportion des propriétaires n'aurait été

LE CHRISTIANISME ET L'IDÉE DE LIBERTÉ

Quelques historiens attribuent au christianisme l'honneur d'avoir apporté dans le monde l'idée de la liberté individuelle. Cette manière de voir est contraire à tous

que fort minime. Il dit que d'après ces documents, « en une foule d'endroits, le seigneur a plus du tiers, près de la moitié du sol, sans compter les bois, dont on n'a pas une connaissance positive ; les bonnes terres sont à lui, aux gens d'église, et les paysans n'en ont guère que de médiocres ou de mauvaises. » Il ajoute que « les textes ne sont pas rares où on lit que le seigneur est presque seul ou même seul propriétaire. Arthur Young lui-même n'a pas vu de petites propriétés ni en Beauce, ni en Picardie, ni dans une partie de la Normandie, ni dans une partie de l'Artois ; beaucoup de celles qu'il a rencontrées ailleurs avaient des dimensions dérisoires : quelques-unes ne comprenaient que dix perches. On omet, de plus, en le citant, d'ajouter qu'excepté en Flandre, en Alsace, le long de la Garonne et en Béarn où les petits propriétaires lui ont paru à leur aise, il les a trouvés dans une pauvreté extrême, surtout dans les pays de vignes. » M. Champion fait remarquer encore que le sens attaché, il y a un siècle, au terme petit propriétaire était fort mal défini : « A côté de la propriété *optimo jure et optima conditione*, on en connaissait d'autres moins complètes : par exemple dans le contrat de bail à rente, le prenant devenait, dans le langage du temps, une sorte de propriétaire pour la durée du bail. » Et il se demande combien il pouvait y avoir de cette sorte de petits propriétaires parmi les quatre millions que comptait Tocqueville. Enfin, il fait observer que même la propriété véritable était frappée de telles obligations matérielles et morales qu'on ne saurait la comparer à celle de nos jours.

Il est impossible de ne pas tenir le plus grand compte de ces observations, et il est permis de croire que la vérité se trouve, comme toujours, entre les deux opinions extrêmes. Il est, du reste, un point sur lequel les deux écrivains cités plus haut sont nécessairement d'accord, c'est que les droits féodaux devaient paraître d'autant plus lourds et insupportables aux paysans que ceux-ci, ou bien étaient propriétaires véritables, ou bien brûlaient du désir de transformer en propriétés réelles les fermages à long terme dont ils supportaient les charges comme s'ils eussent été propriétaires.

Parmi les gens qu'animait un sentiment analogue, il n'est pas inutile de citer la catégorie de ceux qui payaient aux seigneurs ce que l'on appelait les dîmes inféodées ou dîmes seigneuriales (*decimæ dominicæ*). Certains seigneurs désireux de vendre leurs propriétés pour se créer des ressources, mais ne trouvant pas à les vendre au comptant, les aliénaient à des paysans, à la condition d'un prélèvement annuel, *à perpétuité*, d'une quote-part de tous les produits, fixée d'ordinaire au dixième. Il est manifeste que les paysans payaient ainsi la terre un prix exorbitant. Au bout d'une seule génération elle était payée plusieurs fois, et cependant les générations suivantes devaient continuer à la payer encore un nombre indéfini de fois. Que les paysans soumis à ce régime fussent désireux d'en secouer le joug, on ne s'en étonne.

les faits scientifiques. L'idée de la liberté individuelle et celle des droits personnels existent dans les races humaines les plus inférieures, et même chez les animaux.

Il n'y a pas d'animal supérieur qui ne manifeste un attachement très vif pour la liberté et qui ne se considère comme jouissant vis-à-vis de la nature entière de droits absolus. C'est seulement par une éducation très prolongée, en leur créant des goûts et des besoins dont la satisfaction exige le concours des hommes, que l'on a pu domestiquer quelques animaux, c'est-à-dire les déterminer à renoncer à une partie ou même à la totalité de la liberté dont jouissaient leurs ancêtres et à vivre auprès de l'homme dans l'état de servitude. Cependant, les mieux apprivoisés eux-mêmes, ceux dont nous avons fait de véritables races domestiques, conservent le sentiment héréditaire de la liberté et n'acceptent loyalement la domesticité que s'ils y trouvent l'entière satisfaction des besoins nouveaux que l'homme a développés chez eux. Il est fréquent de voir le chat abandonner une maison, quand il est insuffisamment nourri ou maltraité, et s'en aller à la recherche d'un logis plus hospitalier, d'un maître plus affable. Les chiens en font autant parfois, quoique le sentiment de la liberté ait été davantage effacé chez eux par une domesticité plus ancienne et plus étroite et par des soins plus affectueux. Il n'est pas rare de voir un chien de chasse quitter un maître très bon mais qui n'est point chasseur, pour fréquenter un voisin qui donne satisfaction à ses droits héréditaires. J'ai eu jadis un épagneul qui prit en affection un de mes amis à qui j'avais eu l'imprudence de le confier pour quelques chasses; non-seulement il me quittait à chaque instant pour aller le visiter; mais encore, si je lui confiais un objet à garder, il n'était pas rare qu'au lieu de le surveiller, il allât le porter chez son ami le chasseur, comme s'il se fût agi d'un gibier.

Les animaux domestiques manifestent fréquemment le sentiment qu'ils ont de leur individualité, de leur liberté, par des actes tout à fait comparables à ceux qui, dans l'espèce humaine, sont qualifiés de rébellion. Un chien maltraité, frappé sans qu'il ait rien fait pour le mériter, non seulement en conserve le souvenir, mais encore, souvent, en tire vengeance dès la première circonstance favorable. Les actes de cette nature sont très fréquents parmi les chevaux, les bœufs, les vaches et même les oiseaux domestiques, tels que les perruches et les perroquets ; et c'est toujours sur la personne dont ils ont reçu les mauvais traitements qu'ils exercent leur vengeance.

Est-il possible d'admettre que l'homme ait jamais été dépourvu d'un sentiment qui existe si vivace chez tous les animaux sauvages ou domestiqués? L'histoire entière de l'humanité proteste contre cette hypothèse.

Les historiens outrepassent notablement les limites de la vérité historique lorsqu'ils affirment, comme Fustel de Coulanges[1] que les sociétés grecques et romaines « n'avaient pas même l'idée de la liberté ». Les gouvernements de la Grèce et de Rome, il est vrai, soumettaient à l'Etat l'individu tout entier, avec sa propriété, sa religion, son éducation, et s'attribuaient le droit d'intervenir dans tous ses actes; mais le sentiment intime de la liberté n'en persistait pas moins dans le fond du cerveau humain. Il se manifeste dans les écrits des philosophes, dans les révolutions des peuples, dans les rébellions des esclaves et dans la pratique de l'affranchissement, soit par don généreux du maître, soit par rachat. Là même où la liberté individuelle figurait le

1. *La cité antique*, p. 269.

moins dans les lois, son sentiment existait vivace et indestructible, dansles esprits. L'histoire nous le montre se développant avec les siècles jusqu'à ce qu'il soit assez généralisé et assez fort pour provoquer ces terribles rébellions où les cent mille esclaves rangés derrière Spartacus se jetaient, avec une si aveugle furie, sur les armées romaines, pour la conquête de la liberté et la possession de la terre, insurrection formidable qui fit trembler la vieille cité, son sénat et ses dieux. Ces esclaves révoltés, en arrosant la terre de leur sang, préparaient au christianisme un sol où la semence de ses apôtres ne pourrait manquer de germer et de croître avec une extrême rapidité.

On a confondu, en cette matière, la cause avec l'effet. Le christianisme ne créa pas l'idée de la liberté individuelle qui avait toujours existé, mais il en fut la plus éclatante manifestation insurrectionnelle que l'humanité ait connue. Il l'incarna dans son Christ, soumis au supplice des esclaves pour s'être rebellé contre les croyances de ses contemporains ; il l'incarna dans ses apôtres issus des classes les plus inférieures de la société; il l'incarna dans ses premiers adeptes qui presque tous étaient des esclaves ou des gens de rien; et, comme il arrivait à l'heure propice, comme il était, pour mieux dire, né des circonstances particulières où se trouvaient alors les sociétés humaines, il se répandit avec la rapidité d'un incendie dans les grandes forêts résineuses que surchauffe le soleil.

ABANDON GRADUEL PAR LES SEIGNEURS DE LEURS DROITS SUR LES PERSONNES

Pour en revenir au régime féodal, ce qui surtout détermina l'abandon graduel, par les seigneurs, des droits qu'ils s'attribuaient sur les personnes, ce fut le besoin qu'ils avaient des travailleurs, besoin qui allait sans cesse en augmentant, à mesure que s'accroissaient le nombre des propriétaires et la surface des terres cultivées.

C'est ce besoin qui détermina les multiples mesures prises par les seigneurs pour empêcher le cultivateur ou ses enfants de quitter leurs domaines. Vendre le serf est devenu une affaire détestable ; on le retient, au contraire, par tous les moyens. Les serfs ne peuvent se marier qu'avec des serves du même fief. Quand un village appartient à plusieurs seigneurs, on fait entre eux le partage des enfants, seul moyen considéré comme susceptible de rendre à chaque propriétaire ce qui lui est dû. Il est interdit aux serfs de quitter le fief ; leur fuite est punie de la prison, de la torture, et, au besoin, de la mort, pour empêcher que l'exemple ne devienne contagieux. Sont également châtiés avec la dernière rigueur, ceux qui favorisent la fuite des serfs, les aident à traverser une rivière, etc. La pendaison pour de tels délits est fréquente, à certaines époques du régime féodal.

En même temps, on diminue les exigences imposées à la personne du serf ; on lui abandonne une part plus considérable des fruits de son travail ; on lui permet d'acquérir des meubles, d'économiser de l'argent ; on lui concède, à titre d'usufruit toujours révocable, quelque coin de terre où il cultive librement ce dont il a besoin pour son entretien et celui de sa famille. Après sa mort, le seigneur mettra la main sur les meubles, l'argent et la terre ; mais, en attendant, il fixe le serf sur son domaine par l'intérêt et par une liberté relative.

Vers la fin du règne de saint Louis, après les croisades, lorsque la paix, en se prolongeant près d'un siècle, permet à la population de travailler et de se multiplier, les bras deviennent plus nécessaires encore et chaque propriétaire doit redoubler d'efforts pour retenir ceux dont il a besoin. Aussi voit-on, à partir de cette époque, le servage s'adoucir, les droits sur les personnes perdre beaucoup de leurs rigueurs et les seigneurs augmenter les concessions à leurs mainmortables, parfois même renoncer à l'héritage de leurs serfs. En 1412, « l'abbaye de Saint-Nicolas, dans l'Aisne, concède à ses « hommes et femmes de corps », moyennant une rente de cinq livres, le droit de succéder entre eux et aux personnes de condition libre; cela pour empêcher... que ces endroits ne soient abandonnés par les tenanciers[1] ».

A partir de ce moment, les faits de ce genre se multiplient : la taxe fixe payée au seigneur par ses mainmortables, en échange du droit de transmettre leurs biens mobiliers ou immobiliers à leurs enfants ou à leurs proches, figure parmi les ressources normales des propriétaires des fiefs ; elle se généralise et devient le point de départ du *droit de mutation* des temps modernes. Le serf n'est pas encore propriétaire, dans le sens actuel de ce mot, mais il est usufruitier pour toute la durée de sa vie, à la condition qu'il ne quittera pas son fief. Le seigneur, désormais, tient beaucoup plus à l'homme qu'à la terre. Celle-ci ne manque à aucun propriétaire, tandis que les hommes font défaut à tous.

LES ARTISANS DES CAMPAGNES ET LA LIBERTÉ

Parmi les habitants des campagnes, les premiers qui paraissent avoir bénéficié de l'amélioration déterminée par les causes diverses indiquées ci-dessus, ce sont les artisans. Pendant toute la durée du régime féodal, alors

1. D'Avenel. *Loc. cit.*, p. 161.

que les seigneurs, constamment en guerre les uns avec les autres, troublent la paix publique et enlèvent toute sécurité aux communications, l'industrie des campagnes reste entièrement distincte de celle des villes. Chaque seigneur et chaque monastère sont obligés de faire fabriquer sur place tous les objets d'ameublement, les vêtements, les outils agricoles et les armes offensives ou défensives qui leur sont nécessaires. Chaque château seigneurial contient des ateliers de toutes sortes où les hommes, les femmes, les jeunes filles et les enfants eux-mêmes sont tenus de venir travailler quand ils en sont requis[1]. Il en est de même dans les monastères. D'un autre côté, les serfs fabriquent eux-mêmes la plupart de leurs outils agricoles.

Cependant, à mesure que la paix s'établit dans les compagnes, que les communications deviennent plus faciles et que la civilisation des villes se répand, le travail se différencie : les artisans se distinguent des simples cultivateurs, il se constitue dans les villages les plus importants des ateliers de forgerons, de charpentiers, de menuisiers, de tisserands. D'un autre côté, des boutiquiers de tous genres, artisans et marchands, vont à la ville, se frottent aux corporations, aux bourgeois, aux officiers municipaux et rapportent au village, avec des goûts nouveaux, des idées de liberté que l'on ne

1. L'atelier des femmes était situé près de la maison seigneuriale ; il portait le nom de *Gynécée*. On y filait et tissait le chanvre, le lin, la laine ; on y blanchissait et teignait les étoffes ; on y confectionnait les vêtements, etc. Les femmes du gynécée étaient ordinairement des esclaves ou des serves attachées à la personne, qui ne quittaient pas le château ou le monastère. Parfois aussi c'étaient des femmes du dehors qui venaient y travailler pendant un certain nombre de jours chaque semaine. Il est à peine besoin de dire que les femmes du gynécée étaient à la discrétion du seigneur, de ses amis ou de ses gens d'armes. Les mœurs y étaient si dissolues qu'après avoir condamné à y vivre les religieuses coupables d'avoir enfreint le vœu de chasteté, on supprima cette punition « afin que celle qui s'est livrée à un homme n'ait pas la facilité de se livrer à plusieurs ».

connaissait pas jadis. Les villageois artisans rêvent de s'émanciper comme les habitants des villes, et ils y parviendront sans trop de peine, avant les cultivateurs, à cause du besoin que l'on a de leurs services.

Bientôt il y aura, dans chaque fief, une classe nouvelle de citoyens, embryon du futur tiers-état, s'intitulant *bourgeois du seigneur* et pleins de dédain pour le bas peuple d'où ils sortent. Plus tard, quand la royauté se sera élevée sur les ruines de la féodalité, ils franchiront un nouvel échelon social, deviendront *bourgeois du roi*, apprendront les belles lettres et n'auront plus qu'un souci, celui d'être assimilés aux bourgeois des villes et de jouir des libertés concédées aux municipalités des communes[1].

LES PAYSANS ET LA LIBERTÉ

Des artisans villageois, la contagion des idées de droit et de liberté se répandit, en dépit de toutes les précautions prises par les seigneurs, jusque parmi les serfs de la glèbe. « N'ayant guère eu jusque-là, dit Augustin Thierry, d'autre perspective que celle d'être déchargés des services les plus onéreux, homme par homme, famille par famille, les paysans s'élevèrent à des idées et à des volontés d'un autre ordre ; ils en vinrent à demander leur affranchissement par seigneuries et par territoires et à se liguer pour l'obtenir. Ce cri d'appel au sentiment de l'humanité : nous sommes hommes comme eux (Nus sumes homes cum il sunt, tex membres avun cum il unt, etc.) se fit entendre dans les hameaux et retentit à l'oreille des seigneurs, qu'il éclairait en les menaçant. Des traits de fureur aveugle et de touchante

1. Voy. Augustin Thierry, *Essai sur l'Hist. du Tiers-Etat*, p. 35.

modération signalèrent cette nouvelle crise dans l'état du peuple des campagnes; une foule de serfs, désertant leurs tenures, se livraient par bandes à la vie errante et au pillage; d'autres, calmes et résolus, négociaient leur liberté, offrant de donner pour elle, disent les chartes, le prix qu'on voudrait y mettre. La crainte de résistances périlleuses, l'esprit de justice et l'intérêt, amenèrent les maîtres du sol à transiger, par des traités d'argent, sur leurs droits de tous genres et leur pouvoir immémorial. »

Dès ce jour, la lutte est ouverte entre la chaumière et le château; la jacquerie du XVe siècle, après la honteuse défaite des nobles à Poitiers, alors que les paysans brûlent les châteaux, massacrent les femmes et les enfants des seigneurs, en attendant qu'ils soient, à leur tour, massacrés par ces derniers, et les révoltes partielles qui eurent lieu par la suite, n'étaient que le prélude des grandes et suprêmes batailles de la Révolution où devait sombrer le régime féodal tout entier.

AFFAIBLISSEMENT DE L'ARISTOCRATIE PAR LA MONARCHIE. DIMINUTION DU SERVAGE ET AUGMENTATION DES CHARGES

Au cours du moyen âge, à mesure que la puissance royale, étayée d'un côté sur le clergé, de l'autre sur les municipalités et les peuples des villes et sur les bourgeois des campagnes, se développe et se transforme en monarchie autocratique, la situation morale et matérielle de l'aristocratie subit de profondes modifications.

Le seigneur cesse d'être une force indépendante, pour devenir simple organe d'une machine dont la complexité va sans cesse en augmentant. Si, dans son mouvement, il entraîne toute la masse mainmortable de son fief, il est lui-même entraîné dans un mouvement plus étendu par la puissance royale. Depuis le serf jusqu'au monarque, dont les pouvoirs s'étendent et se précisent à mesure que les siècles s'ajoutent les uns aux autres, il se forme une hiérarchie dont chaque degré s'attribue, vis-à-vis du degré inférieur, d'autant plus de droits que le degré supérieur lui impose à lui-même davantage de devoirs.

Une double évolution se produit alors dans la société française : les libertés individuelles deviennent plus grandes, en raison du besoin plus marqué que chaque groupe de la société a de tous les autres; mais, en même temps, les charges pécuniaires de chacun deviennent plus lourdes, parce que, de haut en bas, chacun pressure tous ceux qui lui sont inférieurs.

Le maximum des charges matérielles, en même temps que le minimum de servage personnel, sont atteints lorsque la monarchie jouit, avec Louis XIV, d'une autocratie absolue. A ce moment, aux charges féodales s'ajoutent, pour les cultivateurs, les charges royales, et les unes comme les autres vont sans cesse en s'accroissant, à mesure que le régime devient plus despotique.

Le seigneur ne réside plus dans son fief, dont il afferme les *droits féodaux* aussi cher que possible et sans savoir si le travailleur pourra y faire face; il ne voit plus les misères dont le spectacle provoquait jadis, assez fréquemment, sa compassion ; et il a davantage de besoins parce que la fréquentation d'une cour, dont le luxe est effrené, l'oblige à de plus grandes dépenses. Après avoir concédé au serf une liberté personnelle relative, il est souvent obligé par l'insuffisance de ses revenus de lui vendre une portion de son domaine [1].

1. A la veille de la Révolution, la noblesse française est entièrement ruinée par les dépenses excessives auxquelles tous ses membres ont pris l'habitude de se livrer. Les plus grands seigneurs ne se soutiennent que grâce à la générosité royale. Quant à la petite noblesse rurale,

Le paysan devient ainsi propriétaire, en même temps que les financiers, les magistrats, etc. Mais, en devenant possesseur de la propriété, le paysan ne fait qu'augmenter le poids de ses charges. « En acquérant le sol, dit avec raison Taine [1], le petit cultivateur en prend pour lui les charges. Tant qu'il était simple journalier et n'avait que ses bras, l'impôt ne l'atteignait qu'à demi : où il n'y a rien le roi perd ses droits. Maintenant il a beau être pauvre et se dire encore plus pauvre, le fisc a prise sur lui pour toute l'étendue de sa propriété nouvelle... Plus il acquiert, plus ses charges deviennent lourdes. En 1715, la taille et la capitation, qu'il paie seul ou presque seul, étaient de 66 millions ; elles sont de 93 en 1759, de 110 en 1789. En 1757, l'impôt est de 283.156.000 livres ; en 1789, de 476.294.000. »

Les charges des paysans sont alors d'autant plus considérables qu'à celles imposées par le seigneur, en vertu des droits féodaux, se sont ajoutées les taxes royales auxquelles la noblesse et le clergé sont entièrement soustraits [2], et la dîme ecclésiastique à laquelle les fiefs nobiliaires échappent également.

elle est aux abois. « Le trône, dit Mirabeau en 1789, n'est plus entouré que de nobles ruinés. » La plupart des fiefs ruraux ne rapportaient que des revenus insignifiants et qui ne pouvaient pas être accrus par le commerce, l'industrie ou l'exercice des professions libérales, car le préjugé de l'antiquité contre le travail rétribué se retrouvait dans l'esprit de toute l'aristocratie française : un noble, de si mince noblesse qu'il fût, ne pouvait pas, sans se déshonorer aux yeux de sa classe, se livrer à une autre occupation que le service de l'armée ou celui de l'Eglise. Aussi la noblesse tenait-elle beaucoup à ce que l'on continuât à écarter le Tiers état de ces professions. (Voy. Léonce de Lavergne, *Economie rurale de la France*.)

1. *L'ancien régime*, p. 454.

2. Les Cahiers de 1789 sont unanimes dans leurs protestations contre le privilège dont jouit la noblesse de ne payer aucune part des taxes royales. « Le privilège de la noblesse, relatif aux impositions, dit très justement le Tiers-état du bailliage de Nemours, n'était que celui de ne pas payer deux fois pour le même service public. La noblesse était alors chargée, à raison de ses fiefs, de faire la guerre en personne et à ses frais, toutes les fois qu'elle en était sommée. C'était

ÉVOLUTION DE LA PUISSANCE ET DE LA RICHESSE DE L'ARISTOCRATIE SACERDOTALE

Le paysan ne pouvait établir, au point de vue de ses intérêts matériels, aucune distinction entre le clergé et la noblesse.

A partir du jour où l'Eglise fut reconnue officiellement par les empereurs de Constantinople, elle perdit très vite le caractère purement religieux que les apôtres s'étaient proposé de lui donner. Sous le règne de Constantin, les évêques deviennent de véritables personnages politiques ; ils font partie des conseils impériaux ; ils ont le droit de juger sans appel tous procès entre clercs ; ils ont même le pouvoir d'évoquer à leur tribunal les laïques, quand une des parties en fait la demande. Enfin, ils se substituent, dans les villes, aux anciens « pontifes » païens, et ils sont, d'ordinaire, choisis, comme l'étaient ces derniers, parmi les membres des familles les plus riches et les plus considérées, ce qui leur donne

pour elle une très pesante charge. Il était juste qu'elle ne contribuât pas en argent pour les autres charges de la société... Mais depuis qu'on a cessé d'obliger la noblesse à servir dans l'armée, soit qu'elle le voulût ou ne le voulût pas, depuis qu'elle est maîtresse ou d'entrer dans la magistrature ou de cultiver en paix ses champs paternels ; depuis qu'elle est payée par le peuple, beaucoup mieux que le peuple, et, en outre, avec beaucoup plus d'espoir d'illustration, d'avancement et de fortune lorsqu'elle embrasse l'état militaire, le titre de ses exemptions en matière d'impôts est totalement détruit et l'on sent qu'il est devenu également injuste et absurde de faire payer au peuple les dépenses de l'armée dont une grande partie sont au profit de la noblesse, tandis qu'autrefois c'était la noblesse qui en faisait la dépense et le peuple qui profitait de la sûreté qui en résulte. » (Voy. Gomel, *Hist. financière et pécuniaire de l'Assemblée constituante*, p. 467.)

Il résulte des Cahiers de 1789 que la noblesse consentait sans trop de résistance à la perte de ses privilèges pécuniaires, tandis qu'elle manifestait un attachement invincible à ses prérogatives. Le Tiers voudrait pouvoir être investi des grades militaires et des dignités ecclésiastiques ; la noblesse, au contraire, insiste pour que ces grades et ces dignités lui soient réservés, comme une compensation des sacrifices qu'on lui demande. (*Ibid.*, p. 44 et suiv.).

une grande autorité. Cette dernière devient plus effective, lorsque Constantin leur confie la charge de « défenseurs » de la cité. Les curies ou municipalités leur sont dès lors d'autant plus soumises qu'eux-mêmes sont issus des familles curiales[1].

1. « L'Église, dit Fustel de Coulanges (*La monarchie franque*, p. 512), ne lutta contre la société civile qu'aussi longtemps qu'elle ne put pas faire autrement ; elle se hâta, dès que cela lui fut possible, de se mettre en accord et en unisson avec elle. L'empire étant divisé en provinces et en cités, l'Église se partagea aussi en provinces et en cités. La cité, qui était l'unité administrative, devint aussi l'unité ecclésiastique. On ne l'appela pas d'abord un diocèse ; on l'appela une *paroisse* (παροικία). Ce terme signifiait le ressort tout entier de l'évêque, c'est-à-dire tout le territoire de la cité ecclésiastique. L'évêque conservait son ancien titre, *episcopus;* il y joignit ceux de *sacerdos* et de *pontifex*. Or, ces deux termes étaient ceux par lesquels on avait désigné jusque là, dans la religion païenne de l'empire, les grands-prêtres provinciaux. Les évêques prirent leurs titres en prenant leurs places. » Le *pontifex* était, dans la cité, le chef du culte de Rome et de l'Auguste qui représentait une sorte de religion officielle. C'est contre cette religion surtout que les chrétiens avaient lutté ; c'est sa place qu'ils occupèrent dans la cité quand ils furent les plus nombreux. Comme le pontifex était élu pour la cité, l'évêque le fut aussi tant que dura l'empire. Et de même que la place de *pontifex* « avait été le plus haut objet d'ambition des plus grandes familles... les mêmes ambitions aspirèrent dès lors à l'épiscopat. » (*Ibid.*, p. 535).

Au IVe siècle, les *curiales* étaient, dans chaque cité, désignés par le pouvoir impérial et rendus responsables de la rentrée des impôts. Pour empêcher les abus auxquels ils se livraient, on institua un magistrat, dit *défenseur*, dont le rôle était de protéger les contribuables contre les curiales. Ce magistrat finit par être l'autorité suprême de la cité. Plus tard « lorsque les évêques, déjà chargés de l'administration de la justice, furent appelés, par les décrets impériaux, à partager les fonctions municipales, ils rendirent, par l'influence immense qu'ils avaient sur les citoyens, cette nouvelle magistrature aussi inutile que l'autre (c'est-à-dire celle du magistrat que l'on appelait le *prince* et qui s'était effacé devant le défenseur). Alors les défenseurs furent supprimés ; et les évêques, substitués tout simplement à leur place, héritèrent de toute l'autorité municipale, et devinrent les maîtres uniques des cités ». (Lavallée, *Hist. des Français*, I, p. 62).

Il paraît également certain qu'au moment où le paganisme, d'abord toléré par Constantin, fut proscrit par ses successeurs, les biens attachés au culte païen des cités furent attribués à l'église chrétienne de chaque cité. « Gratien décréta la confiscation, Théodose l'exécuta. Nous savons par les lois des empereurs qu'une partie de ces biens furent donnés à l'Église chrétienne, et les auteurs de l'*Histoire ecclésiastique* disent la même chose. Un écrivain contemporain va jusqu'à affirmer que l'empereur Honorius, fils de Théodose, donna tous les temples, avec les possessions qui en dépendaient, aux églises chrétiennes. » (Laurent, *L'Église et l'État*, p. 118).

Grâce à l'influence dont ils jouissaient auprès des empereurs chrétiens, les évêques enrichirent rapidement leurs églises et eux-mêmes. Il paraît certain qu'en beaucoup d'endroits ils se firent attribuer les biens qui étaient attachés aux temples païens. Constantin accorda ensuite aux fidèles l'autorisation de léguer leurs biens aux églises, même au détriment de leur famille. Cette mesure ne marque pas seulement la rupture de la société chrétienne avec la société païenne où les droits de la famille étaient entourés d'un si grand respect ; elle est aussi le point de départ d'une fortune des églises qui contraste singulièrement avec la doctrine de Jésus et des apôtres et avec les mœurs des premiers chrétiens [1].

Etant donné la foi très vivace qui existait au IVe siècle et qui se maintint pendant encore de nombreux siècles, l'autorisation accordée aux fidèles par Constantin valut bientôt à l'Église d'abondantes donations et de riches héritages. On méconnaîtrait, d'ailleurs, la nature humaine, si l'on supposait que les évêques et les prêtres ne firent pas quelques efforts pour encourager les générosités de la foi. Les empereurs d'Orient eux-mêmes furent bientôt obligés de prendre des mesures pour empêcher les manœuvres délictueuses à l'aide desquelles

1. Pour comprendre la portée de la loi dont il est ici question « il faut se rappeler, dit un savant professeur de Gand, la doctrine des saints Pères sur la propriété. Ils enseignent tous que le propriétaire n'a droit qu'à ce qui lui est strictement nécessaire pour vivre, qu'il est débiteur de l'excédent envers les pauvres. Et qui chargera-t-il de distribuer ses aumônes, lorsqu'il vient à mourir ? Naturellement l'Église. Les devoirs de famille ne peuvent pas l'arrêter... Saint Jérôme n'hésite pas à approuver la fille qui, au mépris de la volonté de son père, donne tous ses biens aux pauvres. « Ton père s'affligera, mais le Christ se réjouira ; ta famille pleurera, mais les anges seront dans la joie. » Saint Augustin maintient l'obligation pour tout fidèle de donner aux pauvres, alors même qu'il a des enfants. Il voit dans le motif d'affection paternelle une vaine excuse : « Donner aux indigents, dit-il, c'est donner à Dieu, et il vaut mieux donner à Dieu qu'à ses enfants ; celui qui les a créés saura bien les nourrir. » (Laurent, *L'Église et l'État*, p. 120).

certains ecclésiastiques obtenaient des donations et des héritages [1].

Les églises s'enrichirent encore à l'aide des concessions de terres qui étaient accordées aux évêques par les empereurs. Dès le ve siècle, la plupart des églises possèdent des biens et des revenus considérables, dont les évêques étaient les seuls gestionnaires et qu'ils détournaient souvent à leur profit personnel, ainsi qu'en témoignent les protestations indignées de certains pères de l'Église contre la vie luxueuse des prélats [2].

Il ne faut pas oublier que la plupart des évêques étaient choisis dans les familles riches et jouissaient personnellement de revenus souvent considérables. Il était, d'ailleurs, de règle que les évêques et les prêtres léguassent, en mourant, tous leurs biens particuliers à leurs églises.

1. « Par un édit adressé à Damase, évêque de Rome, Valentinien défendit aux moines et aux prêtres de fréquenter la demeure des veuves et des vierges ; il les déclara incapables de recevoir des donations ou des legs de leurs pénitentes. » Et saint Jérôme dit de cette loi : « Je ne me plains pas qu'on l'ait faite, je me plains que nous l'ayons méritée. » (Voy. Laurent, *Loc. cit.*, p. 132).

2. « A partir des apôtres, dit Jérôme, l'Eglise prospéra par les persécutions ; le sang des martyrs fut la semence de la foi. Sous les empereurs chrétiens, elle acquit des biens et des honneurs, mais elle s'appauvrit en vertus. » Ammien Marcellin faisant allusion aux luttes violentes qui signalaient souvent les élections des évêques et, particulièrement, aux scènes meurtrières qui eurent lieu à Rome entre les partisans d'Ursin et ceux de Damase, dans lesquelles plus de 130 morts jonchèrent la basilique de cette ville, écrit : « En vérité, quand je considère l'éclat de la dignité épiscopale à Rome, je ne suis plus surpris de cet excès d'animosité entre les compétiteurs. Le concurrent qui l'obtient est sûr de s'enrichir des libérales oblations des nations, de rouler dans le char le plus commode, d'éblouir tous les yeux par la splendeur de son costume, d'éclipser dans ses festins jusqu'aux profusions des tables royales. » Saint Jérôme dit, de son côté : « Les évêques parlent comme les apôtres, et vivent comme les princes du siècle ; ils prêchent la pauvreté et la croix de Jésus-Christ, et ils ne respirent que la vanité et l'amour des plaisirs charnels ; ils sont les successeurs de ceux qui étaient les trésoriers et les pourvoyeurs des pauvres, et ils s'appliquent à traiter magnifiquement les grands de l'empire, ils leur disputent le prix de la magnificence, et ils l'emportent, en achetant, du patrimoine des pauvres, ce que les princes du monde n'osent acheter pour leurs tables. » (Voy. Laurent, *Loc. cit.*, p. 129 et suiv.)

Les revenus de ces dernières devaient servir, d'après les prescriptions des conciles, à la charité envers les pauvres, au traitement des prêtres et autres personnes attachées au service religieux, et, enfin, aux frais du culte. Si les évêques en détournaient pour eux-mêmes une portion supérieure à celle qu'exigeaient leurs besoins stricts, c'était par un abus condamnable, mais si indéracinable que les réprimandes des écrivains sacrés furent toujours impuissantes à les corriger.

Dans notre pays, l'enrichissement des églises se produisit surtout après l'adoption du christianisme par les rois francs. Tout service rendu aux chefs barbares par un évêque était récompensé de la même manière que les services des chefs militaires, c'est-à-dire par des concessions de terres et de privilèges, qui ne tardèrent pas à transformer les prélats chrétiens, d'abord en grands propriétaires fonciers, puis en une sorte particulière de chefs féodaux. Rares sont les évêques qui, après la fondation de la monarchie franque, ne sont pas propriétaires d'énormes étendues de territoires ainsi que des esclaves et des serfs qui les peuplent. La plupart d'entre eux sont, à cette époque, choisis parmi les barons qui entourent les rois et qui ont été initiés plus ou moins aux affaires publiques, soit comme chefs militaires, soit comme administrateurs[1].

1. Selon les principes adoptés, dans les premiers temps de l'Église, par les Conciles, les évêques étaient élus par le peuple ou, pour mieux dire, sur les indications du peuple de la cité, par les évêques de la province. Sous la monarchie barbare, les rois intervinrent d'abord pour indiquer les candidats de leur goût ; puis ils se réservèrent formellement le droit d'investir les élus, et, enfin, ils imposèrent leurs favoris. « La vieille règle canonique qui voulait que l'évêque ne fût institué que par la consécration du métropolitain, restait théoriquement hors d'atteinte ; seulement c'était le roi qui donnait au métropolitain l'ordre de consacrer... Grégoire de Tours ne parle presque jamais d'un évêque sans dire qu'il a été nommé par le roi... En Burgundie, un « pauvre homme » qui avait donné asile à Brunehaut dans sa chaumière, fut nommé d'emblée évêque d'Auxerre... Il faut avouer que le choix des

Les abbayes possèdent aussi, à cette époque, des propriétés très étendues, concédées par les rois. Le nombre de ces établissements s'accroît pendant tout le moyen âge avec une grande rapidité, car pour obtenir des rois et des princes l'autorisation de fonder une abbaye, il suffit à un moine d'établir qu'il est en possession des reliques d'un saint et qu'il a pu grouper autour de lui un certain nombre de frères. Il suffit surtout que le futur abbé soit assez riche pour acheter les faveurs du prince ou de son entourage, car les abbayes comme les évêchés ne s'obtiennent plus qu'à prix d'argent.

Les biens des évêchés et ceux des abbayes continuent, d'ailleurs, à s'accroître par les legs des évêques, des prêtres, des diacres et d'un grand nombre de clercs, et par les donations ou héritages des gens riches. « Le mourant, dit un éminent historien des mœurs de cette époque, calculait que le salut de son âme valait bien une terre. Il supputait ses fautes et il les payait d'une partie de sa fortune... Regardez en quel style sont rédigées presque toutes ces donations. Le donateur déclare qu'il veut « racheter son âme », qu'il donne une terre « en vue de son salut », « pour la rémission de ses péchés », « pour obtenir l'éternelle rétribution. » On

rois était souvent déterminé par les présents qu'on leur offrait... En vain les papes se plaignirent-ils aux princes francs que l'épiscopat fût donné à prix d'argent. La simonie, dit un hagiographe du VIIe siècle, pullule dans le royaume des Francs. » Souvent aussi les évêques étaient choisis par les rois parmi les laïques « qui n'avaient mérité l'épiscopat que par des succès militaires ou administratifs... Ainsi l'épiscopat devenait la récompense des fonctionnaires royaux. Grégoire de Tours avait déjà fait cette remarque qu'au temps de Chilpéric peu de clercs parvenaient à l'épiscopat. » On revenait, en somme, aux traditions païennes, d'après lesquelles les pontifes des cités étaient choisis parmi les personnages les plus considérables et les fonctionnaires impériaux; mais la volonté du roi était substituée, dans ce choix, à l'élection par les membres de la cité (Voy. Fustel de Coulanges, *La monarchie franque*, p. 544-566).

voit par là, que dans la pensée des hommes, la donation n'était pas gratuite. Elle était un échange contre un don ; « donnez, était-il dit, et il vous sera donné ». D'ordinaire, les donations étaient faites « au saint particulièrement honoré dans le diocèse ou qui avait son tombeau dans la basilique... Par là, le saint était tenu d'intercéder auprès de Dieu pour son donateur ; le clergé était tenu aussi d'inscrire le donateur sur le registre de ses prières. Ainsi le mourant, en donnant un immeuble, s'assurait une sorte de rente perpétuelle de prières ici-bas, d'intercession là-haut[1]. »

Les évêques étaient toujours les seuls gestionnaires des biens de leurs églises et représentaient le seul pouvoir auquel fussent soumis les prêtres, les clercs et une foule de gens que des liens plus ou moins étroits attachaient à l'Église. L'évêque faisait vivre par le travail ou l'aumône tout ce personnel ; mais, en revanche, il avait sur lui un pouvoir absolu. Chaque église était un petit gouvernement despotique, ayant l'évêque pour seul maître et seul propriétaire[2].

1. Fustel de Coulanges, *La monarchie franque*, p. 575.

2. « Au VIIe siècle, dit Fustel de Coulanges (*Loc. cit.*, p. 597) ils (les évêques) apparaissent comme de véritables chefs politiques, sans concurrents dans leur cité. Il est visible, dans la vie de saint Léger d'Autun, que toute la ville lui obéit. Si elle est assiégée, c'est l'évêque qui dirige la défense. A Metz, au VIIe siècle, il n'y a pas d'autre chef politique ni d'autre administrateur que l'évêque. Partout les évêques ont réduit à l'impuissance les anciennes magistratures municipales, dont on ne parle même plus. Les rois francs ne les ont ni supprimées ni affaiblies ; mais tout ce qu'elles avaient d'attributions et de force s'en est allé du côté de l'évêque. Partout aussi les évêques se sont fait une place à côté des comtes (représentants, dans la cité, du pouvoir royal) ; ils ont réduit le nombre de leurs justiciables et le terrain de leur action. Ils partagent l'autorité publique avec les fonctionnaires du roi. »

C'est surtout en attirant à eux des justiciables que les évêques se sont emparés d'une notable portion des pouvoirs des comtes. Une foule de gens, afin de se soustraire à l'autorité des seigneurs barbares, se faisaient clercs ou protégés de l'évêque. « Chef des clercs, propriétaire de milliers de colons, soutien des pauvres, patron des affranchis, appui des faibles, il groupait autour de lui des populations. Les hommes

Tandis que les biens des églises tendaient sans cesse à augmenter d'étendue par les moyens divers indiqués ci-dessus, il était difficile qu'ils décrussent.

Depuis les premiers temps, et, sans doute, en conformité des traditions païennes, les conciles n'avaient cessé d'interdire l'aliénation des propriétés foncières, acquises, à un titre quelconque, par les églises. Les revenus de ces biens et les produits du sol offerts par les fidèles devaient être dépensés comme il a été dit plus haut, mais la terre et les immeubles ne pouvaient être ni donnés ni vendus, si ce n'est dans des circonstances tout à fait exceptionnelles. La propriété des églises pouvait donc s'accroître indéfiniment; elle ne pouvait pour ainsi dire pas décroître. Elle ne décrut, en effet, que par les confiscations dont les rois la frappaient de temps à autre, toutes les fois, pourrait-on dire, qu'ils en avaient besoin pour payer d'autres services ou acheter la soumission de quelques seigneurs plus ou moins rebelles à leur autorité.

Malgré ces reprises, toujours suivies des protestations des intéressés, les biens des églises et des abbayes ne firent que s'accroître pendant tout le moyen âge, en même temps que la puissance spirituelle et le pouvoir politique des évêques et des abbés, en même temps aussi que la licence de la vie du clergé. La plupart des prélats portent tour à tour la mître et le casque et rem-

échappaient en foule aux autorités publiques pour se soumettre à l'évêque. Il devenait, qu'il le voulût ou non, le chef d'innombrables sujets. Je ne parle pas seulement d'une sujétion spirituelle, qui s'étendait sur tous (et qui par le droit d'excommunication se faisait redouter de tous à cette époque de foi ardente), mais d'une sujétion matérielle, vers laquelle beaucoup venaient d'eux-mêmes. L'évêque était un souverain temporel, non pas encore sur un territoire entier, mais sur une foule d'hommes de chaque territoire... On en est à se demander, si, dans une cité, il y avait plus d'hommes qui fussent sujets du roi et de son fonctionnaire, ou s'il y avait plus d'hommes qui fussent sujets de l'évêque. » (*Ibid.*, 592).

placent volontiers la crosse par l'épée. Les plus sages sont mariés, les autres vivent publiquement avec des concubines; tous se signalent aux populations par le luxe de leurs costumes et de leurs équipages, la pompe du cérémonial dont ils s'entourent et l'éclat de leurs vices[1].

La première atteinte qui fut portée au pouvoir des évêques vint de la papauté. Lorsque, avec Grégoire VII, elle s'émancipe des empereurs germains qui avaient, jusqu'au xe siècle, été les princes de Rome et les grands électeurs des papes, son premier souci est de faire passer les évêques et les églises de la tutelle des princes et des rois sous celle du pontificat romain. Elle condamne l'achat des diocèses et des cures; elle décrète que les rois ne devront plus jouir du pouvoir d'investir les évêques, dont ils se sont injustement emparés; elle interdit au clergé de reconnaître aucune autre autorité spirituelle que celle du souverain pontife, tout en lui prescrivant de conserver les propriétés, fiefs et privilèges matériels qui lui ont été concédés; elle prétend assujettir à sa souveraineté les rois et les seigneurs, et former de tous leurs

1. L'église elle-même, dit Lavallée (*Hist. de France*, I, p. 255), devenue toute matérielle et féodale, envahie par des barons sanguinaires, plongée dans l'immoralité la plus profonde, était menacée de ruine... La plupart des prêtres étaient mariés ou vivaient publiquement avec des concubines. Depuis que les évêchés et les abbayes étaient devenus de véritables souverainetés féodales, la violence ou la corruption donnaient seules les dignités ecclésiastiques. Les rois en faisaient le plus honteux trafic; sous prétexte de conférer la possession des fiefs attachés à ces dignités, ils s'attribuaient directement l'investiture des évêchés et des abbayes, les donnaient à leurs courtisans et recevaient d'eux non seulement l'hommage et le service militaire, mais des dons d'argent et les complaisances les plus sagrilèges. Avec un clergé marié, simoniaque, vendu aux princes, composé presque entièrement d'hommes de sang et de débauche, l'Eglise était perdue; et, pour comble, la papauté se trouvait mise à l'encan comme les autres évêchés; outre les châtelains pillards des environs de Rome qui les tenaient en servitude, les pontifes avaient pour maîtres, depuis Othon le Grand, les rois de Germanie qui les nommaient directement et exerçaient tout le pouvoir dans Rome ».

royaumes une simple confédération soumise à la monarchie universelle de l'Église; enfin, elle s'arroge le droit de délier les sujets de leur obéissance aux souverains temporels et ne laisse passer aucune occasion d'exercer ce prétendu droit contre tous les princes qui essaient de lui résister. Puis, comme elle ne dispose pas de forces matérielles suffisantes pour imposer sa théocratie, elle interdit la guerre, elle met obstacle par tous les moyens à l'organisation des forces militaires des diverses nations ou principautés; et, finalement, elle détourne vers le tombeau du Christ et contre les infidèles de l'Orient les seigneurs et les hommes qu'elle n'a pu désarmer.

Dans cette lutte contre la tyrannie des rois, princes et barons, la papauté a l'appui du peuple sur lequel retombent tous les maux engendrés par la guerre et l'anarchie féodale. Elle aurait eu également celui des églises locales, si elle ne s'était pas montrée plus dure envers elles que ne l'avaient été les autorités laïques. Elle provoque les protestations à peu près unanimes du clergé, quand elle lui interdit le mariage, quand elle veut le ramener aux mœurs rigides et à la pauvreté des apôtres, et surtout lorsqu'elle prétend lui faire payer, sous forme d'impôts aussi lourds que variés, sa guerre contre les empereurs d'Allemagne et les princes italiens. Elle a pour elle les moines et le bas clergé; mais elle n'a pas les évêques, c'est-à-dire, la véritable force des églises locales.

Le haut clergé de France, en réalité, n'était relevé de sa soumission aux rois que pour tomber sous une autorité beaucoup plus despotique, plus dure et plus avide que la leur. Aussi le voit-on, à partir du règne de Philippe le Bel, prendre le parti des rois nationaux contre les papes et accueillir avec faveur l'idée de se constituer, en dehors de l'autorité romaine, en une église gallicane indépendante[1].

A partir de l'époque où cette idée est émise publiquement, c'est-à-dire depuis le règne de saint Louis, les intérêts de la royauté sont étroitement liés à ceux de l'épiscopat français.

La royauté encouragera, par tous les moyens, les pensées d'indépendance qui hantent les évêques, afin de se faire protéger elle-même par l'Eglise de France contre les ambitions spirituelles et matérielles de la papauté. La Pragmatique sanction de saint Louis, le Concordat de François Ier, puis la Déclaration de 1682 qui, sans les jésuites, aurait fondé l'autonomie de l'Eglise de France, n'eurent, en réalité, pas d'autre but que de soustraire, autant que possible, le clergé français à l'autorité du

1. Dès les premières réformes, la papauté voit se dresser contre elle la plupart des membres du clergé. L'interdiction du mariage était surtout fort mal reçue. « Cette nouveauté, dit Lavallée (*Loc. cit.*, p. 258) excita un tumulte universel ; on s'écrie que le monde va manquer de prêtres et se voir privé du service divin. » Ses décisions sont si peu exécutées qu'elle est obligée de les renouveler sans cesse, en soulevant chaque fois de nouvelles protestations. Grégoire VII lui-même n'est pas mieux écouté que ceux de ses prédécesseurs dont il avait été le conseiller ; « un soulèvement presque universel répond à ses décrets. Le clergé l'appelle insensé et hérétique, déchire ses bulles, repousse à main armée des légats. Qu'il cherche des anges, disait-il, pour gouverner les églises, car nous aimons mieux abandonner la prêtrise que le mariage » (*Ibid.*, p. 274).

Beaucoup plus tard, quoique la puissance du clergé eut été considérablement amoindrie par la restauration du droit romain et par l'institution des premiers corps de juristes, on voit encore le clergé français prendre le parti du roi de France contre la papauté, car il préfère se soumettre à une autorité d'où il tire ses richesses et son prestige, qu'à un pouvoir lointain et qu'il connaît seulement par les impôts qu'il lui paie. En 1302, dans le Parlement que Philippe le Bel avait réuni à Paris, en l'église Notre-Dame, pour lui soumettre les motifs de sa querelle avec le pape Boniface VIII, « pas une voix n'osa s'élever en faveur de Rome, et chaque ordre écrivit au pape une lettre de blâme. Le clergé, impatient des exactions pontificales, cherchait comme le peuple un appui dans la royauté et il appelait libertés de l'Eglise gallicane sa soumission absolue aux volontés d'un maître. » (*Ibid.*, p. 481.) Les rois étaient, en effet, pour le clergé, des maîtres, mais des maîtres qui le comblaient de biens, de privilèges et d'honneurs, ce que les papes ne pouvaient pas faire.

pontife romain, en le plaçant sous la dépendance de la monarchie.

Depuis le xe siècle jusqu'à la Révolution, le clergé français sert aussi les intérêts de la royauté contre l'aristocratie féodale avec laquelle il est naturellement en lutte, en raison de ses intérêts matériels et sociaux. Pendant ces huit siècles, rien ne servit mieux les rois, dans leur marche vers l'absolutisme, que les luttes incessantes de l'aristocratie politique et de l'aristocratie religieuse.

Le double appui que la royauté demande au clergé français contre la papauté d'une part, contre l'aristocratie de l'autre, sans parler du concours puissant que la foi religieuse apporte à sa prétention de régner au nom de la divinité, suffisent amplement pour expliquer les faveurs et les privilèges dont le clergé fut comblé par tous les rois depuis Louis IX et Philippe le Bel jusqu'à Louis XVI, après l'avoir été par la monarchie franque et les empereurs d'Orient.

Pendant cette longue suite de siècles, les biens de l'Eglise ne font que s'accroître en étendue et en valeur, au point qu'à la veille de la Révolution ils passaient pour représenter un cinquième du territoire de notre pays et pour fournir un revenu supérieur à cent cinquante millions de francs.

Le haut clergé se partage alors avec les seigneurs toutes les grandes propriétés foncières. En tant que propriétaire, il prélève sur les paysans les droits féodaux, comme les seigneurs. En tant que représentant de l'Eglise, il perçoit, en outre, une dîme spéciale sur tous les produits directs ou indirects du sol, qui ne représentait pas moins de cent millions par an. Enfin, comme la noblesse encore, il était exempté des impôts royaux dont tout le poids retombait sur le Tiers état et sur les cultivateurs de la terre.

Il était impossible que ces derniers ne protestassent pas. Aussi, tous les cahiers de 1789 unissent-ils le nom du clergé à celui de la noblesse dans les réclamations qu'ils formulent contre les droits féodaux et contre l'exemption d'impôts dont jouissent les deux classes supérieures, en même temps qu'il demandent la suppression de la dîme ecclésiastique.

Le bas clergé lui-même se plaint de ce que tant de biens et revenus soient accumulés sur la tête des membres de l'épiscopat, tandis que les prêtres sont condamnés à la misère. Le tiers état et même la noblesse s'associaient d'autant plus volontiers à ces protestations que la plupart des évêques et abbés se montraient fort peu charitables[1].

1. A la veille de la Révolution, il n'existait plus, dans aucune classe de la société française, la foi que l'on avait constatée jusqu'au XIIIe siècle; les fautes du clergé et de la papauté d'une part, la restauration de l'antique philosophie païenne d'autre part, avaient porté à la religion, dans l'esprit des classes supérieures, un préjudice irrémédiable; quant au peuple, s'il n'avait renoncé à aucune de ses superstitions, s'il s'était borné à greffer celles du christianisme sur celles du paganisme, il n'avait aucun motif d'aimer le bas clergé qui, étant misérable, ne lui rendait guère aucun service et il avait pour le haut clergé la même répulsion, la même envie que pour la noblesse. C'est l'écho de ces sentiments que l'on trouve dans les cahiers de 1789. « Les gens les plus religieux, dit M. Edme Champion (*La France d'après les Cahiers de 1789*, p. 181) sollicitaient de profondes réformes pour « établir le gouvernement de l'Eglise sur des bases fixes et en bannir l'arbitraire ». Presque tout le bas clergé et plusieurs évêques parlaient d'abolir le Concordat, les taxes payées à la cour de Rome sous le nom d'annates, de dispenses, de provisions, les droits de déport et d'autres du même genre; d'exiger des ecclésiastiques une résidence effective dans les bénéfices à charge d'âmes... d'établir l'unité de bréviaire, de catéchisme, de liturgie. »

Les protestations relatives à la dîme portent principalement sur les abus dont elle est le point de départ. Le Tiers de Nemours se plaignait de ce que la dîme n'était réglée « que par l'usage toujours difficile à constater, toujours susceptible d'être étendu par l'autorité et le crédit » et il disait encore : « Il y a des endroits où une dîme au vingt-cinquième ne coûtera qu'un dixième du revenu net; le plus grand nombre où elle se prend au dixième; d'autres où elle emporte jusqu'au tiers ou moitié de ce qui reste au cultivateur au delà des frais de culture. » Un cahier se plaint de ce que l'on fait payer la dîme sur les poulets nourris avec du grain qui a lui-même payé la dîme. Le Tiers de Carcassonne précise les motifs pour lesquels on demande la suppression de la dîme « la dîme, dit-il, n'ayant été établie que pour pourvoir à

ÉVOLUTION DU TRAVAIL INDUSTRIEL ET COMMERCIAL JUSQU'A LA RÉVOLUTION

D'abord très prospère, grâce à l'introduction, dans les principales villes de la Gaule, d'artisans venus à la suite

l'entretien des ministres des autels, à celui des églises et presbytères et au secours des pauvres, il paraît injuste que les agriculteurs qui forment la classe la plus grevée de la société, supportent seuls cet impôt, tandis que les autres classes profitent des avantages du culte sans contribuer à ses charges ; on obvierait à cet inconvénient par la suppression des dîmes, et en assignant sur les impôts, qui, par leur nature portent sur tous les ordres de la société, les sommes nécessaires à l'entretien des ecclésiastiques. »

Les ordres mendiants sont accusés par certains cahiers de peser lourdement sur les campagnes « par l'impôt que chaque quêteur venait prélever à son tour » et auquel les paysans n'osaient pas se soustraire quoiqu'ils s'ajoutassent dolosivement à la dîme. Ces faits, ajoutés à l'envahissement des cures par les moines et à l'accaparement par les abbayes de biens dont les revenus ne servaient qu'à enrichir un petit nombre « d'hommes cupides et mondains » comme dit la noblesse de Montreuil-sur-mer, avaient déterminé un mouvement d'opinion très accentué pour la suppression des ordres monastiques et l'attribution de leurs biens à l'Etat.

Beaucoup de cahiers demandent aussi que les biens du clergé séculier soient réunis à l'Etat. On rappelle le mot de Michel de L'Hospital en 1563 : « Que les ecclésiastiques se souviennent qu'ils ne sont qu'administrateurs » et l'on se plaint du mauvais usage qu'ils font de leurs revenus. Le cahier du clergé de Mantes dit que si les places ecclésiastiques étaient données aux plus dignes, on « renverserait les brigues de l'ambition et de l'avidité et l'Église n'aurait pas à gémir tous les jours sur tant de ministres qui font sa douleur et la déshonorent par leurs scandales ». La noblesse de Lunéville se plaint de « la dureté de certains gros bénéfices qui ont refusé des secours aux pauvres » pendant le dernier hiver. Beaucoup trouvent scandaleux que des prélats jouissent de cent mille livres de rentes, tandis que leurs prêtres sont réduits à la misère.

Le clergé consentait assez facilement, si l'on en juge d'après les cahiers de 1789, à la suppression de ses privilèges, notamment de celui en vertu duquel il ne payait pas les impôts royaux, mais il tenait beaucoup à conserver sa situation honorifique. « En offrant les sacrifices que les besoins de l'Etat attendent de sa générosité » le clergé de Sens « ne peut perdre de vue les privilèges, honneurs, préséance et distinctions dont il jouit depuis le commencement de la monarchie, et qui font partie de son existence légale. Ce ne sont pas de nouvelles prérogatives qu'il sollicite, mais le maintien de celles dont il ne peut se départir et qui sont nécessaires pour maintenir le respect et la vénération qui sont dus aux ministres d'une religion divine et aux fonctions saintes qu'ils exercent au milieu des peuples. » Ce langage, que tiennent encore d'autre cahiers du clergé, indique assez clairement

des armées et des administrateurs romains, le commerce et l'industrie déclinèrent à mesure que la puissance romaine s'affaiblissait, que la sécurité diminuait par la fréquence des incursions des Barbares, et que les exactions des proconsuls impériaux appauvrissaient le pays.

Plus tard, à la suite des grandes invasions, alors que le pays est parcouru en tous sens par les bandes bourguignonnes, visigothes, franques, etc., les villes, que reliaient naguère les belles routes construites par les romains, cessent de pouvoir communiquer les unes avec les autres. On fut alors obligé de créer, presque dans chaque ville, des fabriques de tous les objets nécessaires à l'alimentation, au logement, à l'ameublement, au vêtement, à l'ornementation, etc. Les artisans acquirent une importance proportionnée au besoin que l'on avait de leurs produits et ils virent s'élever leur condition personnelle, en même temps que celle de leurs professions.

A mesure que leur fortune s'accroissait, ils éprouvaient d'autant plus la nécessité de se protéger, que les pouvoirs publics étaient davantage affaiblis. C'est dans ce but que paraissent s'être formées les premières associations d'artisans, qui devinrent le point de départ des corporations du moyen âge. Les gens d'un même métier s'unissaient pour se défendre en commun contre les malfaiteurs, la police n'étant encore que très rudi-

les craintes qui animaient alors les ecclésiastiques et témoignent des sentiments peu sympathiques dont ils étaient entourés. Certains cahiers du clergé et du tiers faisaient valoir, en vertu du maintien des privilèges pécuniaires du clergé, le fait qu'il avait, dans les derniers temps, contracté de très gros emprunts dans l'intérêt de la monarchie. Plus de 140 millions avaient été, paraît-il, fournis au roi par le clergé qui s'attendait à n'en être jamais remboursé, et qui était porté à représenter son exemption des charges royales comme une compensation des sacrifices qu'il s'était imposés dans l'intérêt de la royauté. (Voy. Gomel, *Histoire financière de l'Assemblée constituante*, I, p. 62 et suiv., p. 136 et suiv.).

mentaire, et contre les administrations publiques dont les rigueurs et la cupidité se ressentaient du mépris où le travail manuel fut tenu dans toutes les sociétés antiques.

Les corporations eurent aussi pour objet, dès le principe, de défendre les membres qui les composaient contre la concurrence. Les maîtres de chaque corporation de métier avaient intérêt à ce que leur nombre ne fût pas augmenté, et ils s'unissaient afin d'empêcher qu'aucun étranger ne pût s'établir à leur côté, dans la même ville. Pour cela il leur fallait l'appui des pouvoirs municipaux. Ils l'obtinrent aisément. Détenteurs d'une portion notable de la richesse locale, ils représentaient la source la plus importante des revenus fiscaux, en un temps où la propriété immobilière était exposée aux mille accidents que la guerre traîne après elle. Ayant besoin d'eux, les municipalités leur concédaient des libertés personnelles et des privilèges professionnels de toutes sortes.

En vertu du serment qui liait tous les membres d'une même corporation, chacun contribuait à l'éducation des orphelins, au soutien des vieillards et des veuves, à la formation des corps d'arquebusiers imposés par les autorités municipales, au versement des impôts ordinaires et des taxes extraordinaires prélevées sur les artisans, etc. En échange de ces obligations, chaque famille était considérée comme propriétaire de son métier; les femmes et les filles s'y succédaient au même titre que les fils, afin que la famille ne pût pas être dépossédée. Les étrangers ne pouvaient être admis dans la corporation qu'après avoir rempli des obligations d'autant plus rigoureuses que leur concurrence était plus redoutée. Les ouvriers devaient passer par un apprentissage très long; ils ne pouvaient devenir maîtres que du consentement de la corporation, s'il se trouvait une place vacante, et s'ils faisaient la preuve d'une fortune suffisante pour supporter les charges communes.

Grâce à ces moyens de protection, certains corps d'artisans arrivèrent de bonne heure à une situation pécuniaire très importante, d'où résulta bientôt une condition honorifique non moins considérable. Au XIVe et au XVe siècles, les corps d'arts et métiers les plus considérés parce qu'ils étaient les plus riches, détiennent l'administration municipale d'un grand nombre de villes.

A partir de ce moment, les corporations transforment, en de véritables privilèges et monopoles, les libertés et les droits professionnels qui leur avaient été précédemment concédés ; elles ferment les villes aux produits du dehors et aux étrangers, et elles joignent les monopoles municipaux aux monopoles corporatifs. C'est l'époque où la richesse des corporations industrielles est la plus considérable et c'est celle aussi où l'individualité municipale atteint l'apogée de sa puissance.

La monarchie grandissante s'appuie volontiers, dans sa lutte contre la féodalité, sur les municipalités et les corporations. Elle consacre les libertés des premières et les privilèges des secondes par ses édits ; mais, en revanche, elle réclame leur concours en hommes et en argent contre les seigneurs. A Paris, c'est la corporation ou Hanse des *marchands de l'eau* (*Nautes*) qui bénéficie la première des ambitions de la monarchie [1].

1. La puissance de cette corporation était de date fort ancienne. Dès l'époque des empereurs gaulois elle jouissait d'une grande puissance : « Investis du monopole des échanges, maîtres de la navigation du fleuve, honorés de la protection des autorités romaines, les *nautes* parisiens pouvaient à bon droit se considérer comme les représentants les plus autorisés de la cité, et, en cette qualité, aspirer à diriger les affaires, non pas seulement de leurs corporations, mais de la ville tout entière... Propriétaires de la plus grande partie du sol, ils disposaient d'une nombreuse clientèle ; la corporation avait à sa disposition tous ceux qui vivaient du commerce fluvial. Elle obéissait de plus

Sous le règne de Philippe-Auguste, elle se charge de faire les premiers grands travaux d'édilité qui furent exécutés à Paris. En revanche « la royauté soutint énergiquement le monopole de navigation dont jouissaient les marchands de l'eau parisiens (par une charte de 1130 les parisiens seuls pouvaient faire partie de cette corporation) sur la Seine et ses affluents. Quelques années plus tard, le roi autorise les marchands de l'eau à percevoir, sur chaque bateau chargé qui toucherait le Grand-pont de Paris (aujourd'hui Pont-au-Change), un droit qui devait être affecté aux frais de construction du pont (1213). Il leur afferme, moyennant 320 livres par an, les poids et mesures, et leur attribue la basse justice et la haute police en cette matière. »

Il crée, avant de partir en croisade, un conseil de six bourgeois pour veiller à l'administration de la ville et il paraît bien qu'ils furent-pris dans la corporation des *Nautes*. Plus tard, le prévôt de Paris est choisi parmi les marchands. Il ne pouvait guère en être autrement, car la prévôté fut, au début, une sorte de ferme donnée au plus offrant, qui en retirait lui-même de gros bénéfices.

Les autres corporations et métiers étaient déjà nombreux dans la ville de Paris et devaient rivaliser avec

à une direction unique, assurée par la tradition. Enfin, leurs revenus centralisés faisaient des *nautes*, si l'on considère l'époque, une puissance financière de premier ordre. Qui donc, si ce n'est eux, les Romains auraient-ils admis aux honneurs municipaux? » Il n'est cependant pas bien démontré qu'ils les aient détenus officiellement sous l'autorité romaine; mais, plus tard, après l'invasion des Barbares, « la curie paraît se confondre avec la plus puissante corporation de cette époque, celle des *nautes*. » Plus tard encore, après l'an mille, les rois capétiens accordèrent aux marchands de l'eau de nombreuses donations et des privilèges importants. « Il n'était permis à personne, marchand ou autre, de faire voiturer par la rivière quelque marchandise que ce fût si le voiturier n'était pas lui-même marchand de l'eau ou associé avec l'un des marchands de l'eau parisiens pour le trafic de sa propre marchandise. » (Robiquet, *Hist. munic. de Paris*, p. 5 et suiv.)

celle des *Nautes* pour la conquête des honneurs, des privilèges et des profits municipaux. Etienne Boileau, nommé prévôt sous le règne de saint Louis, fait dresser par les corporations elles-mêmes « Les registres des cent métiers et marchandises », ouvrage connu aujourd'hui sous le nom de *Livre des métiers*. En 1258, lorsque quatre assesseurs sont adjoints à Etienne Boileau, ils sont pris parmi les marchands notables ; ils portent le titre d'Echevins ou de *Jurés de la confrérie des marchands de Paris*.

Ces détails montrent quelle importance avaient alors, dans les communes de France, les corporations des marchands et des artisans. Ils témoignent aussi des motifs auxquels il faut attribuer cette importance. Comme les corporations détenaient la majeure partie de la fortune des villes, c'est à elles qu'on s'adressait pour l'exécution des travaux d'édilité. Tous ceux qui ont vécu dans les pays neufs savent combien sont utiles les compagnies à monopoles ou privilèges, pour l'exécution des travaux publics, jusqu'à ce que les impôts produisent suffisamment pour permettre l'adoption de procédés administratifs et financiers plus réguliers et moins coûteux [1].

L'époque où les corporations atteignirent le maximum de leur puissance est aussi celle où la réglementation du commerce et de l'industrie fut la plus rigoureuse et la plus contraire aux idées sur « la liberté du travail » qui règnent aujourd'hui. Au XIVe siècle, le commerce de tous les objets est réglé de la manière la plus minutieuse. Chaque marchandise ne peut être mise en vente qu'en certains lieux et à de certaines heures. Les corporations fixent la nature des matières premières qui peu-

1. L'histoire de notre Indo-Chine fournit un exemple remarquable de cette vérité. Voy. De Lanessan, *La colonisation française en Indo-Chine* et *Principes de colonisation*.

vent être employées pour chaque sorte d'ouvrage, les dimensions et même la coloration des étoffes, la forme des meubles, etc., de manière qu'aucun artisan ne puisse concurrencer avec avantage ceux de la même corporation. Les métiers doivent être réunis sur un point qui varie pour chacun d'eux; « chaque boucherie de Paris n'est approvisionnée que d'une seule espèce de viande; on ne vend du porc qu'à Sainte-Geneviève, du mouton qu'à Saint-Marceau, du veau qu'à Saint-Germain et du bœuf qu'à la halle du Châtelet[1] ».

Toutes les infractions à ces règlements sont punies de fortes amendes qui contribuent à faire face aux énormes dépenses que les rois imposent aux municipalités en échange des chartes où sont inscrites leurs libertés. « C'est la bourgeoisie qui règle la solde, le nombre des troupes, qui en nomme les officiers, le commandant ou le connétable, qui fait la guerre, qui fait la paix avec les villes, avec les seigneurs d'alentour; et dans les traités, vous voyez figurer les noms de simples artisans, Martinus, faber; Joannes, tonsor pannorum[2]. »

Non seulement les corporations édictent elles-mêmes et font édicter par les pouvoirs municipaux et royaux des mesures de toutes sortes afin d'éviter la concurrence dont elles pourraient être l'objet, mais encore les maîtres des divers métiers se font protéger de cent manières contre l'augmentation du nombre de leurs concurrents. La durée de l'apprentissage est fixée par des règlements sévères et les droits à payer pour accéder à la maîtrise sont calculés de façon à réduire le nombre des ouvriers susceptibles de la conquérir. A Paris, la taxe pour les maîtres-tailleurs est de mille

1. Voy. Amans-Alexis Monteil, *Hist. des français des divers états*, I, p. 21.

2. *Ibid.*, I, p. 18.

livres ; à Lyon, où elle n'est que de cent livres, les maîtres réclament son élévation, en invoquant pour raison que moins il y en aura, plus ils seront habiles. Quant à la durée de l'apprentissage, elle est fixée, par un règlement de 1661, à dix ans pour les bonnetiers de Paris.

La corporation exerce sur les maîtres eux-mêmes une véritable tyrannie, dans le but secret mais non douteux de les dégoûter du métier. Il n'était pas jusqu'à leur vie privée qui ne fût l'objet d'une surveillance et de vexations dont nous ne pouvons plus avoir la moindre idée [1].

1. Alexis Monteil (*Ibid.*, I, p. 424) en a tracé, pour le XIVe siècle, un tableau si plaisant que je ne puis résister au désir de le reproduire. Un de ces ermites, qui existaient alors en très grand nombre et qui se recrutaient parmi les gens dégoûtés de la vie mondaine, éprouvés par le sort et comme frappés de malédiction par le destin, raconte ses malheurs : Il était boucher « à la grande boucherie de Paris » et il avait une gouvernante aussi aimée que jolie : « Un jour, le maître des bouchers vint me dire : Paul, renvoyez votre gouvernante. — Elle est si bonne, si douce, lui répondis-je. Quelques jours après, il revint : — Paul, renvoyez votre gouvernante. — Elle est si jolie, si fraîche, lui répondis-je encore. — Il revint une troisième fois : — Paul, nous nous sommes assemblés aujourd'hui, les quatre jurés et moi, et nous vous avons condamné à perdre votre place de la grande boucherie, et à aller avec ceux qui veulent, comme vous, vivre dans le concubinage, vous établir sur le Petit-pont. — La place de boucher de la grande boucherie de Paris est la plus belle et la plus lucrative de notre état; elle est héréditaire ; pensez, je vous prie, si je me la vis tranquillement ravir. — Je suis bien aise, répondis-je, de me séparer d'un maître des bouchers aussi gourmand et aussi vaniteux que vous. A chaque réception, à chaque abreuvement, il vous faut, outre le pain et le vin, trente livres de porc ou de bœuf, et à votre femme, à la maîtresse des bouchers, encore plus de mets, de pain, et surtout de vin, car il lui en faut jusqu'à deux grands setiers. N'avez-vous pas de honte, vous que j'ai vu simple garçon-étalier, de vous asseoir sur une chaise de bois, à la grande salle de la halle, et, là, de faire brûler devant votre face un cierge, comme devant la face de saint Denis. Je voulais me marier avec ma gouvernante, ajoutai-je. Cependant, puisque vous traitez ceux qui veulent se marier comme ceux qui ne le veulent pas, je ne veux plus me marier. Effectivement, je ne me mariai pas sur le Petit-pont, mais j'achevai de m'y ruiner. J'allai demeurer à Angers, ce fut pis... On me querella à cause de ma gouvernante. Les statuts portent « qu'une femme ne pourra estre tripière si son seigneur n'est bouchier ». J'étais bien boucher, mais je n'étais pas, me dit-on, seigneur de ma gouvernante ; car on avait découvert que nous n'étions pas mariés... Nous nous dégoutâmes l'un et l'autre d'un pareil métier. Ma gouvernante alla je ne sais où, et quant à moi, je fis comme fit le diable quand il fut vieux ou quand il n'eut plus d'argent, je me fis ermite ».

Les avantages multiples que les corporations retiraient des entraves mises à la liberté du commerce et de l'industrie finirent par tenter les rois.

A partir de Henri III, ce ne sont plus les corporations qui confèrent le droit au travail et qui en règlementent l'usage; c'est le roi. La réunion des artisans et des commerçants en corporations est obligatoire; on impose aux corporations des redevances en faveur du trésor et, par des dédoublements successifs, on en augmente le nombre au delà de toute mesure, afin d'accroître le chiffre des redevances. Dans le même but, on autorise la création d'industries nouvelles, malgré les protestations des corporations; enfin, on permet à ces industries de s'établir en dehors des villes et d'employer des ouvriers n'appartenant pas aux associations corporatives, et, par conséquent, soustraits à l'autorité des maîtres des divers métiers.

Cet acte marque le premier mouvement vers la liberté du travail. Il en résulte aussi, en raison de la concurrence, une notable amélioration dans le sort des travailleurs. Sous le régime de la corporation, ils étaient à la discrétion des patrons. Des sociétés assez fortement organisées pour imposer aux maîtres eux-mêmes la volonté des meneurs de chacune d'entre elles, l'étaient assez, à plus forte raison, pour n'avoir à subir, dans aucune mesure, la pression de leurs ouvriers.

Ceux-ci, en réalité, ne jouaient, dans la plupart des métiers, qu'un rôle analogue à celui des serfs dans les campagnes. Toute tentative de résistance aux conditions traditionnelles de travail était réprimée avec la dernière rigueur : c'est par la prison que l'on punit toute cessation de travail[1].

1. En 1724, dans le Dauphiné, des ouvriers s'étant entendus et mis en grève dans le but d'obtenir une augmentation de salaire, « le contrôleur

D'après la façon dont les ouvriers étaient traités, à une époque où les idées d'égalité et de liberté commençaient à se répandre dans toutes les classes de la population, il est aisé de se faire une idée du sort auquel ils avaient été condamnés pendant les siècles précédents, alors que le travail manuel était encore méprisé, comme il l'avait été pendant toute l'antiquité, et alors que les corporations jouissaient de toute la plénitude de leurs monopoles et de leurs privilèges. Au XIVe siècle, « nos bourgeois ont sur leur famille l'autorité que leur donne la nature et les lois, et, de plus, une autorité locale. Dans certaines villes, un père peut vendre son fils et même le mettre à mort. Cette autorité locale qu'ils ont s'étend sur les serviteurs, et à certains égards sur le petit peuple, qu'ils peuvent châtier de leurs mains en cas de paroles inciviles, de querelle, de rixe ou d'autre désordre[1] ».

Jusqu'à la révolution, les chefs de fabrique et d'atelier exercent sur leurs ouvriers une véritable juridiction, en vertu de coutumes remontant à l'époque de l'esclavage, de règlements des municipalités et d'ordonnances des rois. Le patron était, à la fois, le « maître » et, dans une certaine mesure, le juge de ses ouvriers.

général a mandé à M. de Fontanieu (intendant) que l'intention du roi était qu'il fît arrêter et mettre en prison, pour le temps qu'il jugerait à propos, ceux d'entre ces ouvriers qu'il trouverait avoir plus de part à la cabale dont il s'agit et à la désertion qui s'en est ensuivie, qu'il était à propos qu'il rendît publique la peine qu'il imposerait à quelques-uns de ces ouvriers afin que l'exemple qu'il en ferait contînt les autres et les rendît en général plus dociles à la diminution qu'il convenait de faire du prix de leurs journées, ou, au moins, les disposât à n'en pas exiger un plus considérable que par le passé ; qu'il le priait aussi d'arrêter le mauvais exemple qui a été donné par quelques-uns des marchands fabricants du Haut-Dauphiné, dont la conduite se trouvait contraire aux ordres de sa Majesté pour la facilité condamnable qu'ils ont eue de se prester, en faveur de leurs ouvriers, à une augmentation de douze livres par an qui a donné lieu à ceux des autres fabriques d'en exiger autant et de faire, pour l'obtenir, des cabales très punissables. » (Lyonnais, *Rapport à la Chambre des députés sur l'arbitrage obligatoire*, 1889).

1. Alexis Monteil, *Loc. cit.*, p. 17.

La réaction contre l'omnipotence des corporations dut nécessairement commencer à se produire, en raison même des privilèges qu'elles accumulaient et qui contrariaient divers intérêts rivaux.

En premier lieu, avec l'agrandissement des villes et le progrès de la civilisation, les besoins se multipliaient, les goûts s'affinaient, devenaient plus mobiles et donnaient naissance à la mode. Le consommateur, devenu plus exigeant et plus capricieux fut, dès lors, naturellement porté à se plaindre des barrières mises à la réalisation de ses désirs par les lois et les coutumes d'où les maîtres des corporations tiraient leurs privilèges et leur fortune. La lutte ouverte de la sorte entre les consommateurs et les producteurs ne pouvait que s'aviver par le progrès de la civilisation, par l'établissement de relations plus fréquentes entre les diverses régions du pays, et par le sentiment de liberté qui naissait dans toutes les classes de la société, en même temps que l'intelligence évoluait et que les rapports entre les hommes devenaient plus faciles.

En second lieu, au début du moyen âge, quand nulle sécurité ne régnait dans les campagnes parcourues par les bandes soldatesques et pillardes des seigneurs, le commerce entre les différentes villes était soumis à tant d'aléas et de périls, que peu de gens osaient s'y livrer et que chaque ville, comme je l'ai déjà dit, était obligée de produire tout ce dont elle avait besoin.

Plus tard, à mesure que la sécurité se rétablit, les différentes industries tendirent à se séparer, à s'isoler et à se localiser dans les villes où chacune trouvait des conditions favorables : celle de la soie, par exemple, se développa particulièrement à Lyon, à cause du voisinage du pays où l'on peut élever les vers à soie ; celle de la laine se développa dans le Berry et dans le nord, où abondent les moutons, etc.

En même temps qu'elles se localisaient, les industries devenaient plus importantes : chaque patron employait un plus grand nombre d'ouvriers qu'autrefois, parce qu'il travaillait davantage, et les ouvriers comprenaient la nécessité de s'associer pour défendre leurs intérêts. Les sociétés secrètes de compagnonnage, nées vers le XIVe siècle, prennent d'autant plus d'importance que les industries se développent davantage ; elles deviennent, au XVIe, au XVIIe et au XVIIIe siècles, assez fortes pour en imposer aux patrons[1].

Enfin, l'autorité royale, en s'accroissant, intervient de plus en plus dans la réglementation du travail. Elle maintient et même multiplie les corporations, dans le double but de prouver sa puissance et de grossir ses revenus ; elle réglemente le commerce et l'industrie de la manière la plus minutieuse et la plus tyrannique. Avec Colbert, elle atteint à l'apogée de son pouvoir régulateur des intérêts économiques. Son régime de protection à outrance contribue, il est vrai, d'une manière très efficace, au développement des industries, mais, plus tard, elle détermine, conformément au cours habituel des institutions humaines, une réaction en faveur de la liberté commerciale et industrielle.

1. Le compagnonnage a été la première forme des associations ouvrières proprement dites. Jusqu'à la fin du XIIIe siècle, les ouvriers, fort peu nombreux, (à Paris, le nombre des ouvriers était au moyen âge à peine double de celui des patrons) faisaient partie des associations patronales ou du moins, étaient englobés par elles. Vers le XIVe siècle, mais surtout au XVe et au XVIe, les ouvriers devenus plus nombreux et pouvant se déplacer d'une région à l'autre, commencèrent à former des sociétés d'assistance mutuelle. Ils les firent secrètes, à cause des hostilités dont elles étaient l'objet de la part des patrons, de l'Église et des autorités publiques. La franc-maçonnerie paraît avoir été le type de ces associations. Les compagnons se procuraient réciproquement du travail ; ils s'aidaient pendant les chômages, se facilitaient les uns aux autres le tour de France et s'entendaient pour défendre leurs intérêts auprès des patrons.

Cette réaction libérale se manifeste sous le règne de Louis XVI; Turgot est son principal agent. Dès 1614, le Tiers-État avait demandé aux États-Généraux la suppression des corporations, sans pouvoir l'obtenir. En 1776 Turgot fait le premier pas vers la réalisation de cette réforme : il diminue considérablement le nombre des corporations et réduit les taxes de maîtrise, mais il est emporté par l'hostilité que ces mesures provoquent contre lui à la Cour.

C'est seulement l'Assemblée Constituante qui, par son décret du 2 mars 1791, supprima les corporations et institua la liberté du travail.

L'évolution du travail industriel et celle du travail rural, depuis la conquête romaine de la Gaule jusqu'à la révolution de 1789, se font à peu près parallèlement, ainsi qu'en témoignent les faits rappelés ci-dessus. Elles sont déterminées par des motifs analogues et aboutissent à peu près au même point.

Au départ, tous les ouvriers, ceux des champs comme ceux des ateliers, sont de simples esclaves ; à l'arrivée, ils sont proclamés libres en tant que citoyens et en tant que travailleurs, au nom d'une morale gouvernementale qui a suivi de près la marche ascendante de la morale individuelle.

LA MORALE GOUVERNEMENTALE SOUS LA MONARCHIE ABSOLUE

La monarchie, pour gagner les suffrages du peuple contre la noblesse, avait concédé au premier quelques libertés, mais elle en avait prélevé la compensation en impôts d'autant plus lourds qu'ils étaient affermés et qu'ils devaient, par conséquent, faire vivre, non seulement toute la Cour, mais encore les fermiers et leurs innombrables agents. Le roi étant considéré comme le maître des hommes et le propriétaire du sol, l'impôt représente la part qui lui revient dans les produits de la terre. Comme, d'autre part, les droits du roi passent pour être absolus, le chiffre des impôts n'a pas d'autre limite que celle ou il plaît à son caprice de l'arrêter. S'il est sage, honnête et peu dépensier, il diminue le poids des charges fiscales, ou, du moins, ne l'augmente pas; s'il est léger, sans scrupules et fastueux, il l'accroît, sans que personne ose se plaindre.

La morale gouvernementale ne connaît alors, en théorie, pas d'autre règle que le bon vouloir du roi, comme elle ne connaissait, pendant le moyen âge, que le bon vouloir du seigneur[1].

Dans la pratique, il en est autrement. De même que le seigneur féodal, tout en ne se reconnaissant que des droits, se sentait contraint par son propre intérêt de protéger ses colons et ses serfs, de ménager leurs forces et leur vie, de leur concéder certaines libertés personnelles, de s'imposer, en un mot, à leur égard, des

1. Non sans raison, Taine (*Ancien Régime*, p. 102) dit des rois de France, à la veille de la Révolution : « Sans doute le mal qu'ils font ou qu'on fait en leur nom leur déplaît et les chagrine ; mais au fond leur conscience n'est pas inquiète. Ils peuvent avoir compassion du peuple, mais ils ne se sentent pas coupables envers lui ; car ils sont ses souverains et non ses mandataires. La France est à eux, comme tel domaine est à son seigneur. et un seigneur ne manque pas à l'honneur parce qu'il est prodigue et négligent. C'est son bien qu'il dissipe et personne n'a le droit de lui demander des comptes. Fondée sur la seigneurie féodale, la royauté est comme elle une propriété, un héritage, et ce serait infidélité, presque trahison chez un prince. en tous cas faiblesse et bassesse, que de laisser passer entre des mains de sujets quelque portion du dépôt qu'il a reçu intact de ses pères pour le transmettre intact à ses enfants. Non seulement par la tradition du moyen âge, il est commandant-propriétaire des Français et de la France mais encore par la théorie des légistes il est, comme César. l'unique et perpétuel représentant de la nation, et, par la doctrine des théologiens, il est, comme David, le délégué sacré et spécial de Dieu lui-même. A tous ces titres ce serait merveille s'il ne considérait pas le revenu public comme son revenu privé, et si, maintes fois, il n'agissait pas en conséquence. En cela, notre point de vue est si opposé que nous avons de la peine à nous mettre au sien ; mais le sien était alors celui de tout le monde. »

devoirs d'autant plus étendus que leurs bras lui étaient davantage nécessaires; de même, le roi, monarque absolu et propriétaire par droit divin, est tenu, pour conserver le respect et l'obéissance de ses sujets, de renoncer à une partie des droits qui lui sont théoriquement attribués sur leurs personnes et leurs biens, et ces concessions augmentent graduellement d'importance, à mesure que la morale individuelle et la morale sociale progressent dans la masse de la nation.

Le premier qui, sous l'ancienne monarchie, osa prétendre que les rois et les seigneurs avaient des devoirs à remplir à l'égard des habitants de leur royaume et de leurs fiefs provoqua, sans aucun doute, parmi ses contemporains, une stupeur profonde, car il s'attaquait à un principe enraciné dans tous les cerveaux, à savoir que le roi et les seigneurs n'avaient que des droits et point de devoirs.

L'évolution de la morale gouvernementale passait, en effet, par les mêmes phases que celle de la morale individuelle. Nous avons vu celle-ci être caractérisée d'abord par des relations de pur intérêt entre les membres d'une même famille, se perfectionner ensuite par les sentiments affectueux qu'engendrent les services échangés et aboutir aux véritables affections familiales et sociales, où se trouve la source de tous les devoirs individuels, fami-

1. La dernière manifestation publique de la monarchie absolue en France, se produisit, il n'est pas inutile de le noter, dans la séance royale par laquelle les travaux de l'Assemblée Constituante furent inaugurés, le 23 juin 1789. Après avoir indiqué les réponses qu'il se proposait de soumettre aux délibérations de l'assemblée, le discours royal ajoutait : « C'est moi, jusqu'à présent, qui fais tout le bonheur de mes peuples et il est rare que l'unique ambition d'un souverain soit d'obtenir de ses sujets qu'ils s'entendent enfin pour accepter ses bienfaits. » Louis XIV n'eût pas dit autrement. Le roi le plus faible que nous ayons connu tenait le même langage que le plus absolu, tant l'absolutisme était dans les cerveaux royaux ; mais il n'était plus dans ceux du peuple. La morale sociale de ce dernier s'était développée plus rapidement que celle des rois.

liaux et sociaux. De même entre les serfs et les seigneurs, entre les rois et les sujets, se produisent d'abord des relations de pur intérêt, dont le résultat est d'adoucir les mœurs des maîtres et propriétaires, en même temps que le sort des serfs et des sujets s'en trouve amélioré. Il n'est pas rare de voir, dès les premiers temps du moyen âge, des seigneurs, ajoutant à la notion de leurs droits, la conception de certains devoirs et réglant leur conduite de manière à conquérir les sympathies ou même l'affection de leurs serfs. Il en fut de même pour les rois.

Ce qu'il importe de noter, c'est que, pour les uns comme pour les autres, la notion des devoirs est postérieure à celle des droits, non seulement dans leur esprit, mais encore dans celui de la masse de la nation. C'est seulement pendant la période philosophique du XVIIIe siècle que, dans notre pays, on entend formuler les principes de la morale sociale. L'immortel honneur de notre Révolution sera d'avoir tenté de faire passer ces principes dans la constitution politique et sociale du pays et de les avoir traduits en prescriptions législatives.

CHAPITRE III

ÉVOLUTION DE LA SOCIÉTÉ ET DE LA MORALE GOUVERNEMENTALE EN FRANCE PENDANT LA RÉVOLUTION

L'œuvre sociale de la Révolution française fut dominée par la pensée de libérer non seulement l'homme lui-même, mais encore la propriété individuelle et le travail, de tous les liens dans lesquels ils étaient encore enserrés. Dans l'œuvre relative à la propriété et au travail, il existe deux parties distinctes et se rapportant, l'une à la propriété foncière, l'autre à l'industrie et au commerce. Je les examinerai successivement l'une après l'autre.

LA PROPRIÉTÉ FONCIÈRE ET LA SUPPRESSION DES DROITS FÉODAUX.

La question de la propriété foncière fut posée, avant même la réunion des Etats-Généraux, par la misère atroce où les paysans étaient tombés, sous l'influence de charges fiscales excessives, et qui s'était accrue encore par l'effet d'une série de mauvaises récoltes.

Les paysans furent, en effet, les premiers à s'insurger : d'abord pour empêcher les blés et les farines de sortir des marchés locaux où ils étaient fort rares ; puis, contre les droits dont ces denrées étaient frappées et auxquels ils attribuaient, non sans raison, le prix excessif auquel le pain s'était élevé. Ensuite, c'est contre tous les droits féodaux et contre tous les impôts que leur insurrection est dirigée, car ils y voient la source première de leurs maux; enfin, c'est contre le château et contre la noblesse elle-même que les colères se soulèvent et éclatent. La campagne tout entière, du nord au sud et de l'est à l'ouest de la France, poursuit leur destruction, comme pour s'assurer que ses misères ne renaîtront plus, ainsi que tant de fois il advint après ses antérieures révoltes.

Lorsque, dans la célèbre nuit du 4 août 1789, la noblesse et le clergé vinrent déposer sur la tribune de l'Assemblée constituante leurs privilèges et leurs droits, ce n'est point, ainsi qu'on l'a prétendu, un sacrifice spontané qu'ils faisaient à la cause sainte de la justice, de l'égalité sociale et de la fraternité humaine; c'est, poussés par la peur, un os qu'ils jetaient à ronger au peuple affamé, espérant mettre à l'abri de ses atteintes une part plus ou moins considérable des avantages sociaux et politiques qu'ils avaient déjà défendus contre la rapacité de la monarchie.

Dès que le jour remplace la nuit du 4 août, les députés de la noblesse et du clergé essaient de reprendre une partie des privilèges qu'ils viennent d'abandonner, mais il est trop tard : la loi sera imprégnée de l'esprit qui semblait les animer quand ils la votèrent, et il en sera fini des droits féodaux; ceux-même dont le rachat est prescrit ne seront plus ni payés ni rachetés. La plupart des impôts royaux ne seront pas versés davantage, jusqu'à ce que toutes les charges fiscales du pays aient été remaniées conformément au principe d'égalité qui, désormais, servira de base à toute la législation de la France[1].

1. Le clergé et la noblesse avaient, dès les premiers jours de la réunion des Etats-généraux, manifesté la résolution d'abandonner le privilège dont ils jouissaient relativement aux impôts royaux. Ils en firent la déclaration officielle dans la conférence du 23 mai 1789 où des délé-

La loi des 4, 6, 7, 8 et 11 août, — 3 novembre 1789 ouvre

gués des trois ordres se réunirent pour discuter le mode de vérification des pouvoirs; mais ils ne songeaient pas alors à la renonciation aux droits féodaux et aux dîmes. Le programme de réforme exposé par le roi aux représentants du pays, dans la séance solennelle du 23 juin 1789, contenait, d'une part, « l'abolition des privilèges pécuniaires de la noblesse et du clergé, quand elle aura été votée par les deux ordres, » et, d'autre part, le « respect des propriétés, y compris les cures, dîmes, rentes, droits féodaux et seigneuriaux et généralement de tous droits utiles et honoriques », tous ces droits étant considérés comme représentatifs de propriétés intangibles.

C'est seulement sous l'influence de l'émotion provoquée par les désordres dont les campagnes devinrent le théâtre, que l'état d'esprit de la noblesse se modifia. Les paysans brûlaient les châteaux afin de détruire les chartriers (titres des droits du seigneur et propriétaire) et refusaient partout de payer non seulement les droits féodaux et les dîmes, mais encore les rentes qui représentaient le loyer des terres. C'est sous l'impulsion de ces événements que se produisirent les votes mémorables de la nuit du 4 août 1789, dans laquelle d'abord un petit cadet de famille qui n'avait rien à perdre, le vicomte de Noailles, puis l'un des plus riches seigneurs de France, le duc d'Aiguillon, proposèrent la suppression de tous les privilèges relatifs aux impôts et le rachat de tous les droits seigneuriaux.

Le duc d'Aiguillon avait soin de dire que le rachat était nécessaire, car ces droits « sont une véritable propriété et toute propriété est inviolable ».

On n'avait pas distingué, dans ces motions, les droits féodaux proprement dits, qui étaient des droits de souveraineté, des rentes et redevances seigneuriales qui représentaient le prix des cessions de terres faites par les seigneurs. On reprit, dans le texte même de la loi, cette question, mais ce fut en vain. Les paysans et les bourgeois ne virent dans les votes de l'assemblée et dans les décrets qui suivirent que la satisfaction de leurs désirs. L'article 1er du décret du 4 août 1789 « l'assemblée nationale détruit entièrement le régime féodal » fut le seul qu'ils voulurent connaître; et, à partir de sa promulgation, ils se considérèrent comme déliés de toutes obligations à l'égard des seigneurs, quelle qu'en fût la nature. Les rentes et autres redevances pour cessions de terres ne furent désormais pas plus payées que les droits féodaux proprement dits. Quant au rachat de tous ces droits par les particuliers, les communes ou l'Etat, la situation politique et la misère générale ne permirent jamais d'y songer sérieusement. Le régime féodal de la propriété était tout entier détruit pour toujours; toutes les mesures que l'Assemblée constituante elle-même prit pour obtenir le paiement de certains revenus furent inutiles.

L'article 5 du décret du 4 août 1789 supprimait complètement les dîmes ecclésiastiques de toute nature. C'était un dégrèvement annuel de la propriété rurale variant, d'après les diverses estimations, de 70 à 120 millions de francs, dont une notable partie au profit des propriétés des bourgeois. Dans les observations présentées par le roi au sujet du décret du 4 août, il est dit que la suppression de la dîme vaudrait à certains propriétaires « un accroissement de revenus de 10, 20, et 30.000 livres par an ». (Voyez pour ces questions : Gomel, *Histoire financière de l'Assemblée constituante*, I, p. 299 et suiv.).

une ère nouvelle à la propriété foncière. C'est la première pierre de l'édifice qui sera érigé ultérieurement pour sa protection. En même temps, la liberté de l'individu est proclamée, sa personne est soustraite à tous les servages et à toutes les obligations du moyen âge. Tout homme, désormais, sera libre et il sera propriétaire, ne serait-ce que de son salaire quotidien. Tous les citoyens seront libres et propriétaires dans les mêmes conditions. Il n'y aura plus aucun privilège fiscal. Cette loi représente à elle seule près de la moitié de la Révolution française[1].

1. Il me paraît indispensable d'en reproduire les principaux articles, en donnant une analyse des autres : Par l'article premier, « l'assemblée nationale détruit entièrement le régime féodal et décrète que, tous les droits et devoirs tant féodaux que censuels, ceux qui tiennent à la main morte réelle ou personnelle et à la servitude personnelle, et ceux qui les représentent sont abolis sans indemnité, et tous les autres déclarés rachetables, et que le prix et le mode du rachat seront fixés par l'Assemblée nationale. Ceux des dits droits qui ne sont point supprimés par ce décret continueront néanmoins à être perçus jusqu'au remboursement ». Cet article distingue ainsi deux sortes de droits féodaux : ceux qui tiennent à la main-morte et à la servitude personnelle, qui sont abolis purement et simplement sans aucune condition ; ceux qui représentent les redevances de la propriété foncière du seigneur et qui devront être rachetés. Par des lois ultérieures on fut obligé de supprimer ces derniers sans conditions, parce que personne ne voulait plus les payer.

Par l'article 2, « le droit exclusif des fuies et colombiers est aboli ; les pigeons seront enfermés aux époques fixées par les communautés ; et durant ce temps ils seront regardés comme gibier et chacun aura le droit de les tuer sur son terrain ». Par l'article 3, « le droit exclusif de la chasse et des garennes ouvertes est pareillement aboli ; et tout propriétaire a le droit de détruire, ou de faire détruire, seulement sur ses possessions, toute espèce de gibier, sauf à se conformer aux lois de police qui pourront être faites relativement à la sécurité publique ».

Ces articles avaient un double effet : ils supprimaient un des plus graves abus de la féodalité et ils consacraient le droit de propriété.

L'article 4 supprimait « toutes les justices seigneuriales sans aucune indemnité ». L'article 5 supprime en principe la dîme prélevée par le clergé, mais prescrit de continuer à la payer jusqu'à ce qu'il ait été pourvu à un moyen d'indemniser ceux qui en jouissaient. En fait, elle cessa dès lors d'être payée.

L'article 6 prescrivait aussi le rachat par l'État de toutes « les rentes foncières perpétuelles soit en nature soit en argent, de quelque espèce qu'elles soient, quelle que soit leur origine, à quelques personnes qu'elles soient dues, ainsi que les champarts ».

Les articles 7 et 8 supprimaient la vénalité des offices de judicature et de municipalité et les droits casuels des curés de campagne. La justice et les services religieux seront en principe désormais gratuits.

La liberté individuelle, le droit de propriété et l'égalité devant les impôts qui est une autre forme de protection assurée à la propriété, sont de nouveau solennellement affirmés dans la *Déclaration des Droits* de l'homme et du citoyen votée par l'Assemblée Nationale constituante dès le 26 août 1789 et qui figure en tête de la Constitution du 3 septembre 1791[1].

Par l'article 9, qui est un des plus importants, « les privilèges pécuniaires personnels ou réels, en matière de subsides, sont abolis à jamais. La perception de l'impôt se fera sur tous les citoyens et sur tous les biens de la même manière et dans la même forme ».

L'article 10 supprime, par voie de conséquence, « tous les privilèges particuliers des provinces, principautés, pays, cantons, villes et communautés d'habitants, soit pécuniaires, soit de toute autre nature ».

L'article 11 complète la révolution réalisée par l'article premier au profit des personnes. Il établit que : « Tous les citoyens, sans distinction de naissance, pourront être admis à tous les emplois et dignités ecclésiastiques, civils et militaires, et nulle profession utile n'entraînera dérogeance. »

1. « Art. premier : Les hommes naissent et demeurent libres et égaux en droits. Les distinctions sociales ne peuvent être fondées que sur l'utilité commune. — Art. 2 : Le but de toute association politique est la conservation des droits naturels et imprescriptibles de l'homme. Ces droits sont la liberté, la propriété, la sûreté et la résistance à l'oppression. — Art. 4 : La liberté consiste à pouvoir faire tout ce qui ne nuit pas à autrui : Ainsi l'exercice des droits naturels de chaque homme n'a de bornes que celles qui assurent aux autres membres de la société la jouissance de ces mêmes droits. Ces bornes ne peuvent être déterminées que par la loi. — Art. 5 : La loi n'a le droit de défendre que les actions nuisibles à la société. Tout ce qui n'est pas défendu par la loi ne peut être empêché, et nul ne peut être contraint à faire ce qu'elle n'ordonne pas. — Art. 16 : Toute société dans laquelle la garantie des droits n'est pas assurée, ni la séparation des pouvoirs déterminée, n'a pas de constitution. — Art. 17 : La propriété étant un droit inviolable et sacré, nul ne peut en être privé, si ce n'est lorsque la nécessité publique, légalement constituée, l'exige évidemment, et sous la condition d'une juste et préalable indemnité. »

La déclaration des droits de 1789 n'a été que peu modifiée par celle que vota la Convention le 29 mai 1793. Mais elle était complétée en ce qui concerne la propriété et le droit au travail par trois articles qu'il me paraît utile de reproduire. — « Art. 17 : Le droit de propriété consiste en ce que tout homme est le maître de disposer à son gré de ses biens, de ses capitaux, de ses revenus et de son industrie. — Art. 18 : Nul genre de travail, de culture, de commerce, ne peut lui être interdit. Il peut fabriquer, vendre et transporter toutes espèces de productions. — Art. 19 : tout homme peut engager ses services, son temps, mais il ne peut se vendre lui-même ; sa personne n'est pas une propriété aliénable. »

AUTORISATION DU PRÊT A INTÉRÊT

Le 3 octobre 1789, l'Assemblée Constituante, entrant dans la voie d'application des principes libéraux posés par le décret du 4 août, prend une décision pour autoriser le prêt de l'argent à intérêt qui était formellement interdit sous l'ancien régime, sur la demande de l'Église, (ce qui faisait exclusivement l'affaire des usuriers clandestins et créait au commerce, à l'industrie, à la propriété foncière elle-même, les plus grands embarras).

MISE EN VENTE DES BIENS NATIONAUX ET CRÉATION DES ASSIGNATS

Le 19 décembre de la même année, pressée par la nécessité de procurer au gouvernement des ressources budgétaires, car les paysans refusent de payer les impôts anciens, l'Assemblée nationale crée pour 400 millions d'assignats et ordonne la mise en vente d'une valeur correspondante de biens du clergé et du domaine royal, en stipulant que les assignats seront admis en paiement de ces biens[1].

1. Ce décret est complété par celui du 16 avril 1790 qui précise les détails des opérations.

La première proposition relative à l'appropriation par l'Etat des revenus ou des biens ecclésiastiques fut faite par Dupont de Nemours, en septembre 1789. En réponse au projet d'emprunt de Necker, il demandait que l'Etat s'emparât de la dîme ecclésiastique qu'il estimait à 100 millions. Il réservait 75 millions pour l'entretien du clergé et du culte et il attribuait le reste au trésor pour les besoins généraux de l'Etat. Il soutenait, d'autre part, que les biens du clergé étaient, en réalité, la propriété de l'État, et que celui-ci pouvait les reprendre, à la condition « de pourvoir honorablement à l'entretien du culte et de ses ministres, et de conserver, d'améliorer même, les établissements de charité et d'instruction. » Il estimait le revenu de ces biens à 60 millions, et il pensait qu'après déduction des sommes nécessaires aux services dont l'État devrait se charger, il resterait 24 millions de boni pour le trésor. La proposition de Dupont, fut écartée; mais on fit appel à la générosité de

Le 14 mai 1790 l'Assemblée précise ses intentions relativement à la division de la propriété, dans les considérants d'un décret dont l'objet est de régler la vente des

l'Église et, le 29 septembre on vota une loi par laquelle « l'assemblée nationale invite les évêques, curés, chapitres, supérieurs de maisons et communautés religieuses, municipalités, fabriques et confréries à faire porter à l'hôtel des monnaies le plus prochain, toute l'argenterie des églises, fabriques, chapelles et confréries, qui ne sera pas nécessaire à la décence du culte. »

Le 10 octobre 1789, Talleyrand, évêque d'Autun, propose de remettre aux mains de l'État, les dîmes ecclésiastiques et les biens du clergé dont il estime la valeur en capital à deux milliards cent millions. Le 2 novembre, après une longue discussion, l'assemblée décide que « tous les biens ecclésiastiques sont mis à la disposition de la nation, à charge de pourvoir d'une manière convenable aux frais du culte, à l'entretien de ses ministres, au soulagement des pauvres, sous la surveillance et d'après les instructions des provinces ». Un membre de l'assemblée, Ferrières, note dans ses mémoires, que la motion de Talleyrand avait été accueillie par les applaudissements des « capitalistes » en même temps que par ceux des révolutionnaires. C'étaient, en effet, les « capitalistes » qui en devaient tirer le plus de profit, et les orateurs de l'opposition étaient dans le vrai quand ils prédisaient que la vente des biens ecclésiastiques ne pouvait se faire qu'à vil prix, en raison de la très grande quantité que l'on serait obligé de mettre en vente simultanément.

Après avoir décidé l'attribution des biens de l'Église à l'État, l'assemblée prescrivit des mesures pour les mettre à l'abri des convoitises allumées de toutes parts autour d'eux. C'était sage : un mois plus tard, pressée par le besoin de trouver immédiatement des ressources, car les impôts n'étaient plus payés, tandis que le numéraire sortait de France à flots, elle ordonnait l'émission de 400 millions d'assignats garantis par les biens ecclésiastiques.

Cependant, elle hésitait encore à les aliéner, parce qu'il faudrait ensuite faire face aux dépenses du culte, de l'instruction, de l'assistance qui avaient été faites jusqu'alors par le clergé. Le 5 février 1790, elle ordonne une enquête sur les biens ecclésiastiques ; le 11, elle aborde la discussion du rapport sur les ordres religieux, dont les biens lui paraissent plus facilement aliénables que ceux du clergé séculier; le 13, elle vote la suppression des congrégations, en assurant des pensions aux religieux et religieuses qui quitteraient leurs couvents et des asiles à ceux qui voudraient continuer de vivre en commun. Ces pensions devaient être payées à l'aide des produits de la vente des biens des couvents dont on ne connaissait pas, du reste, la valeur, mais que l'on croyait être très considérables. « Connaissant, dit M. Gomel, la répugnance que beaucoup d'acheteurs auraient éprouvée à traiter avec l'État de l'acquisition de propriétés ecclésiastiques, elle prit l'ingénieux parti d'en céder pour 200 millions aux municipalités, qui les aliéneraient comme de simples biens communaux et en verseraient le prix dans le trésor. » (*Hist. financ. de la Constituante*, II, p. 122.)

Poursuivant l'œuvre commencée le 2 novembre 1789, l'assemblée nationale décidait, le 14 avril 1790, que l'administration de tous les biens ecclésiastiques serait exercée désormais par les directions de départe-

biens ordonnée par l'acte du 19 décembre 1789. Afin de « remplir en même temps les deux objets proposés dans cette opération, le bon ordre des finances et l'accroissement heureux, surtout parmi les habitants des campagnes, du nombre des propriétaires », elle prescrit « les facilités qui seront données pour acquérir ces biens, tant en les divisant qu'en accordant aux acquéreurs des délais suffisants pour s'acquitter, et en dégageant toutes les transactions auxquelles les ventes et reventes pourront donner lieu des entraves gênantes et dispendieuses qui pourraient en retarder l'activité. »

La pensée dominante de l'Assemblée constituante était alors de se servir des municipalités comme intermédiaires entre l'Etat et les particuliers. Les municipalités auraient acheté les biens mis en vente ; elles avaient quinze années pour les payer et elles jouissaient du droit de les revendre, en totalité ou en partie, aux particuliers, par voie d'adjudication. « Pour appeler à la propriété un plus grand nombre de citoyens en donnant plus de facilité aux acquéreurs, les paiements seront divisés en plusieurs termes » pouvant se prolonger pendant 15 années.

L'intention inscrite dans la loi existait-elle au fond de la pensée du législateur? Celui-ci désirait-il réellement la constitution, sur une large échelle, de la petite propriété? Il serait fort difficile de se prononcer sur ce cas de conscience; mais il faut noter que les circonstances

ment et de district et que les ecclésiastiques recevraient un traitement en argent, à l'aide d'un crédit inscrit chaque année dans l'état des dépenses publiques. Les dettes du clergé étaient considérées comme dettes de l'État qui les acquitterait. Les biens de l'ordre de Malte, des fabriques, des hôpitaux, établissements de charité et collèges tenus par des ecclésiastiques étaient seuls laissés aux mains de leurs détenteurs.

Enfin, une loi du 20 mai 1790, décida que les dîmes ecclésiastiques cesseraient d'être payées à partir du 1er janvier 1791. Elles ne le furent même pas en 1790.

dans lesquelles la vente allait avoir lieu étaient bien peu favorables aux travailleurs de la campagne. D'abord, à la suite des années nombreuses de disette qui venaient de se succéder, tous les paysans étaient réduits à la plus affreuse misère; on ne pouvait donc pas espérer qu'ils pussent se porter adjudicataires de parcelles même minimes des biens que l'on mettait en vente. Comment auraient-ils payé, alors qu'ils n'avaient pas même de quoi acheter du pain? Si quelques-uns avaient de maigres économies, l'adjudication leur était défavorable, car elle les mettait en concurrence avec les bourgeois et les hommes d'affaires qui, étant riches, habiles et expérimentés, l'emporteraient toujours quand ils voudraient s'en donner la peine[1].

ACHAT DES BIENS PAR LES GENS D'AFFAIRES

C'est, en réalité, ce qui se produisit : ce furent les gens d'affaires qui achetèrent les biens. Les petits bourgeois eux-mêmes durent se plaindre, car dès le 9 juillet 1790, l'assemblée constituante prend un nouveau décret dont l'article 6 prescrit « de diviser les objets autant que leur nature le permettra, afin de faciliter autant qu'il sera possible les petites soumissions et l'accroissement du nombre des propriétaires[2]. »

1. L'adjudication devait d'autant plus favoriser les gens riches que, d'après l'article 6 du décret « les enchères seront en même temps ouvertes sur l'ensemble et sur les parties de l'objet compris en une seule et même estimation ». Il est vrai que, d'après le même article. « si, au moment de l'adjudication définitive, la somme des enchères partielles égale l'enchère faite sur la masse, les biens seront de préférence adjugés divisément » ; mais il était facile de faire les parcelles assez grosses pour que les paysans ne pussent pas les aborder. Dupont de Nemours, dans un discours sur les assignats dont il critiquait la trop grande émission, disait justement, en septembre 1790, que les biens ne pouvaient être achetés qu'avec des capitaux accumulés, avec des économies ; or, les petits propriétaires n'en avaient pas.

2. Le décret du 9 juillet 1790 ordonnait la vente de « tous les domaines nationaux, autres que ceux dont la jouissance aura été réservée au roi,

Comme on ne croyait pas encore au succès de la Révolution et que l'on craignait d'avoir à rendre les biens que l'on aurait acquis, le jour où la monarchie, le clergé et la noblesse recouvreraient leur ancienne puissance, les ventes ne se faisaient qu'avec une extrême lenteur. Les acquéreurs manquaient.

Cette crainte était d'autant plus vive que les propriétaires des biens mis en vente, signifiaient des oppositions et des protestations à tous les gens qui se présentaient aux enchères.

Vers le milieu de 1793, « sur cinq milliards d'assignats environ émis depuis la création, un milliard seulement était rentré par la vente des biens nationaux »[1], et ce milliard valait à peine cent millions en argent, car les assignats étaient tombés très bas.

La valeur de la terre avait elle-même diminué de plus de moitié depuis 1790, époque à laquelle avait été faite l'évaluation qui servait de base pour les adjudications. La guerre étrangère et la guerre civile avaient enlevé à l'agriculture une telle quantité de bras que beaucoup de terres restaient incultes.

Les spéculateurs se risquaient donc seuls ou presque seuls dans les adjudications où ils réalisaient des bénéfices tellement considérables que l'avenir devait les inquiéter assez peu. L'opération était simple : on faisait baisser autant que possible les assignats, on les achetait à vil prix, puis on s'en servait pour payer les biens nationaux, et, comme l'on n'en payait au comptant

et les forêts sur lesquelles il sera statué par un décret particulier ». Par un décret du 6 août suivant, les forêts domaniales furent exemptées de la vente.

Voir aussi le titre du décret du 12 août 1790 relatif à l'aliénation des domaines nationaux et le décret du 15 août sur le même objet, puis les décrets du 3 et 29 novembre 1790, etc.

1. Thiers, *Hist. de la Révolution.*

qu'une partie, on était certain de réaliser de nouveaux bénéfices grâce à la baisse ultérieure du papier.

Afin d'activer les ventes, la Convention adopte, en 1795, la proposition de Bourdon (de l'Oise), de vendre sans enchère, au premier offrant, les biens nationaux, à raison de trois fois le prix d'estimation de 1790, payable en assignats[1].

D'après ce décret, un bien estimé 100000 francs en 1790 devait être payé 300000 francs en assignats. Mais comme ceux-ci étaient tombés au 1/15 de leur valeur, 300 000 fr. ne représentaient, en réalité, que 20 000 fr.; on payait donc avec 20 000 francs un bien qui, en 1790, en valait 100 000. Ce n'est pas tout : les estimations de 1790 avaient été très inférieures à la réalité. On s'était basé pour les établir sur les revenus apparents ; or ceux-ci étaient presque toujours fictifs, surtout en ce qui concerne les biens du clergé. « Une terre affermée ostensiblement mille francs en rapportait en réalité quatre mille; d'après l'estimation de 1790, cette terre était portée à 25000 francs de valeur; elle devait être payée (d'après le système de Bourdon) 75000 francs en assignats qui ne valaient en réalité que 7500 francs. A Honfleur, des magasins à sel dont la construction avait coûté plus de 400000 livres allaient se vendre en réalité 22500 livres[2]. »

Il est évident que dans de telles conditions les biens nationaux ne pouvaient pas manquer d'acquéreurs. Il y en eut, en effet, un nombre extrêmement considérable, mais ceux-ci furent encore surtout des spéculateurs.

Il est à peine besoin de dire que l'empressement des

1. Décret du 12 prairial an III (31 mai 1795) et décret du 15 prairial an III (1er juin 1795).

2. Thiers, *Hist. de la Rév.*, II, p. 235 et suiv.
Pour la variation du cours des assignats depuis leur création jusqu'à leur suppression, voir le tableau joint à la Loi du 5 messidor an V.

acquéreurs, à ce moment, dut empêcher l'administration de songer à fractionner les biens; les administrateurs eux-mêmes du reste, se portèrent, dans plus d'un point, acquéreurs pour de grandes surfaces.

Le système de Bourdon de l'Oise eut, en réalité, un tel succès qu'il attira l'attention sur les pertes énormes auxquelles il exposait l'Etat. Après quelques semaines, l'exécution du décret fut suspendue. Le décret lui-même fut ensuite abrogé et l'on revint à la vente par adjudication[1].

LA CRÉATION DES MANDATS ET LES BIENS NATIONAUX

Au moment de l'installation du Directoire (17 octobre 1795) il restait à peu près sept milliards écus de biens nationaux, en y comprenant ceux de la Belgique et les forêts nationales, et l'on avait émis pour 20 milliards d'assignats qui valaient à peine 200 millions en argent. On proposa d'accepter les assignats en paiement des biens nationaux pour leur valeur réelle, c'est-à-dire à raison de 1 franc pour 100 francs, ce qui aurait, sans aucun doute, déterminé un nouveau mouvement de vente, mais le Directoire n'osa pas prendre une mesure qui aurait trop manifestement fait appel à la spéculation.

On imagina le système des *mandats*. C'étaient des titres gagés sur les biens nationaux et que l'administration devait accepter en paiement de ces biens. Ce n'était, en réalité, qu'une nouvelle forme d'assignats; on espérait qu'elle serait mieux acceptée parce qu'elle était nouvelle. On en créa tout de suite pour 2 milliards

1. Le décret du 19 prairial an III (7 juin 1795) « Suspend l'exécution des lois des 10, 12 et 15 prairial, relatives à la vente sans enchères des domaines nationaux, suspend parallèlement les suites et les effets des adjudications faites... » (Décret du 27 prairial an III).

400 millions. Les mandats qui rentreraient au trésor en paiement des biens nationaux devaient être détruits, afin de maintenir la valeur du titre.

Dans le but de faciliter la vente des biens, le décret du 28 ventôse an IV, décidait que « tout porteur de ces mandats pourra présenter à l'administration du département la situation du domaine national qu'il voudra acquérir et le contrat de vente lui sera passé sur le prix de l'estimation qui lui sera faite[1]. »

Dès que le décret eut été mis en exécution et avant même l'émission des mandats proprement dits, les « promesses de mandats », qui en tenaient lieu, furent l'objet de spéculations identiques à celles dont les assignats avaient été l'objet. Le mandat de 100 francs ne tarda pas à tomber à 15 francs, de sorte que l'on vit des gens acheter des biens nationaux valant 100 000 francs, d'après l'estimation de 1790, pour un paquet de mandats qu'ils avaient acheté 15 000 francs. On se rua donc sur les biens nationaux : il fut soumissionné pour 800 millions de biens sur les 2 milliards et demi mis en vente.

Cependant, la valeur du mandat s'étant relevée par suite de la destruction de ceux qui étaient rentrés dans les mains du Trésor, la vente s'arrêta et, dès lors, ne reprit aucune activité.

L'arrêt de la vente fut naturellement suivi d'un nouvel abaissement de la valeur des mandats; abaissement tel qu'en 1796 le mandat de 100 francs ne valait plus que 4 francs.

Si, à ce moment, la vente avait repris, le Gouvernement eût été condamné à des pertes effroyables. C'est

1. La valeur des biens était fixée en prenant pour base les estimations de 1790 et calculée « à raison de 22 fois leur revenu net, pour les terres labourables, prés, bois, vignes et dépendances », et à raison de « dix-huit fois leur revenu net » pour « les maisons, usines, les cours, les jardins en dépendant. »

sous l'influence de cette menace que fut votée la loi du 9 thermidor an IV (31 juillet 1796) décidant que les mandats ne seraient plus reçus, désormais, en paiement des biens nationaux, *que pour leur valeur courante*. Celle-ci devait-être fixée tous les jours, par la Trésorerie; elle le fut bientôt tous les cinq jours, par arrêté du Directoire[1].

A la fin de 1796, le Directoire, de nouveau pressé par le besoin d'argent et voyant que la vente des biens est arrêtée depuis que les mandats ne sont reçus qu'avec la valeur fixée par le cours, s'avise d'employer un nouveau moyen pour se procurer des ressources et raviver la vente des biens. Par la loi du 16 brumaire an V (6 novembre 1796), qui fixe le budget de l'exercice suivant à 450 millions pour les dépenses ordinaires et 550 millions pour les dépenses extraordinaires, il est prescrit que cette dernière somme sera représentée par le produit de la vente des biens nationaux. Afin d'assurer la vente, on accorde aux acquéreurs des facilités considérables : d'une part, ils paieront un dixième seulement du prix, en numéraire, avant la prise de possession; d'autre part, il leur est accordé plusieurs années pour s'acquitter des neuf autres dixièmes et ceux-ci pourront être payés à l'aide des titres divers que l'Etat remettait à ses fournisseurs et à ses créanciers, « ordonnances des ministres pour fournitures faites à la République, bordereaux de liquidation de la dette publique ou de la dette des émigrés, bons de restitution d'indemnités de

1. Les décrets du 13 thermidor an IV et du 20 fructidor an V, interdisaient le paiement des biens nationaux en numéraire, sans doute afin de relever autant que possible le mandat. Par la loi du 1er frimaire an V (21 nov. 1796) les acquéreurs sont autorisés à se libérer en numéraire ou en mandat au cours. Plus tard, la loi du 16 brumaire an V (16 nov. 1796) permit le paiement du premier dixième en numéraire. Celle du 17 frimaire an VI (7 déc. 1797) porte à la moitié la proportion qui devra être payée en numéraire ou en obligations représentant du numéraire.

pertes occasionnées par la guerre dans les départements frontières et dans ceux de l'ouest, inscriptions sur le Grand-livre de la dette perpétuelle. »

On espérait que les fournisseurs particulièrement profiteraient de cet avantage, parce que leurs titres représentaient une valeur très supérieure à celle de leurs fournitures.

Malgré ces mesures, les ventes ne reprirent aucune activité, parce que l'on commençait à concevoir de très vives inquiétudes sur le sort des nouveaux propriétaires. Depuis la réaction du 9 thermidor, les émigrés rentraient en masse et l'aristocratie exerçait une influence non douteuse sur la conduite du gouvernement.

La vente s'arrêta surtout à partir du moment où la loi du 16 pluviôse an V (4 février 1797) supprima les mandats, dont la valeur était tombée à 1 franc pour 100 francs, et prescrivit que les biens nationaux ne seraient plus payés désormais qu'en numéraire. Cependant, les biens acquis antérieurement à cette loi restaient payables en mandats, au dernier cours, jusqu'au 1er germinal suivant (20 mars 1797) et l'on pouvait encore, après cette date, faire des acquisitions à l'aide de mandats estimés au dernier cours, à la condition de les échanger contre des « récépissés au porteur » qui seraient délivrés par la Trésorerie et qui seraient ensuite reçus en paiement des biens.

On voulait encore, par cette mesure, amener les porteurs de mandats à les échanger contre des biens nationaux, car, après le 1er germinal, ils ne pourraient en faire aucun autre usage.

Il arriva forcément que les détenteurs d'une petite quantité de ces mandats ne pouvaient rien en faire. Aussi les cédait-on pour presque rien, quelques sous, aux spéculateurs qui purent, au moyen de ce papier extrêmement déprécié, annulé même, acheter des biens qu'ils revendirent plus tard avec de beaux bénéfices. Il semble que ce soit à partir de ce moment, et grâce à ces spéculations, que les émigrés commencent à racheter leurs biens [1].

LA RENTE ET LES BONS DES TROIS QUARTS SUR LES BIENS NATIONAUX

La loi du 9 vendémiaire an VI (3 octobre 1797) qui a pour objet de fixer le budget de cet exercice, prescrit par son article 106 : « La vente des biens nationaux sera activée par *tous les moyens*, de manière à être terminée dans l'année qui suivra la paix générale. » Cette loi ouvre à la spéculation une porte nouvelle, plus large, s'il est possible, que toutes celles par où elle avait fait passer tant de bénéfices scandaleux et prélevés sur la fortune publique.

La dette de la République exigeait, à ce moment, une rente annuelle de 258 millions de francs. Depuis la suppression des assignats, le trésor payait cette rente à raison de un tiers en numéraire et deux tiers en bons sur les biens nationaux, nommés *bons des trois quarts*. Comme même un seul tiers de cette rente en numéraire constituait une charge supérieure aux forces du trésor, la loi du 9 vendémiaire an VI décidait que l'on rembourserait tout de suite les deux tiers du capital lui-même, par la délivrance de bons aux porteurs qui seraient reçus en paiement des biens nationaux. La loi autorisait les

1. « L'agiotage sur les différents papiers admis en paiement des biens nationaux, et la facilité de se procurer des papiers à vil prix, la faveur des administrations locales pour les anciennes familles proscrites, la complaisance des enchérisseurs qui se retiraient dès qu'un ancien propriétaire faisait acheter ses terres sous des noms supposés, permettaient aux émigrés de rentrer dans leur patrimoine avec de très faibles sommes » (Thiers, *Hist. de la Rév.*, II, 551).

détenteurs de ces bons à former des associations, afin de rendre plus faciles les achats des biens.

Le gouvernement prévoyait le cas où les biens nationaux ne suffiraient pas à absorber tous les bons de la dette, et il décidait que s'il en restait après la vente totale des biens situés en France, ils pourraient être acceptés en paiement des terres de Saint-Domingue et des autres colonies.

Le sort des bons ne différa pas de celui des assignats et des mandats. A peine furent-ils émis que la spéculation s'en empara et qu'ils tombèrent dans le commerce à moins du sixième de leur valeur. Il n'en pouvait advenir autrement. La plupart des rentiers n'en avaient pas en quantité suffisante pour acquérir les biens mis en vente; les associations des rentiers prévues par la loi étaient fort difficiles à constituer, et comme les spéculateurs poussèrent immédiatement à la baisse, les détenteurs des bons s'empressaient de s'en débarrasser, ce qui activait encore le mouvement de baisse. Les gens d'affaires purent donc se les procurer à très bas prix et avoir pour presque rien des terres et des immeubles d'une valeur souvent considérable.

Il restait alors à vendre pour treize cent millions de biens nationaux. On en vendit, en quelques mois, pour près d'un milliard. La valeur des bons était, dès la fin de 1798, devenue si faible, que par une loi du 27 brumaire an VII (17 novembre 1798) les acquéreurs de biens nationaux « qui n'ont point encore acquitté la partie du prix de leurs acquisitions payable en bons de remboursement des deux tiers de la dette publique ou effets équivalents sont admis à se libérer en numéraire », en ne payant « dans les deux premiers mois qu'un franc quatre-vingt-dix centimes par cent francs de la somme due en bons »; ceux qui « se libéreront dans le troisième mois paieront un franc quatre-vingt-quinze centimes par cent francs ; et enfin les acquéreurs qui ne se libéreront que dans le quatrième et dernier mois du délai paieront deux francs par cent francs. » La loi n'accordait, en effet, que quatre mois pour opérer ces paiements ; passé ce temps, « les acquéreurs en retard de payer seront déchus de plein droit »[1].

L'histoire des biens nationaux fut close par la loi du 20 mars 1820, qui règle d'une façon définitive le sort des acquéreurs et libère de toute obligation envers l'Etat ceux qui remplissent certaines conditions. C'est l'histoire de la plus effroyable spéculation sur la propriété foncière et sur les papiers d'Etat qui se soit produite dans aucun temps et dans aucun pays. La petite propriété n'y gagna rien ; la moyenne propriété en fut notablement augmentée ; la grande propriété ne subit, dans son ensemble, que peu de modifications.

CONSOLIDATION DES PETITES PROPRIÉTÉS

Si le nombre des petits propriétaires ne fut pas augmenté d'une manière sensible par la vente des biens nationaux, il se produisit, pendant le cours de la Révolution, une sorte de consolidation des petites propriétés qui existaient avant 1789. Ainsi que j'ai eu l'occasion de le dire dans le chapitre précédent, le petit proprié-

1. Il est probable qu'un grand nombre d'acquéreurs ne tinrent pas compte de la menace de déchéance car, par une loi du 11 frimaire an VIII (2 déc. 1798) les délais pour le paiement sont prorogés ; une nouvelle prorogation fut accordée par une autre loi du 18 pluviôse an VIII (7 févr. 1800). Le 15 floréal an X (5 mai 1802) une nouvelle loi supprime la délivrance « des bons deux-tiers » et prescrit que « les maisons, bâtiments et usines nationaux ne pourront, à l'avenir, être vendus qu'en numéraire ». Pour faciliter les achats, la mise à prix ne devait être fixée qu'à « six fois le revenu de 1790 ».

Par des lois du 4 thermidor an XI (23 juillet 1803) et 22 octobre 1808 des mesures sont prescrites pour le décompte des sommes dues par les acquéreurs.

taire, sous l'ancien régime, n'était jamais tout à fait certain de ne pas être dépossédé à un moment quelconque. Non seulement sa propriété était grevée de redevances et de charges excessives, mais encore elle était frappée d'une sorte de précarité par suite des droits seigneuriaux. « A côté de la propriété *optima jure et optima conditione*, on en connaissait d'autres moins complètes : par exemple, dans le contrat de bail à rente, le preneur devenait, dans le langage du temps, une sorte de propriétaire pour la durée du bail... Lors même que la propriété était réputée pleine et entière, elle comportait, en bien des cas, des restrictions qui l'altéraient gravement. Les pays de franc alleu, en dépit de leur titre, n'étaient pas exempts de servitudes féodales... Or, qu'est-ce que la propriété quand les terres sont serves[1] ? »

Pendant le cours de la Révolution, grâce à la dépossession du clergé et d'une partie de la noblesse, grâce à l'anarchie qui régna dans tout le pays pendant près de dix ans, tous les propriétaires plus ou moins précaires, si je puis parler ainsi, et tous les locataires à redevances perpétuelles qui existaient avant 1789, se transformèrent d'eux-mêmes en propriétaires définitifs, revêtus de tous les droits nouveaux que les assemblées révolutionnaires introduisaient dans les lois.

D'autres petits propriétaires se constituèrent, soit par le partage des biens communaux, soit par des empiètements illégaux sur les biens nationaux, particulièrement sur les forêts.

LES BIENS COMMUNAUX ET LA PETITE PROPRIÉTÉ

Les communaux étaient, depuis plusieurs siècles déjà, en butte aux convoitises des paysans. La monar-

1. Edme Champion, *La France d'après les cahiers de 1789*, p. 137.

chie avait dû, à diverses reprises, soit autoriser leur aliénation pour complaire aux habitants des campagnes, soit l'interdire afin d'empêcher les abus qui, fréquemment, l'accompagnaient, ou pour protéger les propriétés communales contre les prétentions des seigneurs [1].

Dès les débuts de la révolution, et surtout après le 10 août 1792, le respect des paysans pour les biens communaux disparaît avec la crainte de l'autorité publique. Presque partout, on réclame le partage de ces biens, et, dans beaucoup d'endroits, les plus audacieux s'emparent du morceau qui leur convient. C'est sous l'impulsion de ce mouvement que l'Assemblée législative décida, par son décret du 14 août 1792, qu'il serait procédé à la répartition des biens communaux entre les habitants de chaque commune [2].

Le Décret du 14 août 1792 ne fut pas exécuté, et la question ne fut posée de nouveau que par la loi du 10

1. C'est à peu près exclusivement dans ce dernier but que la « monarchie essaya de défendre les communaux par l'édit de 1544, les déclarant inaliénables, et par l'édit de 1767, réintégrant les communautés dans leurs droits d'usage et leurs communaux aliénés ou usurpés depuis 1620. Cette inaliénabilité allait jusqu'à l'interdiction de les bailler à ferme ou louage. Deux ans après, l'ordonnance de 1669 donne permission d'en affermer des portions pour payer des travaux publics ».

Cependant, comme les paysans, en divers points, convoitent les communaux : « un édit de 1762 autorise la province dite des Trois-Évêchés à partager entre les ménages alors existants, et par portions égales, tirées au sort, les communaux en tout et en partie. En 1771, 1773, 1777, trois arrêts du conseil donnent la même autorisation aux généralités d'Auch et de Pau ; en 1774, des édits ou des arrêtés du conseil l'étendent au duché de Bourgogne, au Mâconnais, à l'Auxerrois, au pays de Gex et de Bugey, à l'Alsace ; en 1777 à la Flandre française ; en 1779, à l'Artois. » (Yves Guyot, *La propriété*, p. 168.)

2. Le décret était formel : « 1° que dès cette année immédiatement après les récoltes, tous les terrains et usages communaux autres que les bois, seront partagés entre les citoyens de chaque commune ; 2° que ces citoyens jouiront en toute propriété de leurs portions respectives ; 3° que les biens connus sous les noms de *sursis* et *vacants* seront également divisés entre les habitants ; 4° que pour fixer le mode de partage, le comité d'agriculture présentera dans trois jours le projet de décret ». Le comité d'agriculture ne produisit pas le travail qui lui était demandé.

juin 1793 qui rendit le partage facultatif en indiquant les biens qui devaient rester indivis (bois, rues, places, fossés et remparts des villes, rivages, lais et relais de la mer, etc.[1])

Beaucoup de communes procédèrent, en vertu de cette loi, au partage immédiat de la totalité ou d'une partie de leurs biens; mais, dans un assez grand nombre, la majorité des habitants se prononça contre tout partage. Celui-ci fut interdit par la loi du 9 ventôse an XII dont le principe est encore en vigueur.

Le mouvement du début de la Révolution en faveur du partage se ralentit avec le temps, car il reste encore aujourd'hui plus de quatre millions d'hectares de biens communaux indivis, représentés surtout par des bois, des landes et des prairies marécageuses. Les bois et les prairies ont, dans la plupart des endroits, une valeur réelle et leur utilité peut être défendue quoique certains économistes la contestent; quant aux landes, partout où elles ont été aliénées et mises en culture, elles ont témoigné de la supériorité de la propriété individuelle sur la propriété communale.

LES FORÊTS DOMANIALES ET LA PETITE PROPRIÉTÉ

En même temps qu'ils réclament le partage des biens communaux, les paysans de la révolution se jettent sur les forêts domaniales. Ce sont surtout ceux qui n'ont rien ou qui ne possèdent encore que des lam-

1. Le partage ne pouvait avoir lieu qu'après la consultation des citoyens y ayant droit et que la loi désigne, et « si le tiers des voix vote pour le partage ». Il était entendu que « après cette détermination, la délibération qui portera le partage ne pourra plus être révoquée ». L'assemblée communale pouvait, en outre, décider que tel bien serait mis en dehors du partage et réservé pour l'usage commun, ou que tel autre serait affermé, etc. Le partage devait avoir lieu entre tous les habitants y ayant-droit, et par tirage au sort des lots préalablement établis d'après des règles fixées par la loi.

beaux du sol qui cherchent à devenir propriétaires ou à étendre la petite propriété qu'ils ont déjà. Des morceaux considérables des forêts domaniales furent, en quelques jours, défrichés et mis en culture par les gens du voisinage; et la plupart des biens constitués de la sorte sont restés entre les mains de ceux qui avaient été assez audacieux pour s'en emparer. Pendant toute la durée de la Révolution, les pouvoirs publics étaient incapables de mettre obstacle à ces abus; après la Révolution, ils considérèrent presque partout qu'il y avait une sorte de prescription, contre laquelle on n'osa pas réagir[1].

Un fait indiscutable se dégage de l'histoire de la propriété pendant toute la durée de la Révolution, c'est que tous les citoyens de notre pays, aussi bien les pauvres que les riches, profitèrent des désordres insurrectionnels et de l'anarchie administrative pour mettre autant que possible la main sur la terre, chacun en prenant ou en acquérant autant que ses ressources, son habileté ou son audace lui permettaient d'en acquérir ou d'en prendre. Et comme les bourgeois d'alors étaient les plus riches, les plus habiles et les plus forts, ce sont eux qui en prirent le plus.

Toute l'histoire de notre pays depuis un siècle témoigne que cet amour de la terre est toujours aussi vivace dans le cœur du Français, en dépit de tout ce qu'on peut lui dire contre la propriété individuelle. C'est qu'en réalité l'amour de la terre est un sentiment hérité de

1. « Tel village près de Fontainebleau s'est partagé et a défriché un morceau entier de futaie. A Rambouillet, du 10 août à la fin d'octobre, la perte est de plus de cent mille écus et les agitateurs demandent avec menaces le partage de la forêt entre les habitants. Partout les dévastations sont énormes, prolongées pendant des mois entiers et telles, dit le Ministre, que cette source de revenus publics est pour longtemps tarie ». (Rapports officiels du temps, analysés et cités par Taine, *Hist. de la Révol.*, t. I, p. 367).

tous nos ancêtres. Subsistera-il toujours? L'avenir seul pourra le dire.

INSTITUTION DE LA LIBERTÉ DU TRAVAIL

Après avoir libéré le paysan et affranchi la propriété terrienne par son décret du 4 août 1789, l'Assemblée constituante assure la liberté du travail et du travailleur, dans l'industrie et le commerce, par le décret du 2 mars 1791, qui supprime les jurandes, maîtrises, offices, corporations, syndicats, etc., et autorise tous les citoyens à exercer librement toutes sortes de professions. C'était, sans transition d'aucune sorte, la destruction de toute la législation de l'ancien régime sur le commerce et l'industrie, et l'institution d'une législation entièrement nouvelle, fondée sur la suppression des privilèges et dominée par le sentiment de la liberté individuelle.

Le décret du 2 mars 1791 et la loi du 4 août 1789 sont les deux actes les plus considérables de la Révolution, les seuls peut-être qui méritent véritablement l'épithète de « révolutionnaires », car ils marquent la fin brusque d'un régime et la naissance non moins brusque d'un régime nouveau[1].

1. Après avoir supprimé, par son article premier, les *droits d'aides* perçus sur les marchandises de toutes sortes et notamment sur les boissons et les aliments, et qui devaient être rétablis sous le nom de *droits réunis* et *contributions indirectes*, et divers autres droits vexatoires et gênants pour le commerce, le décret du 2 mars 1791 prescrit par son article 2 : « A compter de la même époque, (1er avril 1791) les offices de perruquiers-barbiers, baigneurs étuvistes, ceux des agents de change et tous autres officiers pour l'inspection et les travaux des arts et du commerce, les brevets et les titres de maîtrise, les droits perçus pour la réception des maîtrises et jurandes, ceux du collège de pharmacie, et *tous privilèges de profession*, sous quelque titre que ce soit, sont également supprimés ». Comme ces privilèges étaient souvent très fructueux et avaient été achetés plus ou moins cher, le décret prescrit que leurs détenteurs seront indemnisés ou remboursés et il indique la manière dont il y sera procédé : c'est l'objet des articles 3 à 6. Par l'article 7 : « A compter du 1er avril prochain, il sera libre à toute personne de faire tel négoce ou d'exercer telle profession, art ou métier qu'elle trou-

Le décret du 2 mars 1791 ne faisait aucune allusion aux rapports des ouvriers avec les patrons ni à aucune des autres conditions du travail; il se bornait, conformément aux idées individualistes qui inspiraient alors tous les actes de la Révolution, à inscrire dans la législation les libertés individuelles relativement au travail.

INTERDICTION DES ASSOCIATIONS DE PATRONS ET D'OUVRIERS

Cependant il se produisait alors, comme à toutes les époques, des conflits entre les employeurs et les employés, entre les patrons et les ouvriers ; les uns et les autres usaient volontiers de la cessation du travail ou grève comme moyen d'imposer leurs volontés.

On attache aujourd'hui au mot grève un sens tellement précis, qu'il ne convient peut être pas de l'appli-

vera bon ; mais elle sera tenue de se pourvoir auparavant d'une patente, d'en acquitter le prix suivant les taux ci-après déterminés, et de se conformer aux réglements de police qui sont ou qui pourront être faits Sont exceptés de l'obligation de se pourvoir de patentes : 1° les fonctionnaires publics exerçant des fonctions gratuites, ou salariées par le trésor public, pourvu néanmoins qu'ils n'exercent point d'autres professions étrangères à leurs fonctions ; 2° les cultivateurs occupés aux exploitations rurales ; 3° les personnes qui ne sont pas comprises au rôle de la contribution mobilière pour la taxe des trois journées de travail ; 4° les apprentis, compagnons et ouvriers à gages, travaillant dans les ateliers de fabricants pourvus de patentes ; 5° les propriétaires et les cultivateurs pour la vente de leurs bestiaux, denrées et productions, excepté le cas où ils vendraient les boissons de leur cru à pinte et à pot. — Art. 8 : Les vendeurs et vendeuses de fleurs, fruits, légumes, poissons, beurre et œufs, vendant dans les rues, halles et marchés publics, ne seront point tenus de se pourvoir de patentes, pourvu qu'ils n'aient ni boutiques ni échoppes, et qu'ils ne forment aucun autre négoce, à charge par eux de se conformer aux réglements de police ».

En résumé, toutes les professions sont librement ouvertes à tous les citoyens, mais la plupart sont soumises à un droit spécial, désigné sous le nom de *patente*. Toutefois, il semble que le législateur de 1791 fut encore pénétré de l'idée des privilèges dont jouissaient les commerçants et industriels sous l'ancien régime, car le décret du 2 mars accorde aux patentés le droit de poursuivre tous ceux qui tenteraient de se livrer à un commerce ou à une industrie quelconque, sans être munis d'une patente.

quer à certains refus d'obéissance et à certaines cessations de travail dont l'histoire ancienne nous a conservé le souvenir. Il me semble cependant que l'on peut considérer comme une véritable grève l'acte de ces fermiers plébéiens qui, à Rome, l'an 250 av. J.-C., refusaient de se rendre à l'armée si l'on ne remettait pas en liberté ceux d'entre eux que l'on avait emprisonnés pour dettes et si l'on n'empêchait pas de nouvelles incarcérations.

N'était-ce pas une nouvelle grève qui se produisait l'année suivante, lorsque, pour se venger de ce que la parole donnée n'avait pas été tenue, « l'armée tout entière abandonna son chef et ses tentes, et, conduite par les commandants des légions, les tribuns militaires, qui étaient, au moins en grande partie, plébéiens, elle marcha en ordre militaire vers le district de Crustumeria, entre le Tibre et l'Anio, où elle occupa une montagne et menaça de fonder en ce lieu, le plus fertile du territoire romain, une nouvelle cité plébéienne[1] », ce qui contraignit le Sénat à céder d'une manière définitive et à donner aux plébéiens des garanties politiques pour l'avenir ?

Le travail n'étant fait, dans l'antiquité, que par des esclaves, les grèves des travailleurs revêtaient forcément le caractère d'une véritable révolte. On n'ignore pas que ce fait se produisit, à diverses époques, dans l'empire romain. Il fut particulièrement grave lorsque Spartacus parvint à réunir une véritable armée d'esclaves de toutes sortes, mécontents de leurs maîtres et désireux de secouer le joug de la servitude.

C'est encore une grève compliquée de rébellion et de violences que firent en Gaule, au IIIe siècle de notre ère (an 255), les paysans auxquels on donna le nom de

1. Mommsen, *Hist. romaine*, I, p. 338.

Bagaudes. Ils abandonnèrent en masse leurs champs et, réunis en troupes nombreuses, ils ravagèrent les moissons, pillèrent les villages et même quelques villes, comme Autun, dont ils parvinrent à s'emparer, soutenus, plus ou moins ostensiblement, par le petit peuple qui partageait leur haine contre l'esclavage.

Cessation du travail, rébellion contre les pouvoirs politiques et contre l'organisation sociale sont des faits dont les esclaves et serfs des champs donneront à diverses reprises le spectacle pendant le cours du moyen âge. Et il faut voir dans ces faits de véritables grèves, revêtant la seule forme qu'elles pouvaient revêtir à des époques où des classes entières d'individus étaient asservies à un même travail.

On voit aussi se produire, dès l'antiquité, des rébellions locales et limitées, soit d'esclaves d'un seul propriétaire, soit d'artisans d'un même métier. Telle est la grève, ou pour mieux dire la révolte qui se produisit, sous le règne d'Aurélien, parmi les « monétaires » (ouvriers employés à la fabrique des monnaies dans la manufacture impériale de Rome) et qui fut « provoquée sans doute par la misère et les mauvais traitements. Soulevés par un esclave devenu administrateur du trésor, Félicissimus, ils prirent les armes. Il fallut envoyer contre eux des troupes et livrer dans Rome une sanglante bataille. Les rebelles furent vaincus, mais sept mille légionnaires, chiffre incroyable, s'il n'était donné par l'empereur lui-même, périrent dans l'action [1]. »

M. Levasseur à qui j'emprunte le récit de ce fait dit encore. « Quoiqu'il n'y eût pas de grandes industries, il paraît que les grèves n'étaient pas inconnues des ouvriers, puisqu'à Paros une statue a été élevée par le Sénat à un

1. E. Levasseur, *Histoire des classes ouvrières et de l'industrie en France avant 1789*, I, p. 52.

agronome qui avait prévenu une grève en obligeant les ouvriers à travailler et les patrons à leur payer un salaire déterminé. » Il ajoute que « M. Waltzing cite aussi une grève des boulangers de Magnence ou Méandre[1] ». On sait que ces artisans étaient soumis dans beaucoup de villes à un régime spécial ; ils faisaient un service en quelque sorte public ; ils pouvaient donc s'entendre et même cesser le travail pour contraindre les autorités à modifier leur sort.

En France, pendant tout le moyen âge, l'organisation de l'industrie est telle que les grèves n'ont pas lieu de se produire. C'est à peine, en effet, si chaque patron entretient un ou deux ouvriers. Il ne pouvait y avoir alors et il n'y eut guère, en effet, que des rébellions en masse de paysans parce que les paysans constituaient des collectivités dont tous les individus, ayant le même sort, avaient les mêmes intérêts.

Au XIVe siècle, lorsque les relations deviennent actives entre les villes, les ouvriers commencent à former entre eux, en dehors des patrons, des associations secrètes ou « Compagnonnages » dont les membres s'entendaient de toutes les façons et qui ne tardèrent pas à faire valoir leurs revendications en frappant d'interdit les patrons dont les ouvriers étaient mécontents et même les villes dont les règlements sur le travail leur paraissaient préjudiciables aux intérêts ouvriers. « Le compagnonnage dit M. Levasseur[2], se trouva ainsi en lutte avec le corps de métier. Depuis que les maîtres et les ouvriers avaient des associations distinctes, les querelles étaient fréquentes ; dès que les compagnons croyaient avoir à se plaindre, ils se mettaient en grève, ou frappaient d'interdit une ville, un patron et tous étaient tenus d'obéir

1. E. Levasseur. *Ibid.*, p. 108.
2. *Loc. cit.*, p. 605.

au mot d'ordre. Dans les grèves générales, les fonds communs et le crédit de la mère[1] permettaient aux compagnons de prolonger le chômage. La puissance de l'association donnait aux ouvriers les moyens de lutter contre leurs patrons. » Il me paraît inutile d'ajouter que les patrons faisaient tous leurs efforts pour mettre obstacle au développement et à l'action des compagnonnages. C'est pour cela que ceux-ci s'étaient constitués en sociétés secrètes.

Cependant, les grèves ne pouvaient avoir alors que peu d'importance, en raison de l'absence des grandes industries. A la veille de la Révolution, lorsque celles-ci commencèrent à s'organiser, on constata quelques grèves, dont une, celle de la fabrique de papiers peints de Réveillon est restée célèbre. On prétendit, au moment de sa production, qu'elle avait été provoquée en sous main par les industriels anglais, auxquels Réveillon avait enlevé une industrie jusqu'alors monopolisée par eux.

L'assemblée nationale ne pouvait échapper à la question des associations, des coalitions et des grèves. Cependant, il ne sortit de ses délibérations que le décret du 14 juin 1791, interdisant de la manière la plus absolue toutes les associations et les coalitions d'ouvriers et de patrons pouvant influer sur les prix, mais ne faisant aucune allusion aux grèves[2].

1. La « mère » des compagnons était, dans chaque ville, l'auberge où les compagnons se réunissaient, où les initiations avaient lieu et où se rendaient, à leur arrivée, tous ceux qui venaient chercher du travail dans la ville. En attendant qu'ils en eussent trouvé, la « mère » les logeait et les nourrissait, leur faisait même de petites avances, tout cela étant remboursé ultérieurement par le compagnon, à l'aide des prélèvements sur son salaire. Dans beaucoup de villes, on trouve encore aujourd'hui une « mère » des compagnons.

2. L'article premier stipule que « l'anéantissement de toutes les espèces de corporations de citoyens du même état et profession étant une des bases fondamentales de la constitution française, il est défendu de les rétablir de fait, sous quelque prétexte et sous quelque forme que ce soit. » En conséquence, les articles 2 et 3 décident : « art. 2 : Les citoyens

Les motifs sur lesquels s'appuyèrent les auteurs de ce décret étaient de trois sortes. En premier lieu, ils considéraient les associations d'ouvriers qui venaient de se constituer dans un certain nombre de villes, sous le nom « d'assemblées d'arts et métiers », comme des foyers de trouble qu'ils voulaient éteindre avant qu'ils eussent

d'un même état ou profession, les entrepreneurs, ceux qui ont boutique ouverte, les ouvriers et compagnons d'un art quelconque ne pourront, lorsqu'ils se trouveront ensemble, se nommer ni président ni secrétaires, ni syndics, tenir des registres, prendre des arrêtés ou délibérations, former des réglements sur leurs prétendus intérêts communs ». Les corps administratifs et municipaux ne devaient « recevoir aucune adresse ou pétition, sous la dénomination d'un état ou profession, ni y faire aucune réponse ». D'après l'article 4 « si, contre les principes de la liberté et de la constitution, des citoyens attachés aux mêmes professions, arts et métiers, prenaient des délibérations ou faisaient entre eux des conventions tendant à refuser de concert ou à n'accorder qu'à un prix déterminé, le concours de leur industrie ou de leurs travaux, les dites délibérations ou conventions, accompagnées ou non de serment, sont déclarées inconstitutionnelles, attentatoires à la liberté et à la Déclaration des droits de l'homme, et de nul effet ; les corps administratifs et municipaux seront tenus de les déclarer telles. Les auteurs, chefs et instigateurs qui les auront provoquées, rédigées ou présidées, seront cités devant le tribunal de police, à la requête du procureur de la commune, condamnés chacun à cinq cents livres d'amende et suspendus pendant un an de tous droits de citoyen actif, et de l'entrée dans les assemblées primaires ». Les délinquants devaient, en outre, être écartés de tous les travaux exécutés par les administrations publiques. D'après l'article 6 « si les dites délibérations ou convocations, affiches apposées, lettres-circulaires, contenaient quelques menaces contre les entrepreneurs, artisans, ouvriers ou journaliers étrangers qui viendraient travailler dans le lieu, ou contre ceux qui se contenteraient d'un salaire inférieur, tous auteurs, instigateurs et signataires des actes ou écrits, seront punis d'une amende de mille livres chacun et de trois mois de prison. — Art. 7 : ceux qui se serviraient de menaces ou de violences contre les ouvriers usant de la liberté accordée par les lois constitutionnelles au travail et à l'industrie, seront poursuivis par la voie criminelle et punis suivant la rigueur des lois comme perturbateurs du repos public. — Art. 8 : Tous attroupements composés d'artisans, ouvriers, compagnons, journaliers, ou excités par eux contre le libre exercice de l'industrie et du travail, appartenant à toutes sortes de personnes, et sous toute espèce de conditions convenues de gré à gré, ou contre l'action de la police et l'exécution des jugements rendus en cette matière, ainsi que contre les enchères et adjudications publiques de diverses entreprises, seront tenus pour attroupements séditeux, et, comme tels, ils seront dissipés par les dépositaires de la force publique, sur les réquisitions légales qui en seront faites, et punis selon toute la rigueur des lois sur les auteurs, instigateurs et chefs des dits attroupements et sur tous ceux qui auront commis des voies de fait et des actes de violence ».

pris davantage d'extension. En second lieu, ils voyaient dans les associations formées par des ouvriers ou patrons d'une même profession, une tentative de reconstitution des corporations qui avaient été abolies en 1789. Enfin, ils s'appuyaient sur un principe où éclatait l'esprit rigoureusement individualiste de la Révolution, celui que Lechapellier exposait dans les termes suivants : « C'est aux conventions libres, *d'individu à individu*, à fixer la journée pour chaque ouvrier ; c'est ensuite à l'ouvrier à maintenir la convention qu'il a faite avec celui qui l'occupe. »

C'est sur le même principe que s'appuieront, pendant tout le cours du XIXe siècle, les adversaires des associations et des syndicats ouvriers. Ils accorderont à l'ouvrier le droit de débattre les conditions de *son travail* avec *son patron*, mais ils refuseront aux ouvriers la faculté de s'associer, de se syndiquer, pour discuter les conditions de leur travail collectif avec leurs patrons et surtout avec tous les patrons d'une même industrie.

Les autres actes sociaux de la Révolution indiquent très nettement la pensée de venir en aide à ceux qui souffrent, de faciliter l'accès du travail à tous ceux qui en vivent, mais les décrets ou lois relatifs à ces matières ne produisirent à peu près aucun effet et même ne furent pas exécutés.

Ce qui domina dans la Révolution, ce qu'elle a laissé dans nos esprits et dans nos lois, c'est surtout la notion des libertés individuelles, et celle de l'égalité sociale. La portion capitale de son œuvre est essentiellement individualiste. On pourrait la résumer en disant que la Révolution a ouvert la porte toute grande à la lutte individuelle pour l'existence et à la concurrence sociale.

Il est même permis d'ajouter que pendant la durée de

la Révolution, la lutte pour l'existence et la concurrence sociale ont commencé de produire tous leurs effets au profit de ceux qui alors étaient les mieux armés pour les soutenir, ceux qui s'y étaient préparés pendant les derniers siècles de la monarchie, ceux que Sieyès appelait le Tiers état et dont il disait que n'étant rien avant la Révolution, ils devaient, par elle devenir Tout.

CHAPITRE IV

LA CONCURRENCE SOCIALE EN FRANCE. SON INFLUENCE SUR NOTRE LÉGISLATION DEPUIS LA RÉVOLUTION JUSQU'A L'AVÈNEMENT DE LA TROISIÈME RÉPUBLIQUE

Nous avons constaté, dans un autre chapitre, l'existence dans notre pays, pendant tout le moyen âge, de trois classes supérieures distinctes : une aristocratie politique et militaire formée surtout par les barbares conquérants et leurs héritiers ; une oligarchie ploutocratique et intellectuelle naissante, formée par les industriels, les commerçants, les hommes d'affaires et les gens de lettres; une oligarchie religieuse constituée par le haut clergé, héritier, dans une certaine mesure, de l'autorité des comtes de l'empire romain.

Au-dessous de ces trois hautes classes, grouillait une plèbe de paysans et d'ouvriers sans droits, sans liberté, tellement dépourvus d'instruction qu'ils avaient à peine la notion de leurs droits individuels, et réduits par l'atavisme à un tel état de servilité, qu'en dehors de quelques crises passagères, ils ne songeaient même pas à la possibilité de leur émancipation. Ces derniers sont tellement écrasés et si dociles qu'ils comptent à peine dans la société, quoiqu'ils en représentent la portion la plus laborieuse et la plus indispensable à l'entretien des autres classes.

LA CONCURRENCE SOCIALE ENTRE LES CLASSES SUPÉRIEURES

Entre les classes supérieures, la concurrence sociale est particulièrement vive. Elle se prolonge jusqu'à l'époque de la Révolution sans qu'aucune d'elles obtienne une victoire décisive. Cependant, par suite de l'accord qui s'établit entre la monarchie et les deux oligarchies religieuse et bourgeoise, l'autorité de la classe aristocratique s'atténue à mesure que l'on s'éloigne du xe siècle où elle avait atteint son apogée. A la veille de la Révolution, elle a perdu tout son pouvoir politique, elle ne forme plus qu'une sorte de caste militaire, entièrement soumise au pouvoir politique du Roi. L'oligarchie religieuse a également perdu, dans les luttes des hautes classes, une grande partie de la puissance qu'elle avait au moyen âge; la monarchie la tient par les bénéfices qu'elle lui concède ou lui enlève à son gré, par la substitution de son autorité à celle du pape dans la nomination des évêques, par son intrusion dans les questions religieuses elles-mêmes depuis le concordat de François Ier, et surtout depuis la promulgation de l'acte de 1682. Au moment de la Révolution, l'oligarchie religieuse est entièrement soumise aux rois de France, comme l'oligarchie militaire qui a succédé à l'aristocratie politique du moyen âge.

Seule, l'oligarchie ploutocratique et intellectuelle s'est accrue pendant les luttes sociales où les autres se sont affaiblies. C'est qu'elle a, sur elles, l'avantage de posséder l'instruction, c'est-à-dire l'arme la plus précieuse de toutes dans les luttes de la vie. Par la science, elle est devenue prépondérante non-seulement dans l'industrie, le commerce, les affaires financières, mais aussi dans toutes les fonctions publiques. Dans les Parlements, elle parle presque en égale au monarque, travaille à l'affaiblissement de tous les autres pouvoirs et fait germer la Révolution qui les renversera. Dans les provinces, elle détient toute l'administration, elle conserve une autorité d'autant plus grande que, les voies de communication existant à peine, les relations sont difficiles entre la cour et les différentes parties du territoire, et que l'autorité royale, après avoir atteint la toute puissance entre les mains de Louis XIV, va s'affaiblissant chaque jour par l'indolence ou l'incapacité des successeurs du roi Soleil. Elle gère toutes les finances du royaume par les fermiers généraux : comme c'est elle qui paie l'impôt et qui le perçoit, elle n'aurait qu'à fermer ses coffres pour réduire la cour et le Roi, l'oligarchie militaire et l'oligarchie religieuse à la plus complète misère. C'est précisément ce qu'elle fera, sous le nom de Tiers état, aussitôt après la réunion des États généraux à Versailles, en 1789.

La Révolution, qui s'ouvre alors dans notre pays, présente à l'historien attentif deux faits bien distincts : d'une part, l'oligarchie ploutocratique et intellectuelle est en lutte ouverte avec les deux oligarchies militaire et religieuse ; d'autre part, la masse plébéienne, tenue jusqu'alors à l'écart de toutes les libertés et de tous les pouvoirs politiques ou sociaux, profite de l'anarchie provoquée par la lutte des hautes classes pour tenter de mettre la main sur la propriété et de conquérir quelques droits. Son intervention dans les luttes des hautes classes, d'où elle avait été jusqu'alors systématiquement écartée, crée une situation nouvelle et qui domine toute la Révolution.

TRIOMPHE DE LA CLASSE QUI POSSÈDE LA RICHESSE ET L'INSTRUCTION

L'oligarchie ploutocratique et intellectuelle acquiert rapidement la vue très nette de cette situation ; elle a conscience de ne pouvoir triompher des hautes classes contre lesquelles elle lutte depuis dix siècles, qu'en s'appuyant sur la masse sociale. Elle lui fait sa part dans les lois et dans la conduite des affaires publiques ; elle la lui fait tantôt plus grande et tantôt plus petite, suivant qu'elle redoute plus ou moins ses révoltes et ses colères, mais, alors même qu'elle se montre la plus généreuse, tous ses efforts tendent à conserver les privilèges qu'elle a conquis dès les premières journées de la Révolution.

Il était impossible qu'il en allât d'autre manière. Il eût été contraire à toutes les lois qui président à l'évolution des choses, des êtres et des hommes, que tous les privilèges accumulés pendant une longue série de siècles dans les mains d'une partie de la nation disparussent par le seul fait de la déclaration de quelques principes généraux. Les lois fatales de la concurrence pour la vie qui condamnent les sociétés humaines à être le siège de luttes incessantes pour la conquête de tous les avantages sociaux, non seulement ne pouvaient pas être abolies par la Révolution, mais, au contraire, en reçurent comme une consécration nouvelle, par la destruction de toutes les barrières que l'ancien régime avait opposées aux luttes des individus et des classes.

Il était naturel que le Tiers état tînt à conserver la puissance considérable dont il était devenu le détenteur autant par la sottise de ses rivaux que par sa propre habileté. Et si l'on doit le louer de toutes les mesures qu'il prit dans l'intérêt de la masse entière de la nation, on ne saurait s'étonner des précautions dont il s'entoura pour s'assurer à lui-même les deux forces gouvernementales édifiées par la Révolution : le pouvoir législatif et le pouvoir exécutif, le pouvoir qui fait les lois et le pouvoir qui en contrôle l'application. Par le premier, il réglera au mieux de ses intérêts les conditions sociales de la nation ; par le second, il empêchera que les lois édifiées à son profit ne soient, dans la pratique, détournées de leur but.

La souveraineté nationale est proclamée par l'Assemblée constituante, inviolable, imprescriptible et inséparable de chaque citoyen ; mais, par l'application du régime représentatif, le peuple remettra périodiquement la souveraineté tout entière entre les mains de quelques centaines de citoyens. Il suffira de faire partie du corps des représentants pour jouir pendant une, deux, trois, quatre années et même davantage, d'un pouvoir aussi absolu que celui du plus autocrate des monarques. Comme on ne pouvait pénétrer dans ce corps tout puissant qu'à l'aide de beaucoup d'argent, et à la condition de posséder une instruction assez étendue, car la parole et la plume sont les instruments nécessaires de son action, le régime représentatif devait nécessairement porter au pouvoir la classe qui avait fait la Révolution et qui entendait s'en ménager les principaux avantages.

La première manifestation politique de l'oligarchie qui allait substituer ses appétits sociaux et ses ambitions politiques aux privilèges de la noblesse, du clergé et de la monarchie autocratique, se produit dès le lendemain du 9 thermidor; elle est faite par ces jeunes gens que le peuple, en son instinct perspicace, qualifia de *jeunesse dorée*.

Formée par les fils de tous les bourgeois que la Révolution avait émancipés, de ces avocats, médecins, procureurs, financiers, hommes d'affaires que la spéculation sur les assignats, sur les fournitures de l'armée, sur les subsistances de la capitale, sur les biens du clergé et de la noblesse, venait d'enrichir, la « jeunesse dorée » avait encore le lait de la nourrice aux lèvres, elle était à peine sortie des langes de sa roture, que déjà elle imitait les mœurs des gentilshommes, et, singeant Louis XIV lui même, chassait, à coups de fouets de poste, le peuple, des tribunes de la Convention, pour y prendre sa place et dicter ses volontés aux représentants de la nation, comme le roi Soleil aux magistrats des Parlements.

RÔLE DE LA CLASSE SALARIÉE PENDANT ET APRÈS LA RÉVOLUTION

« Depuis ce jour, dit fort justement Edgard Quinet, se fait la grande scission entre les classes nées de la Révolution. Le peuple retourne à son obscur labeur ; les classes nouvellement enrichies ou qui l'étaient déjà, s'éloignent chaque jour de lui. Il sort de la vie publique et disparaît[1]. » A partir de ce moment aussi les oligarchies que Thiers appellera plus tard les « classes élevées » s'emparent du pouvoir, de toutes les forces politiques et sociales et resteront maîtresses du pays pendant un siècle.

A partir de 1795, le seul rôle que jouera la Démocratie dans la politique sera de servir de marchepied aux ambitions personnelles et d'instrument, passif autant qu'aveugle des passions et des haines qui jettent les hommes et les partis les uns contre les autres, dans les révolutions ou dans les coups d'État.

Pendant quinze ans, elle aide Bonaparte à édifier une oligarchie militaire qui, dans son ambition sans limite et ses appétits sans frein, dévorera la fortune du pays, versera le plus pur de son sang et ne se déclarera même pas assouvie quand elle l'aura livré à la honte des invasions et du démembrement.

Pendant quinze autres années, elle aide la monarchie

1. Edgard Quinet, *La Révolution*, t. III, p. 134.

de droit divin, restaurée par l'étranger, à rétablir dans son ancienne puissance l'oligarchie ecclésiastique brisée par la Révolution et à relever, autant que des ruines peuvent l'être, la noblesse de l'ancien régime.

Puis elle acclame, avec le même naïf enthousiasme, l'oligarchie financière que Lafayette lui présente, en la personne d'un prince d'Orléans, comme « la meilleure des républiques ».

A peine est-elle dotée du suffrage universel par l'insurrection populaire de 1848, qu'elle restaure, avec Louis-Napoléon, l'oligarchie militaire réduite au silence depuis un demi-siècle, l'oligarchie ecclésiastique condamnée à une impuissance relative pendant les dix-huit années de la monarchie constitutionnelle, et l'oligarchie financière un moment jugulée par le mouvement révolutionnaire qui l'avait chassée du pouvoir en même temps que Guizot et Louis-Philippe. Il a fallu que le second empire, en qui elle s'était crue incarnée, s'effondrât comme le premier sous les coups de la défaite, de l'invasion et du démembrement de la patrie, pour qu'elle sortît enfin de ses illusions presque séculaires.

Son réveil fut douloureux. Force lui fut de constater que dans toutes les lois faites depuis un siècle, que dans toute l'œuvre gouvernementale échafaudée par deux empires et deux monarchies, il se trouvait à peine deux ou trois dispositions favorables à ses intérêts. Tout le reste n'avait été conçu, préparé, réalisé, mis en textes de lois ou en actes gouvernementaux, que pour le plus grand profit des oligarchies politiques et sociales dont, en son ignorance, elle se croyait émancipée depuis un siècle.

Un coup d'œil jeté sur les lois votées par les Chambres depuis la Révolution jusqu'à l'avènement de la troisième République permettra au lecteur de se rendre bien compte de ce fait.

§. I. — Lois relatives à l'instruction du peuple.

Ce qui caractérise les deux premiers tiers du XIXe siècle, c'est le soin avec lequel on tient, autant que possible, le peuple éloigné des écoles primaires. Aux yeux de l'oligarchie politique et sociale qui détient alors le pouvoir, l'ignorance de la masse est une garantie contre la tendance qu'elle a naturellement à s'élever. Pour l'oligarchie religieuse, l'ignorance est le plus sûr moyen de maintenir le peuple sous la direction des pasteurs. L'ignorance est indispensable à la foi religieuse qui, elle-même, est la condition première de l'obéissance au clergé.

L'Église catholique, en raison même de la nature de ses dogmes et de son caractère autocratique, s'est toujours montrée la plus hostile de toutes les confessions à l'instruction populaire. Comme la France est l'une des des nations qui ont le plus subi l'influence de l'Église catholique, il ne faut pas s'étonner qu'elle soit aussi l'une de celles où l'instruction populaire s'est développée le plus tardivement et avec le plus de difficultés[1].

1. Dans une enquête officielle sur l'état de l'instruction en France et à l'étranger. M. Emile Levasseur (*L'enseignement primaire dans les pays civilisés*, p. 507) a signalé ce fait significatif que partout les protestants et les israélites donnent à l'instruction primaire une importance que l'on ne trouve pas parmi les catholiques : il en donne des raisons qu'il me paraît utile de noter. « Les israélites, dit-il, forment presque partout de petites églises dont les membres sont habitués à se soutenir entre eux et surveillent leurs écoles. Les protestants exigent que les fidèles lisent la Bible pour y chercher eux-mêmes la règle de leur foi et de leur conduite, et ils placent l'époque de la première communion et surtout celle de la confirmation à un âge qui retient d'ordinaire leurs enfants à l'école plus longtemps que ceux des catholiques. Ceux-ci, quoique tenus de savoir le catéchisme, reçoivent principalement leur enseignement religieux par la parole du prêtre et leur direction morale par la confession. On peut voir que, sauf de rares exceptions, les peuples qui comptent au moins 15 écoliers par 100 habitants, sont peuplés en majorité ou en totalité de protestants ; que dans la catégorie de ceux qui comptent moins de 10 écoliers pour 100 habitants, il n'y en a pas qui soient protestants et que parmi les peuples de religion grecque, le plus avancé n'a que 5 1/2 écoliers pour 100 habitants. »

Législation de la Révolution. — La Révolution avait posé les principes de l'instruction populaire. Par la loi du 30 vendémiaire an II (21 oct. 1793), la Convention avait ordonné la création obligatoire de ce qu'elle appelait les « premières écoles » dans toutes les communes ayant une population supérieure à 400 habitants et leur création facultative dans les communes moins peuplées[1].

Une seconde loi du 7 brumaire an II (28 oct. 1793) fait nommer les instituteurs au choix et après examen, par des Commissions communales, et leur assure un traitement minimum de 1 200 livres.

Ces deux lois restèrent lettre morte, par suite des circonstances et du manque de ressources.

L'Empire ne s'occupe pas du tout des écoles. La monarchie légitime leur accorde un crédit de 50 000 francs !

Législation de la Monarchie de juillet. — En 1833, cinquante ans après la promulgation des lois de la Convention, sur 33 000 communes, il y en avait 14 230 entièrement dépourvues d'écoles ou de quoi que ce soit en tenant lieu.

Le rapport officiel des inspecteurs qui furent chargés alors d'étudier l'état des écoles, constate que là où elles

1. Elle avait tracé, d'une manière remarquable pour l'époque, le programme général de l'enseignement qui devait être donné dans les « premières écoles. » Les enfants y reçoivent « la première éducation physique, morale et intellectuelle la plus propre à développer en eux les mœurs républicaines, l'amour de la patrie et le goût du travail. Ils apprennent à parler, lire, écrire la langue française... Ils acquièrent quelques notions géographiques de la France. La connaissance des droits et des devoirs de l'homme et du citoyen est mise à leur portée par des exemples et par leur propre expérience. On leur donne les *premières notions des objets naturels qui les environnent et de l'action naturelle des éléments.* Ils s'exercent à l'usage des nombres, du compas, du niveau, des poids et mesures, du levier, de la poulie et de la mesure du temps. On les rend souvent témoins des travaux champêtres et des ateliers ; ils y prennent part autant que leur âge le permet ». Les corps administratifs et les conseils généraux des Communes étaient chargés de l'exécution de la loi.

existent, les maîtres sont parfois aussi ignorants que les élèves et les bâtiments en aussi mauvais état que l'instruction.[1]

D'après la loi du 28 juin 1833, « toute commune est tenue, soit par elle-même, soit en se réunissant à une ou plusieurs communes voisines, d'entretenir au moins une école primaire élémentaire ». « Les communes chefs-lieux de département et celles dont la population excède 6 000 âmes, doivent avoir, en outre, une école primaire supérieure. » « Tout département sera tenu d'entretenir une école normale primaire, soit par lui-même, soit en se réunissant à un ou plusieurs départements voisins. » La loi de 1833 était plus théorique que pratique, car elle n'obligeait les communes à fournir aux instituteurs qu'un local pour leurs classes, leur logement et un traitement de 200 à 400 francs. Comme toute la charge était laissée aux municipalités, il était aisé de prévoir qu'un très grand nombre d'entre elles ne dépasseraient pas le traitement minimum fixé par la loi. Comme, d'autre part, aucun instituteur laïque ne pourrait vivre avec ce traitement, il était à présumer que la majeure

1. « Dans l'Ain, les instituteurs ne savent pas ce qu'ils sont chargés d'enseigner; dans le canton de Belpech, il n'y a que quatre écoles pour douze communes et sur les quatre instituteurs, trois sont des ignorants. Dans les Landes, on en trouve qui ne savent ni lire ni écrire, et d'autres qui ne comprennent pas ce qu'ils lisent. Dans la Loire-Inférieure, trois instituteurs, au plus, sur vingt, savent un peu de grammaire, et l'un des plus instruits sort du bagne. Il ne faut s'étonner ni de l'incapacité des maîtres, ni de leur mauvais choix, car l'école est incapable de les faire vivre. Beaucoup d'instituteurs font un autre métier qu'ils pratiquent même pendant la classe; il y a des cordonniers, des sabotiers, des cabaretiers, etc. Souvent le cabaret, l'école et la cuisine se tiennent dans la même salle. Les maisons d'école sont rares. La classe a lieu dans la mairie, dans un cabaret, dans un corps de garde, dans une salle de danse, sous le porche d'une église, dans une cave où l'on n'entre qu'en rampant, dans des bouges sans air ni lumière. Un des inspecteurs constate que la maîtresse a fait ses couches dans la salle d'école où il trouve le nouveau-né avec les élèves et toute la famille; le ménage ne disposait que de cette unique pièce ». (Jules Simon, *L'Ecole*, p. 70.)

partie des écoles serait tenue par des congrégations religieuses. C'est, en effet, ce qui se produisit dans beaucoup de petites communes.

Celles qui n'eurent d'instituteurs d'aucune sorte étaient encore, en 1840, au nombre de plus de quatre mille.

La plupart des instituteurs ne recevaient, à cette dernière époque, qu'un traitement insuffisant. Sur 23 000, on en comptait à peine 5 000 ayant plus de 500 francs; parmi les autres, 7 000 recevaient entre 400 et 500 francs; 7 501 ne touchaient que de 300 à 400 francs et 3 554 avaient moins de 300 francs.

N'étaient admis gratuitement dans les écoles que « ceux des élèves de la commune ou des communes réunies que les conseils municipaux auront désignés comme ne pouvant payer aucune rétribution ». Il n'en faut pas davantage pour comprendre combien devaient être nombreux les parents qui, dans le but de se soustraire à cette charge, ne faisaient donner à leurs enfants aucune instruction. Aussi, en 1857, sur 310 289 jeunes gens figurant sur les listes du tirage au sort, 97 875 ne savaient ni lire ni écrire. Dans cette même année, 475 000 garçons sur 2 250 000, et 533 000 filles sur 2 593 000 sont signalés par les statistiques comme ne figurant pas sur les tableaux des écoles; il est acquis que la moitié des inscrits ne mettait jamais les pieds dans les classes.

Législation de la Présidence de Bonaparte et du Second Empire. — Il faut dire que les instituteurs, même congréganistes, faisaient défaut. Ce fut une des raisons que l'on invoqua pour introduire dans la loi du 15 mars 1850 « l'équivalence » du brevet de capacité. En principe, cette loi, comme celle de 1833, exigeait des maîtres le brevet de capacité pour l'enseignement primaire, mais elle en dispensait « tout ministre, non interdit ni révoqué de l'un des cultes reconnus par l'État », tout individu pourvu d'un certificat de stage attestant qu'il avait « enseigné pendant trois ans au moins dans les écoles publiques ou libres » et toutes les religieuses pourvues d'une lettre d'obédience délivrée par les « congrégations religieuses vouées à l'enseignement et reconnues par l'État ».

La loi de 1850 prescrivait, par son article 24 : « l'enseignement primaire est donné gratuitement à tous les enfants dont les familles sont hors d'état de le payer » ; mais les circulaires qui en interprétaient l'esprit avaient soin de limiter aux seuls indigents le bénéfice de la gratuité, et de fixer, dans chaque commune, un minimum d'indigents susceptibles de jouir de cette gratuité. Aussi a-t-on pu dire, sans exagération, que le double but de cette loi était de remettre l'enseignement primaire à l'Église et de le limiter aux seuls citoyens assez riches pour le payer.

Conçue par des cléricaux, votée par des oligarchistes, cette loi était, au plus haut degré, anti-démocratique. Cependant, comme elle améliorait, dans une certaine mesure, le sort pécuniaire des instituteurs, elle provoqua le développement des Ecoles primaires. En 1863, le nombre des instituteurs et institutrices primaires s'élève à 70441, pour 52445 écoles fréquentées, du moins sur le papier, par 3413830 élèves des deux sexes. Il y avait encore plus de deux millions d'enfants ne recevant aucun enseignement, même d'après les statistiques officielles, qu'on ne pouvait pas soupçonner de se tenir au-dessous de la vérité.

Vers la fin de l'Empire, sous la poussée de l'opposition parlementaire et de l'opinion publique, qui commençait à réclamer des progrès démocratiques, le gouvernement de Napoléon III adopta des mesures beaucoup plus libérales que celles de 1850. Un décret du 26 mars 1866 supprima la règle du « maximum » qui interdisait d'admettre dans les écoles publiques plus d'un certain nombre d'élèves gratuits; puis la loi du 10 avril 1867 autorisa les communes à établir la gratuité absolue en s'imposant extraordinairement et en demendant l'assistance du département ou de l'Etat. La même loi contraignait les communes de cinq cents âmes et au-dessus d'avoir une école de filles, à moins d'une dispense expresse du Conseil départemental. Elle améliorait le traitement des maîtres et maîtresses et elle autorisait la création, dans toutes les communes, d'une « caisse des écoles, destinée à encourager et à faciliter la fréquentation des classes.

Enfin, une loi du 26 juillet 1870 améliora le traitement des instituteurs les plus anciens.

En 1870, la subvention de l'État pour l'instruction primaire n'était encore que de six millions et demi.

§ II. — Législation relative à la propriété foncière.

En même temps qu'elle s'efforçait de maintenir le peuple aussi longtemps que possible dans l'ignorance, l'oligarchie détentrice des pouvoirs publics prenait des dispositions pour que les propriétés foncières acquises pendant la Révolution par les moyens que nous avons indiqués se perpétuassent dans les mêmes familles.

C'est cette préoccupation qui inspira l'article 756 du code civil: « les enfants naturels ne sont point héritiers; la loi ne leur accorde de droits sur les biens de leur père ou mère décédés, que lorsqu'ils ont été légalement reconnus. Elle ne leur accorde aucun droit sur les biens des parents de leur père ou mère; » l'article 913: « les libéralités, soit par acte entre vifs, soit par testament ne pourront excéder la moitié des biens du disposant, s'il ne laisse à son décès qu'un enfant légitime, le tiers s'il laisse deux enfants; le quart s'il en laisse trois ou un plus grand nombre, » et l'article 915 : « les libéralités par acte entre vifs ou par testament, ne pourront excéder la moitié des biens, si, à défaut d'enfant, le défunt laisse un ou plusieurs ascendants dans chacune des lignes paternelle ou maternelle et les trois quarts, s'il ne laisse d'ascendants que dans une ligne... » Faite par la classe ploutocratique, la loi devait contribuer à maintenir la propriété foncière entre les mains de cette classe.

Le partage égal des biens entre tous les enfants et ses conséquences. — Avant la Révolution, un grand nombre de bourgeois et même de paysans, autant par le désir d'imiter la noblesse qu'en vertu des idées régnantes, s'arrangeaient de manière à laisser à un de leurs enfants leur propriété terrienne tout entière. Les coutumes locales les y autorisaient.

Au début de la Révolution, les opinions, dans les assemblées législatives, étaient très divisées au sujet de l'application de cette sorte de droit d'aînesse; mais le principe de l'égalité l'emporta dans la loi du 7 mars 1789 et il est resté dominant, depuis cette époque. C'est lui qui a inspiré l'article 745 du code civil.

L'esprit égalitaire si développé déjà dans notre race en a été renforcé, au point qu'aujourd'hui le législateur passerait pour vouloir restaurer les inégalités sociales de l'ancien régime, s'il tentait de rétablir le droit de tester admis jusqu'en 1789 dans les coutumes locales de presque toutes les parties de la France. Les enfants considèrent comme un droit absolu de se partager également l'héritage de leurs parents; ceux que le père ou la mère avantagent sont en butte à l'animosité de leurs frères et sœurs. Les parents eux-mêmes sont convaincus qu'ils commettent une mauvaise action quand ils disposent d'une partie quelconque de leur bien en faveur d'un de leurs enfants.

Il n'est douteux pour personne que la cause principale, peut-être même unique, de la diminution de la natalité dans notre pays, c'est la *volonté* des citoyens eux-mêmes. Il naît moins d'enfants en France qu'en Allemagne, en Angleterre, en Russie, etc., parce que les Français *veulent* qu'il en naisse moins, et leur volonté est déterminée par les idées régnantes sur les relations entre le nombre des enfants et la fortune des parents.

Les jeunes Français s'expatrient moins volontiers que les jeunes Anglais, et prennent moins activement de l'initiative parce qu'ils savent pouvoir compter sur la fortune de leurs parents.

L'antagonisme naturel qui existe entre les intérêts de la famille et ceux de la société est, ainsi, renforcé encore par notre législation sur les successions.

D'un autre côté, la division de la propriété entre tous les enfants a pour conséquence un morcellement excessif de la terre, d'autant plus défavorable à la culture qu'il porte plus particulièrement sur des propriétés déjà petites.

Les petits propriétaires ne possèdent, d'ordinaire, pas autre chose que la terre dont ils vivent en la cultivant eux-mêmes; s'ils parviennent à réaliser quelques économies, c'est à étendre leurs champs qu'ils les emploient, car aucun autre placement ne pourrait, pour eux, être meilleur. S'ils ont plusieurs enfants, leur propriété sera presque nécessairement divisée, car elle formera seule tout leur héritage. Au contraire, la moyenne et surtout la grande propriété sont généralement accompagnées d'autres sources de revenus : emplois dans l'armée, dans la marine, dans la magistrature, dans les administrations publiques ou dans les grandes sociétés financières, commerciales ou industrielles, valeurs mobilières, etc. Il est donc plus facile aux enfants de ces propriétaires de s'entendre, au moment du partage des biens de leurs parents, pour que la propriété terrienne reste tout entière entre les mains de l'un d'entre eux. C'est grâce à ces conditions que l'on voit se perpétuer certaines grandes propriétés dans une même famille pendant plusieurs générations. D'un autre côté, comme ces familles possèdent des revenus supérieurs à leurs besoins, elles se trouvent en mesure d'acheter les biens dont la loi successorale détermine l'émiettement autour d'elles. Enfin, comme les grandes propriétés rapportent beaucoup plus que les petites, parce que ceux qui les détiennent peuvent les améliorer et les cultiver plus économiquement et plus scientifiquement, on constate que partout où la grande propriété existe, elle a, dans ce moment, une tendance manifeste à s'agrandir par l'absorption des petites terres qui l'entourent.

Dans certaines régions de la France, particulièrement dans le Nord, où l'on fait surtout des cultures industrielles, il est aisé de constater que la petite propriété est en train de se fondre dans la grande, comme les petits ateliers se sont fondus dans les grandes usines.

Droits de transmission favorables aux grands propriétaires. — Les droits considérables qui grèvent la transmission de la propriété et les formalités qui l'entravent sont encore des causes puissantes de concentration de la propriété entre les mains des gens qui possèdent autre chose que la terre. Le paysan qui veut acheter quelques hectares de terre est tenu de calculer avec soin les frais qu'il devra payer en sus du prix d'achat. Cela le fait hésiter à augmenter la surface de son champ, tandis que le grand propriétaire trouvera dans les revenus étrangers à sa propriété le moyen d'acheter le même lopin de terre et il le pourra payer d'autant plus cher que les frais lui paraissent moins lourds.

Il en est, en effet, des droits de transmission de la propriété comme de tous nos autres impôts : Comme ils sont simplement proportionnels, ils paraissent grever autant le pauvre que le riche, mais ils ne pèsent pas, en réalité, du même poids sur l'un que sur l'autre. Dix pour cent de droits de transmission sur dix mille francs sont beaucoup pour un paysan qui a dû économiser dix mille francs, sou à sou, sur son logement, ses habits, sa nourriture; ils sont peu de chose pour un banquier, un commerçant, un industriel qui ont vingt-cinq ou cinquante mille francs de rente en dehors de leur propriété. Là où le paysan hésitera devant l'achat d'une terre de dix mille francs, parce qu'il lui en coûterait mille francs de frais, le grand propriétaire, le financier, le commerçant ou l'industriel ne s'arrêteront pas une seconde.

Pour conclure, en admettant que nos lois sur la propriété foncière et sur les successions aient eu pour objet de favoriser la formation de la petite propriété et sa multiplication, elles n'ont pas atteint leur but, en raison du système fiscal qui grève les mutations et les héritages de façon à peser principalement sur la petite propriété. Aussi l'ensemble du système mérite-t-il véritablement l'étiquette d'oligarchique. Nées de la concurrence sociale ouverte par la Révolution entre les grands et les petits propriétaires et rédigées par les premiers, ces lois sont manifestement animées d'un esprit plus favorable à la grande propriété qu'à la petite et leur effet indéniable est de concentrer dans les mains d'un nombre restreint de familles la majeure partie de la propriété immobilière.

Impôts directs et indirects favorables aux plus riches. — C'est encore au profit des détenteurs de la richesse que tournent nos impôts directs et indirects et notre législation douanière. Sous son apparente équité, la proportionnalité des impôts directs cache une profonde injustice. On ne saurait contester, en effet, qu'un impôt de 3 p. 100, par exemple, sur un revenu de 3 000 francs, ne soit plus lourd à supporter que le même impôt de 3 p. 100 sur un revenu de 30 000 francs ; c'est beaucoup, 90 francs, pour un père de famille qui ne dispose que de 3 000 francs par an ; 900 francs sont peu de chose pour celui qui dispose de 30 000 francs de rente.

La façon dont les impôts directs sont établis contribue encore à les rendre plus lourds aux petites gens. Qui ne connaît les imperfections du cadastre et les iniquités qu'il fait commettre? qui ne sait que la grande propriété supporte plus facilement l'impôt foncier que la petite, parce que ses dépenses sont relativement moindres et son rendement plus considérable?

En ce qui concerne la propriété bâtie, ne sait-on pas que les propriétaires s'arrangent, toujours et partout, de manière à faire supporter par les locataires la majeure partie de la contribution foncière et de l'impôt sur les portes et fenêtres?

La contribution mobilière, qui prend pour base la valeur locative de l'habitation, est, sans contredit, celle des contributions directes qui s'applique le plus exactement à l'objet qu'elle frappe; néanmoins il est rare qu'elle soit entièrement équitable. Tel rentier, assez riche pour ne rien faire, célibataire ou marié sans enfants, peut se contenter d'un modeste appartement en ville ou d'une petite maison à la campagne, tandis que tel autre citoyen, sans fortune, gagnant sa vie et celle de sa famille par son travail, est obligé, tant à cause de sa profession que du nombre de ses enfants, d'avoir un grand appartement à la ville ou une grande maison à la campagne. Le premier échappe presque à la contribution mobilière ; le second est lourdement grevé par elle. Cependant, le premier ne rend aucun service à la société, tandis que le second la sert par son travail et par sa famille. Il y a là, sans contredit, une injustice sociale flagrante.

L'impôt des patentes présente le même défaut, à un degré peut-être plus élevé encore. Il a la prétention d'être établi d'après l'importance des affaires qu'on suppose être faites par le commerçant ou l'industriel qui le paie, mais comme le législateur en a écarté systématiquement tout ce qui pourrait le faire ressembler à un impôt sur le revenu, on a dû s'ingénier à évaluer l'importance de l'industrie ou du commerce d'après des signes extérieurs ; or, la plupart de ceux-ci sont très défectueux. Le « droit fixe, » par exemple, qui constitue la partie fondamentale de la patente, est calculé d'après le chiffre de la population de la ville où siège chaque industrie et chaque commerce ; il est d'autant plus élevé que la population est plus nombreuse, parce qu'on suppose que les ventes sont proportionnelles au nombre des habitants. Or, il est évident que si cela peut être vrai pour une partie des patentés, il n'en est pas de même pour un grand nombre d'autres, soit en raison de la nature de leur commerce ou industrie, soit pour des motifs particuliers à chaque commerçant ou industriel. Le second droit, dit « proportionnel », qui contribue à former l'impôt de la patente, varie suivant l'importance de l'industrie estimée d'après divers signes extérieurs ; il est du dixième au vingtième de la valeur locative de l'immeuble occupé par l'industrie ou le commerce, comme si cette valeur pouvait donner une idée du chiffre des affaires et de celui des bénéfices.

Les imperfections de l'assiette sur laquelle est établi l'impôt des patentes apparaissent plus nettement que jamais depuis la fondation des grands magasins de nouveautés, d'épicerie, etc., des bazars et autres établissements, où sont réunis, dans un même local, un nombre plus ou moins considérable de commerces divers, et qui font, chaque année, un chiffre énorme d'affaires. Il ressort clairement de toutes les statistiques et de toutes les observations, que les grands établissements sont proportionnellement beaucoup moins frappés par l'impôt des patentes que les petits commerçants.

Les impôts indirects de consommation, les octrois et les droits de douane sont plus préjudiciables encore que les impôts directs aux parties laborieuses de la nation, car ils élèvent le prix de la plupart des objets indispensables à la vie.

D'une manière générale, si notre législation fiscale est, comme celle de la propriété et comme celle de l'instruction, essentiellement oligarchique, c'est-à-dire plus favorable à la fraction fortunée de notre société qu'à sa portion pauvre, c'est que l'influence de la première sur les pouvoirs publics est beaucoup plus considérable que celle de la seconde.

Régime douanier défavorable à la classe salariée. — Tout notre régime douanier a également sa source dans l'inégalité de puissance politique et sociale des diverses parties de la nation.

Ce n'est pas un spectacle des moins curieux de notre temps que celui des ennemis les plus acharnés du socialisme d'État se posant en défenseurs non moins énergiques du protectionnisme douanier. Tandis qu'ils refusent à l'État le droit d'intervenir dans les relations des ouvriers avec les patrons et des employeurs avec les employés, ils n'hésitent pas à modifier les conditions même du travail par leur intervention dans l'établissement du prix des denrées alimentaires et des produits de l'industrie. Ils ne veulent point entendre parler de la fixation des salaires, mais ils ne craignent pas d'en augmenter ou d'en diminuer la valeur relative, par l'élévation ou l'abaissement du prix des objets de consommation qui résulte de l'exhaussement ou de la réduction des droits de douane. Il est impossible, en effet, que le prix du blé, par exemple, s'élève, par suite des tarifs dont les blés étrangers sont frappés à l'entrée en France, sans que le prix du pain soit augmenté dans une proportion corrélative. Or, augmenter le prix du pain de 10 ou 15 centimes, c'est absolument comme si l'on diminuait les salaires de la même somme, car le salaire de la journée de travail ne suit pas les variations de la valeur du pain. Par contre, les bénéfices des agriculteurs sont augmentés dans une proportion équivalente à la perte subie par tous ceux qui consomment leur blé.

On objecte à ce fait et à tous ceux analogues que, si la protection douanière est favorable d'abord aux producteurs de l'industrie ou de l'agriculture, ces avantages rejaillissent ensuite sur les travailleurs, parce que les producteurs, gagnant davantage, achètent beaucoup plus, ce qui procure un excédent de travail aux classes laborieuses. Il en serait ainsi, en effet, si la nation qui garnit ses frontières de droits protecteurs n'était pas traitée de la même façon par les autres peuples, si elle pouvait continuer à exporter au dehors les produits de son agriculture ou de son industrie, tandis que les produits de l'extérieur ne pourraient pas entrer chez elle ; mais, en fait, ce n'est point ainsi que les choses se passent : à des tarifs protecteurs l'étranger répond par des tarifs de même nature, et, fatalement, à une heure donnée, l'exportation doit diminuer, ou ne pas augmenter comme elle pourrait le faire si les pays étrangers lui étaient ouverts.

Q'on le veuille ou non, par la force des choses, la protection aboutit donc toujours à ce double résultat : augmentation des bénéfices d'une portion restreinte de la société, celle qui est déjà la plus riche, et prélèvement de ces bénéfices sur la masse sociale, sur celle qui est le moins riche et qui travaille le plus. C'est donc très justement que le protectionnisme est assimilé par les économistes au socialisme d'État ; mais il faut ajouter, pour le bien caractériser, qu'il constitue un socialisme oligarchique, ce que l'on a nommé « le socialisme des riches[1] ».

§ III. — Législation relative au travail et aux ouvriers.

Le principe posé par la Révolution, en matière de travail, est le droit pour tout citoyen de se livrer au labeur qui lui convient. Comme, en même temps, elle proclamait l'égalité de tous les citoyens devant la loi, on en doit conclure qu'elle condamnait d'avance toute mesure législative ou gouvernementale ayant pour conséquence de placer l'ouvrier en état d'infériorité, à un point de vue quelconque, vis-à-vis du patron.

Le Livret.

Or, par l'institution du *Livret*, ou pour mieux dire par son rétablissement, en 1803, les ouvriers furent

1. M. Yves Guyot (*Economie de l'effort*, p. 214) assimile très justement les droits de douane à un impôt perçu au profit des producteurs et il fait cette observation : « Je m'en tiens au principe qui a été formulé par les hommes de 1789, qui a été répété par tous les libre-échangistes, le contribuable ne doit l'impôt qu'à l'Etat; il ne doit d'impôt à aucun propriétaire pour assurer ses revenus; il ne doit d'impôt à aucun industriel pour assurer ses bénéfices ».

ramenés à une condition inférieure à celle de tous les autres citoyens, puisqu'ils étaient soumis à des obligations particulières en raison même de la manière dont ils gagnent leur vie.

La première idée du livret remonte au milieu du XVIIIe siècle, à l'époque où les corporations perdent une portion notable de leurs privilèges, surtout en ce qui concerne l'autorité des patrons sur les ouvriers. En vertu d'une ordonnance du 2 janvier 1749, aucun ouvrier ne pouvait entrer dans un atelier qu'en montrant à son nouveau patron un congé écrit, à lui délivré par le patron précédent. Un nouvel acte du 8 janvier 1789 prescrivait aux ouvriers de se munir d'un livret sur lequel seraient inscrits *les congés de tous les patrons* chez lesquels ils auraient travaillé et sans lequel ils ne pourraient être admis dans aucun atelier. Cette obligation disparut, en 1791, avec la suppression des jurandes et des maîtrises. Elle fut rétablie par la loi du 22 germinal an XI (12 avril 1803) et organisée par l'arrêté consulaire du 9 frimaire an XII (1er décembre 1803).

D'après l'article 1er de ce dernier acte « tout ouvrier travaillant en qualité de compagnon ou garçon devra se pourvoir d'un livret » coté et paraphé par un commissaire de police à Paris, Lyon et Marseille, par le maire ou un adjoint dans les autres communes. « Le premier feuillet portera le sceau de la municipalité, et contiendra le nom et le prénom de l'ouvrier, son âge, le lieu de sa naissance, son signalement, la désignation de sa profession et le nom du maître chez lequel il travaille. » D'après l'article 3, « tout ouvrier qui voyagerait sans être muni d'un livret ainsi visé sera réputé vagabond, et pourra être arrêté et puni comme tel. » Sur ce livret devaient être inscrits tous les congés des patrons ayant employé l'ouvrier et le visa du patron nouveau, à la date d'entrée dans l'atelier.

D'après l'article 7, qui devait donner lieu à de graves abus, « l'ouvrier qui aura reçu des avances dans son salaire, ou contracté l'engagement de travailler un certain temps, ne pourra exiger la remise de son livret et la délivrance de son congé qu'après avoir acquitté sa dette par son travail et rempli ses engagements, si son maître l'exige ». Imprévoyants, comme tous ceux qui ne possèdent rien, les ouvriers demandaient ou acceptaient des avances qu'il leur était impossible de rembourser, et ils se trouvaient liés à l'égard du patron tant qu'il plaisait à ce dernier de les garder. C'est de la même façon que procèdent aujourd'hui les tenanciers des maisons publiques pour retenir leurs pensionnaires. Les abus occasionnés par l'article 7 du décret du 9 frimaire an XII ne furent corrigés que par un décret du 14 mai 1851 qui autorisait les ouvriers à exiger la remise du livret, même s'ils étaient endettés envers le patron, pourvu qu'ils eussent achevé et livré le travail qu'ils s'étaient engagés à faire.

Plus tard, après la constitution de l'empire, une loi du 22 juin 1854 rend plus strictes encore que par le passé les prescriptions relatives au livret. Celui-ci ne fut supprimé qu'en 1870, après la proclamation de la République. Il n'a point été rétabli : l'ouvrier est assimilé à tous les autres citoyens ; les obligations qu'il contracte à l'égard de celui qui le fait travailler ne sont soumises qu'aux conditions générales du contrat de louage.

Les coalitions et les grèves.

L'assemblée constituante avait tenté de réglementer, à un autre point de vue, les relations des ouvriers avec les patrons. Par la loi du 14 juin 1794, elle interdit toute coalition d'ouvriers ou de patrons ayant pour objet la modification des conditions du travail ou l'élévation des salaires. Les patrons et les ouvriers étaient, à cet égard, soumis aux mêmes obligations.

La loi du 12 avril 1803 établit, à ce même point de vue, une différence capitale entre les patrons et les ouvriers. Les coalitions des patrons n'étaient considérées comme délictueuses que si elles avaient pour but de « forcer *injustement et abusivement* l'abaissement des salaires, » c'est-à-dire dans des conditions qu'il serait toujours très difficile d'établir, tandis que les coalitions d'ouvriers tombaient sous le coup de la loi dès qu'elles avaient pour objet de « cesser de travailler. » La grève simple « non abusive et injuste », n'était pas un délit pour les patrons, elle en était un pour les ouvriers.

Les trois articles 6, 7 et 8 de la loi de 1803 furent introduits, à peu près sans changement, dans le code pénal de 1810, où ils formèrent les articles 414 à 416. En 1849, ils subirent une légère modification : les patrons furent entièrement assimilés aux ouvriers, au double point de vue du délit et de la peine, mais la coalition, en vue de la cessation du travail, restait formellement interdite.

C'est seulement par la loi du 25 mai 1864 que le droit de coalition et de grève fut inscrit dans notre législation ; mais la coalition et la grève restent passibles de pénalités, si elles ont été amenées ou maintenues « à l'aide de violences, voies de fait, menaces ou manœuvres frauduleuses » (art. 414). La peine est plus forte, en vertu de l'article 415, lorsqu'il y a eu « plan concerté » pour amener les sortes de coalitions déjà punies par l'article 414 ; elle est augmentée encore par l'article 416, quand le plan concerté a été suivi de l'emploi d' « amendes, défenses, proscriptions, interdictions » ayant « porté atteinte au libre exercice de l'industrie ou du travail ». Les patrons et les ouvriers sont, d'ailleurs, traités exactement de la même façon. Les uns et les autres peuvent se coaliser et cesser ou faire cesser de travailler, sans avoir aucun compte à rendre à la justice, pourvu qu'ils ne se livrent ni à des violences ou voies de fait, ni à des menaces ou manœuvres frauduleuses, amendes, proscriptions, etc.

C'était véritablement un droit nouveau, ou, si l'on préfère, un droit jusqu'alors méconnu, que la loi de 1864 reconnaissait aux ouvriers et aux patrons, aux employeurs et aux employés.

Ce droit a été considérablement renforcé et rendu d'un exercice plus facile par les lois qui ont, en 1881, institué la liberté de la presse et la liberté de réunion, puis, en 1884, autorisé la formation des syndicats professionnels et abrogé l'article 416 du Code pénal. Mais il est impossible de nier que jusqu'à ce jour les patrons en ont tiré plus de profit que les ouvriers. Grâce aux capitaux dont les premiers disposent, ils ont pu constituer des syndicats puissants, tandis que les ouvriers, au moment où ils se coalisent et se mettent en grève, sont presque toujours dépourvus de ressources. On pourrait dire qu'ils déclarent la guerre sans avoir ni munitions ni moyens de s'en procurer, ce qui les condamne, dans la plupart des cas, à une défaite certaine.

Cela n'empêche point les grèves de devenir sans cesse plus nombreuses et d'offrir un caractère de plus en plus aigu. Il est impossible qu'il en soit autrement. La loi de 1864 n'était pas autre chose qu'une arme de guerre mise par la société elle-même entre les mains des ouvriers et des patrons, comme pour les encourager à des luttes vers lesquelles ils ne sont que trop poussés par des intérêts et des passions contraires, luttes, d'ailleurs, d'où les patrons devaient presque toujours sortir vainqueurs, car, avec le capital, ils détiennent la force.

La durée du travail quotidien et les salaires.

Les deux questions les plus importantes, au point de vue du sort des ouvriers, de celui de leur famille et de l'avenir de la race, sont celles de la durée de la journée de travail et des salaires. Elles avaient été complètement négligées par la Révolution ; elles ne l'ont pas été beaucoup moins pendant les deux premiers tiers du XIXe siècle.

Hommes, femmes, enfants même ont pu être soumis, pendant soixante ans, au travail le plus excessif, rémunéré par les salaires les plus minimes, sans que ni les gouvernements ni les assemblées législatives parussent s'en apercevoir. On ne pensait qu'à une chose : réduire le plus possible les dépenses de chaque industrie et de chaque commerce, afin de pouvoir concurrencer les industries et les commerces rivaux. Comme le salaire et la durée du travail sont les deux éléments dont le patron dispose le plus facilement, on abaissait les salaires et on augmentait la durée du travail autant que le permettait le jeu de l'offre et de la demande.

Or, comme il y a toujours plus de bras que de travail, les demandeurs de travail subissaient toutes les conditions qu'il plaisait aux patrons de leur imposer.

Pendant cinquante ans, les pouvoirs publics assistèrent impassibles au spectacle d'ouvriers travaillant au delà de leurs forces pour un gain très inférieur à leurs besoins, sous le prétexte que, la Révolution ayant proclamé la liberté individuelle, l'État n'avait pas à intervenir dans les contrats entre ouvriers et patrons. C'était la concurrence sociale dans toute sa brutalité. D'un côté, une oligarchie toute puissante et n'aspirant qu'à la richesse ; de l'autre, une masse énorme de travailleurs condamnés à un labeur et à une misère sous lesquels ils auraient succombé si quelques esprits clairvoyants et quelques cœurs généreux n'avaient pas poussé les cris d'alarme qui préludèrent à la Révolution de 1848.

Pendant cette première moitié du XIXe siècle, une seule loi témoigne de quelques sentiments d'humanité de la part des pouvoirs publics, c'est celle du 22 mars 1841 qui limite la durée du travail des enfants et des femmes.

Des enfants de moins de huit ans travaillaient alors dans les mines ; des enfants de quinze à seize ans faisaient quatorze et seize heures de travail par jour ! La loi limitait à huit heures par jour le travail des enfants de huit à onze ans ; elle ne fut pas obéie !

Quant aux adultes, c'est seulement la seconde République qui s'en occupa.

Un décret du 2 mars 1848, décide, par son article premier : « La journée de travail est diminuée d'une heure. En conséquence, à Paris où elle était de onze heures, elle est réduite à dix ; et en province, où elle avait été jusqu'ici de douze heures, elle est réduite à onze ». Un deuxième décret du 4 avril 1848 punit d'amende et d'emprisonnement les chefs d'ateliers qui, à Paris, imposeront à leurs ouvriers plus de dix heures de travail.

L'Assemblée nationale revint sur ces décisions ; par la loi du 9 septembre 1848, elle fixait à « douze heures de travail effectif » la journée de l'ouvrier « dans les manufactures et usines ». Elle prévoyait en outre que des règlements d'administration publique pourraient augmenter la durée du travail dans certaines industries.

Un décret du 17 mai 1851, pris en vertu de cette dernière disposition, mit en dehors de la loi les travaux suivants, dont la durée n'était pas limitée : « travail des ouvriers employés à la conduite des fourneaux, étuves, sécheries et chaudières à débouillir, lessiver ou aviver ; travail des chauffeurs attachés au service des machines à vapeur, des ouvriers employés à allumer les feux avant l'ouverture des ateliers, des gardiens de nuit ; travaux de décatissage ; fabrication et dessiccation de la colle forte ; chauffage dans les fabriques de savon ; mouture des graines ; imprimeries typographiques et imprimeries lithographiques ; fonte, affinage, étamage, galvanisation de métaux, fabrication de projectiles de guerre. » Sont mis également en dehors à la loi de 1848 : « le nettoiement des machines à la fin de la journée ; les travaux que rendent immédiatement nécessaires un accident arrivé à un moteur, à une chaudière, à l'outillage ou au bâtiment même d'une usine, ou tout autre cas de force majeur ». La durée du travail effectif peut encore être prolongée au delà de la limite légale : « 1° d'une heure à la fin de la journée de travail pour le lavage et l'étendage des étoffes dans les teintureries, blanchisseries et dans les fabriques d'indiennes ; 2° de deux heures, dans les fabriques et raffineries de sucre et dans les fabriques de produits chimiques ; 3° de deux heures pendant cent-vingt jours ouvrables par année, au choix des chefs d'établissement, dans les usines de teinturerie, d'imprimerie sur étoffes, d'apprêt d'étoffes et de pressage. » Un autre décret du 31 janvier 1866 accorde une heure supplémentaire pour la filature de la soie pendant soixante jours.

Cette législation est encore en vigueur aujourd'hui. Très dure par elle-même, elle est souvent aggravée encore par la coutume. Il n'est pas rare, là où existent des machines, de voir des ouvriers faire quatorze ou quinze heures de travail par jour.

Le législateur a tenté, dans quelques circonstances, de résoudre une autre question non moins intéressante que les précédentes, je veux parler de celle des salaires. En 1848, le gouvernement provisoire tenta d'améliorer les salaires des ouvriers en interdisant le *marchandage*, c'est-à-dire les bénéfices réalisés sur le travailleur par le tâcheron, personne intermédiaire entre l'entrepreneur et le travailleur.

Le décret du 2 mars 1848 stipule à ce sujet : « Considérant que l'exploitation des ouvriers par les sous-entrepreneurs ouvriers, dits *marchandeurs* ou *tâcherons*, est essentiellement injuste, vexatoire, et contraire au principe de la fraternité... décrète : l'exploitation des ouvriers par des sous-entrepreneurs ou *marchandage* est abolie. Il est bien entendu que les associations d'ouvriers qui n'ont point pour objet l'exploitation des ouvriers les uns par les autres ne sont pas considérées comme marchandage ». Un arrêté du gouvernement provisoire, du 21 mars 1848, décida, en vue de l'exécution du décret précédent : « Toute exploitation de l'ouvrier par voie de marchandage sera punie d'une amende de 50 à 100 francs pour la première fois ; de 100 à 200 francs eu cas de récidive ; et s'il y avait double récidive, d'un emprisonnnement qui pourrait aller de un à six mois. Le produit des amendes sera destiné à secourir les invalides du travail. »

Je ne dépasserai pas les limites de la vérité en disant que cette loi n'a jamais été appliquée.

Si l'on ajoute aux mesures dont je viens de parler quelques lois ou décrets sur le travail des femmes et des enfants et sur l'hygiène des ateliers, dont l'application était peu surveillée, on a le tableau de la législation relative aux ouvriers édictée depuis la Révolution jusqu'à l'avènement de la troisième République, et l'on constate sans peine qu'en cette matière les classes dirigeantes, détentrices du pouvoir exécutif et du pouvoir législatif, mirent fort peu d'empressement.

Le principe qui a dominé le gouvernement pendant tout le XIXe siècle est celui de la non intervention de l'Etat dans les questions qui touchent au travail, principe éminemment favorable à la domination de la masse laborieuse par les classes qui la font travailler, mais principe incompatible avec la morale gouvernementale d'un régime démocratique.

ESPRIT GÉNÉRAL DES LOIS ANTÉRIEURES A LA TROISIÈME RÉPUBLIQUE

En toutes matières et sur tous les sujets, les lois que l'on a faites depuis la Révolution jusqu'en 1870 sont presque exclusivement des lois oligarchiques.

Dans la concurrence sociale ouverte par les libertés révolutionnaires, le législateur et le pouvoir exécutif avaient pris parti pour les hautes classes contre la masse du peuple.

Tous les gouvernements avaient violé, tantôt avec cynisme et tantôt avec hypocrisie, les règles les plus vulgaires de la morale gouvernementale.

LIVRE III

DES CONDITIONS DE VIE AUXQUELLES LES SALARIÉS SONT SOUMIS COMME CONSÉQUENCE DE LA CONCURRENCE SOCIALE.

CHAPITRE PREMIER

L'ACTION DU MILIEU SUR L'ORGANISME HUMAIN

Nous avons étudié dans le livre précédent les faits législatifs qui ont caractérisé la concurrence sociale dans notre pays depuis la Révolution jusqu'à l'avènement de la troisième République. Il nous reste à passer en revue les conditions d'existence imposées par cette concurrence à la partie laborieuse de la nation.

Le premier fait qui domine toute l'étude des problèmes sociaux envisagés de ce point de vue, fait que le sociologiste et l'homme d'État doivent avoir toujours présent à l'esprit est celui-ci : tout être vivant, depuis le végétal le plus infime jusqu'à l'homme appartenant à la race la plus élevée, est soumis à l'influence simultanée ou successive de deux sortes de milieux d'où dépendent tous ses caractères physiques, intellectuels et moraux : le milieu générateur et le milieu cosmique.

Par milieu générateur, il faut entendre les organismes qui donnent naissance à chaque individu et qui, eux-mêmes, représentent toute la chaîne des ancêtres dont ils sont issus.

Par milieu cosmique, il faut entendre toutes les conditions dans lesquelles s'écoule la vie de l'homme : l'air qu'il respire, les aliments liquides ou solides dont il se nourrit, la température, l'état hygrométrique, électrique, etc., de l'air qui l'entoure, le nombre et la nature des autres êtres vivants avec lesquels il est en contact et qui agissent sur lui d'une foule de manières différentes, l'instruction, l'éducation, le travail, etc.

ACTION DU MILIEU COSMIQUE

Les conditions du milieu cosmique ont sur les êtres vivants une influence tellement considérable que chaque espèce, variété ou race de ces êtres, ne peut atteindre la plénitude de son développement que dans un milieu cosmique déterminé. Buffon traduisait admirablement ce fait lorsqu'il disait des animaux : « chacun a son pays, sa patrie naturelle, dans laquelle chacun est retenu par une nécessité physique; chacun est fils de la terre qu'il habite et c'est dans ce sens qu'on doit dire que tel ou tel animal est originaire de tel ou tel climat[1] ». Un autre naturaliste, Lamarck, élève de Buffon, a si nettement indiqué l'action du milieu cosmique qu'il serait impossible de la mieux formuler aujourd'hui. « Quantité de faits, écrit-il, nous apprennent qu'à mesure que les individus de l'une de nos espèces changent de situation, de climat, de manière d'être ou d'habitude, ils en reçoivent des influences qui changent peu à peu la consistance et les proportions de leurs parties, leur forme, leurs facultés, leur organisa-

1. Buffon, *Œuvres complètes*, édit. De Lanessan, t. IX, p. 44.

tion même, en sorte que tout en eux participe, avec le temps, aux mutations qu'ils ont éprouvées... Par exemple, que les graines d'une graminée ou de toute autre plante naturelle à une prairie humide soient transportées, par une circonstance quelconque, d'abord sur le penchant d'une colline voisine où le sol, quoique plus élevé, sera encore assez frais pour permettre à la plante d'y conserver son existence, et qu'ensuite, après y avoir vécu et s'y être bien des fois régénérée, elle atteigne de proche en proche le sol sec et presque aride d'une côte montagneuse, si la plante réussit à y subsister et s'y perpétue pendant une suite de générations, elle sera alors tellement changée que les botanistes qui l'y rencontreront en constitueront une espèce particulière. La même chose arrive aux animaux que des circonstances ont forcé de changer de climat, de manière de vivre et d'habitude, mais, pour ceux-ci, les influences que je viens de citer exigent plus de temps encore qu'à l'égard des plantes, pour opérer des changements notables sur les individus[1] ».

Depuis l'époque où Buffon et Lamarck écrivaient les pages remarquables que je viens de citer, l'observation n'a fait que confirmer leurs vues.

Je sortirais de mon sujet en relatant les faits qui témoignent de la puissante influence exercée sur les végétaux et les animaux par le climat, l'alimentation, le logement, etc. Je me bornerai à rappeler, sans y insister, à cause de leur analogie avec les phénomènes dont l'espèce humaine est le théâtre, les changements déterminés par la domestication, sur les chiens, les chevaux, les porcs, les poulets, les canards, etc., et sur les plantes d'où nous tirons des aliments ou des agréments.

1. Lamarck, *Philosophie zoologique*, I, p. 79.

Sur certains de ces organismes, comme les chiens parmi les animaux, le blé parmi les végétaux, la domestication a produit des effets tellement considérables, qu'il nous est impossible aujourd'hui de dire exactement à l'aide de quelles espèces sauvages ils ont été produits.

Quant à l'influence exercée sur l'homme lui-même par les mille conditions de milieu auxquelles il est soumis, elles sont si incontestables qu'il serait à peine utile d'en parler si elles n'avaient pas une extrême importance au point de vue du progrès ou de la dégénérescence des sociétés humaines.

L'influence des climats sur l'organisme humain est telle, qu'on lui attribue, non sans raison, la production des races, sous-races et variétés si nombreuses entre lesquelles notre espèce se divise. Le climat, du reste, entraîne après lui un nombre considérable de conditions diverses qui ajoutent leur action à la sienne. Du climat de chaque point du globe, c'est-à-dire de la température, de la pression atmosphérique, de l'état hygrométrique, électrique, ozonométrique de l'air, de la quantité plus ou moins considérable de pluies, de la direction des vents, etc., dépendent l'abondance ou la rareté des sources, des rivières et des fleuves, le nombre et la nature des végétaux et des animaux qui servent à l'alimentation des hommes, etc.

Le climat exerce une grande influence sur les besoins. Dans les climats septentrionaux, il faut aux hommes une nourriture plus abondante et plus calorigène, des vêtements plus chauds, un logement plus confortable que dans les pays chauds. Il faut, par conséquent, qu'ils gagnent davantage dans les premiers que dans les seconds.

ACTION DU MILIEU GÉNÉRATEUR

L'influence du milieu générateur n'est pas moins considérable que celle des conditions extérieures. D'une part, l'enfant a reçu de son père et de sa mère un certain nombre de caractères par lesquels il se rattache à toute la filière de ses ancêtres (atavisme) et plus particulièrement aux deux êtres qui ont pris part à sa génération (hérédité); d'autre part, il subit le contre-coup de toutes les influences, bonnes ou mauvaises, qui agissent sur sa mère pendant qu'elle le porte dans son utérus et qu'elle le nourrit de son propre sang. Examinons ces deux sortes d'actions.

Avant la fécondation, l'œuf humain contient en puissance, si je puis ainsi parler, tous les caractères spécifiques et individuels de la femme chez laquelle il s'est développé, et des ancêtres de cette dernière. En se fondant avec l'œuf, la cellule génératrice mâle lui apporte, de son côté, tous les caractères de l'homme dont elle provient et des ancêtres de cet homme. Le nouvel organisme produit par la fusion de la cellule femelle et de la cellule mâle tiendra donc, à la fois, du père et de la mère ainsi que de leurs ancêtres; il résumera dans son infime masse les caractères des deux êtres qui contribuent à le former, justifiant ainsi le mot de Buffon : « les espèces sont des suites d'individus[1] ».

Tous les caractères physiques, intellectuels et moraux du père et de la mère sont susceptibles de persister dans leurs enfants, mais tous n'offrent pas la même certitude de persistance. D'une façon générale, les caractères et qualités ou défauts des générateurs ont d'autant plus de chances de se retrouver chez les enfants, qu'ils ont

1. Buffon. *Œuvres complètes*, édit. De Lanessan, *Intr.*, p. 379.

existé dans une plus longue série d'ancêtres de l'un ou de l'autre des parents ou de tous les deux à la fois. C'est ainsi que les caractères de la classe, de l'ordre, de la famille, du genre et de l'espèce ne font jamais défaut dans aucun être vivant, tandis que les caractères individuels du père et de la mère peuvent n'exister qu'en nombre plus ou moins limité, et modifiés ou atténués. Prenons des exemples : un couple de vertébrés donnera toujours naissance à des vertébrés ; un couple de mammifères produira constamment des mammifères ; d'un couple de chats sortiront toujours des chats ; d'un couple d'hommes ne pourront naître que des hommes ; un couple de nègres ne donnera naissance qu'à des nègres et un couple d'aryens ne donnera jamais ni des nègres ni des malais, ni des jaunes, mais toujours des aryens ; un homme et une femme de race aryenne, blonds tous les deux, n'auront presque certainement que des enfants blonds, surtout si les grands parents ont été eux-mêmes blonds pendant plusieurs générations ; de même, un homme et une femme bruns produiront des bruns, s'ils sont issus de souches brunes. C'est grâce à cette perpétuation des caractères par l'hérédité que l'on peut arriver à classer les êtres vivants, et que l'on a établi parmi les hommes des races et des sous-races. Celles-ci se confondent avec les nationalités, quand les individus d'un même pays n'ont que peu de croisements avec ceux des autres nations. C'est aussi par l'hérédité que se transmettent, dans une même nation, les caractères physiques ou intellectuels des différents groupes sociaux, de manière à former de véritables classes.

Si les caractères génériques et spécifiques sont toujours transmis des parents aux enfants, les caractères individuels, c'est-à-dire ceux qui appartiennent en propre aux parents et qui servent à les distinguer de tous les autres individus de la même espèce, de la même race et de la même nation ne sont transmissibles qu'à un moindre degré. Cependant ils sont, d'ordinaire, communiqués par les parents à tous leurs enfants, en assez grand nombre et avec assez de netteté pour qu'on puisse reconnaître, moyennant un peu d'attention, tous les membres d'une même famille.

L'hérédité des caractères individuels peut porter aussi bien sur les plus insignifiants d'entre eux que sur les plus importants, mais ce sont toujours ces derniers qui ont le plus de chance de se perpétuer ; pour parler plus exactement, ce sont ceux qui se perpétuent le plus fréquemment que les naturalistes considèrent comme les plus importants.

Rien n'est plus variable, en apparence, et plus insignifiant, que la coloration des poils; cependant il y a peu de caractères qui se transmettent avec la même constance; aussi la coloration est-elle devenue l'un des éléments distinctifs des espèces et des races. Les taches elles-mêmes se transmettent de génération en génération avec une fixité telle qu'on peut créer artificiellement de véritables races de chiens, de chevaux, etc., caractérisées par le nombre, la coloration et la disposition des taches. Chez l'homme, il n'est pas rare de voir les membres d'une même famille se transmettre, pendant plusieurs générations, une mèche de cheveux blancs dans une région déterminée de la tête. Il en est de même pour une foule d'autres caractères en apparence insignifiants [1].

1. J'ai eu dans ma jeunesse un camarade qui portait à la tempe gauche une mèche blanche héritée de son père qui lui-même l'avait eue dès son jeune âge. Darwin rapporte le fait d'une famille dont les membres se transmettaient, par hérédité, depuis plusieurs générations, deux ou trois poils de sourcils beaucoup plus longs que les autres. Une

Les mêmes considérations s'appliquent aux maladies, et même à celles que les parents ont contractées au cours de leur vie. La phtisie, la scrofule, la goutte, la gravelle contractées par un homme ou une femme sous l'influence de la contagion, de la misère, ou au cours d'une vie marquée par des excès, sont fréquemment transmises à leurs enfants. Il en est de même, au plus haut degré, de la syphilis et des troubles cérébraux ou autres engendrés par l'ivrognerie. La misère et la débauche ne frappent pas seulement la génération qui subit la première ou qui

fort d'autres caractères individuels se transmettant de la même manière dans certaines familles, notamment la forme des ongles, la longueur, la grosseur et la forme des doigts, la forme du nez, la disposition des narines, la dimension de l'œil, et cent autres traits insignifiants. Osburn cite le cas d'une famille composée de six garçons et de cinq filles dont la pupille était marquée d'une tache rappelant la couleur des chats tricolores; la mère de ces enfants offrait la même tache, son père à elle et ses trois sœurs étaient dans le même cas et avaient hérité cette anomalie de leur mère qui, elle-même, appartenait à une famille connue pour l'offrir depuis fort longtemps. La nyctalopie, c'est-à-dire l'infirmité qui consiste à n'y voir normalement que dans le demi-jour du crépuscule a été signalée par Cuvier comme ayant existé chez 85 membres d'une même famille, pendant le cours de six générations consécutives. Portal cite le fait singulier d'un individu qui perdait la vue momentanément toutes les fois qu'il baissait la tête; ses deux fils étaient dans le même cas. Les grandes infirmités et déformations sont encore plus héréditaires, s'il est possible, que les petites : il suffit de citer le bec-de-lièvre, les hernies, les déformations des mains, des pieds, du thorax, etc.; la surdité, ou la simple dureté d'oreille, la myopie et la presbytie, etc. Quant aux maladies constitutionnelles, telles que le rhumatisme, la phtisie, les affections cardiaques, la goutte, la folie, etc., il est à peine besoin de rappeler avec quelle ténacité elles se transmettent de génération en génération, d'une manière pour ainsi dire indéfinie.

De simples lésions subies à une époque plus ou moins éloignée de la naissance peuvent être transmises par hérédité. Meckel a raconté le cas d'une femme déjà mère de plusieurs enfants qui ayant eu un panaris à la suite duquel le doigt devint difforme, mit plus tard au monde deux enfants dont le même doigt offrait une difformité semblable. D'après William Buchan, les dames anglaises qui avaient, de son temps, l'habitude de porter des corsets très serrés au niveau des seins, donnaient fréquemment naissance à des filles n'ayant que des glandes mammaires très réduites. Darwin rapporte le cas de deux hommes qui, ayant reçu des blessures profondes, l'un au genou l'autre à la joue, eurent des enfants pourvus, dans les mêmes endroits, de cicatrices semblables. Chez les animaux on a signalé un nombre très considérable de faits analogues à ceux-là et l'on a même pu déterminer expérimentalement leur production.

se livre à la seconde; elles ont encore de terribles retentissements parmi les générations ultérieures.

Tous les caractères intellectuels et moraux sont également héréditaires. Tout le monde sait que les enfants d'un père et d'une mère intelligents auront beaucoup plus de chances de l'être eux-mêmes, que s'ils étaient nés de parents à l'esprit borné. Il est même démontré que le cerveau se développe par la culture intellectuelle et en proportion de cette culture. On sait, par exemple, que si la femme européenne offre un cerveau moins volumineux que celui de l'européen, cela tient à ce que depuis de très nombreux siècles elle n'a guère été considérée que comme un instrument de plaisir ou de reproduction.

Non seulement l'intelligence en général est héréditaire, mais encore il en est de même des différentes facultés : la mémoire, l'imagination, l'aptitude à la musique, à la peinture, aux mathématiques, à l'éloquence, aux sciences d'observation, etc. Et cela n'a rien qui puisse étonner, puisque l'exercice de chacune de ces facultés et la pratique de chacun de ces arts ou sciences entraîne le développement d'une portion déterminée de l'encéphale, c'est-à-dire la production de caractères morphologiques et physiologiques éminemment transmissibles par l'hérédité.

La transmissibilité des qualités morales par l'hérédité n'est pas moins certaine que celle des qualités intellectuelles; elle doit sans doute être attribuée à des causes morphologiques analogues. Le fils d'un voleur ou d'un assassin aura plus de dispositions à devenir lui-même assassin ou voleur que le fils d'un homme dans la famille duquel le vol et l'assassinat n'ont jamais figuré. L'ivrognerie, l'amour du jeu, la débauche sexuelle, etc. se transmettent presque infailliblement des parents aux enfants.

L'hérédité ne transmet pas toujours les caractères avec la même intensité qu'ils offraient chez les parents. Il y a tantôt affaiblissement, tantôt égalité, tantôt augmentation d'intensité, tantôt apparition prématurée ou retardée. Les cas de transmission égale sont les plus fréquents, si l'on envisage les caractères spécifiques. Il n'en est pas ainsi pour les caractères individuels, ou même pour les caractères de race ou de variété. Ceux-ci ont une tendance manifeste à offrir, chez les descendants, une intensité de plus en plus grande, si les conditions extérieures restent les mêmes. Darwin reproduit l'observation d'un individu qui avait à l'une des mains un doigt supplémentaire; ses fils présentèrent la même anomalie; chez ses petits enfants elle s'accentua : trois d'entre eux avaient un doigt supplémentaire à chaque main, un quatrième avait, en plus, un doigt supplémentaire à l'un des pieds; à la quatrième génération, les enfants offraient un doigt supplémentaire à chaque main et à chaque pied.

Dans beaucoup de cas, le caractère héréditaire n'augmente pas d'intensité, mais il apparaît plutôt chez les enfants que chez les parents : on a constaté par exemple que les enfants des myopes deviennent souvent myopes à un âge plus précoce que leurs parents; il en est de même de ceux qu'atteint la cataracte héréditaire.

Les mêmes considérations peuvent être appliquées à toutes les qualités intellectuelles et morales. Il n'est pas rare, par exemple, qu'un homme ne devienne ivrogne qu'à l'âge où son père tomba dans ce vice, etc. Et ce fait ne paraîtra point étrange si l'on se rappelle que, chez tous les animaux, l'apparition de chaque caractère ne se fait qu'à un âge déterminé.

Indépendamment des caractères que l'enfant puise dans l'héritage de son père et de sa mère, il en peut acquérir quelques autres spéciaux, pendant qu'il séjourne dans l'utérus maternel. Toutes les actions exercées par le milieu cosmique sur la mère, pendant les neuf mois de la gestation, tous les troubles fonctionnels et les maladies qu'elle est susceptible de contracter pendant cette période, retentissent plus ou moins énergiquement sur l'enfant qu'elle porte. On sait, par exemple, que la femme devenue syphilitique pendant qu'elle est enceinte communique constamment cette maladie à son fœtus. L'anémie, la chlorose, les accidents nerveux, l'ivrognerie de la mère, etc., agissent puissamment sur le fœtus et déterminent presque toujours dans son organisme des modifications dont les effets pourront se faire sentir pendant toute la vie de l'être humain. Certains enfants scrofuleux ou rachitiques doivent ces maladies aux mauvaises conditions hygiéniques dans lesquelles la mère a vécu pendant sa grossesse, sans que parfois elle ait paru subir elle-même l'influence désastreuse de ces conditions.

Pendant l'allaitement, la mère agit encore très puissamment sur les caractères physiques et moraux de l'enfant qu'elle nourrit de son lait. Cette action est tellement intense que les physiologistes citent des cas où la mort de l'enfant fut occasionnée par de simples perturbations morales ou nerveuses chez la mère. C'est que tous les troubles moraux survenus chez cette dernière modifient la composition du lait, en diminuent la quantité et parfois même le suppriment.

L'état dans lequel le père se trouve au moment de la fécondation peut également agir sur l'enfant qui résultera de cet acte. Un homme atteint de syphilis secondaire ou tertiaire pourra transmettre son état à l'enfant qui sortira d'une seule minute d'amour, sans que la femme elle-même contracte la maladie. Il en est de même pour toutes les affections constitutionnelles dont l'homme est atteint au moment de la fécondation, alors même que ces maladies n'auraient pas encore été reconnues chez lui. Un jeune homme phtisique, par exemple, mais qui n'a encore donné aucun signe de cette maladie, pourra produire un enfant phtisique avec la femme la plus saine. Parfois, même, la phtisie ne se manifestera chez le père, qu'après avoir tué son enfant. L'œuf de la femme et le spermatozoïde de l'homme, en un mot, doivent être considérés comme renfermant, en puissance, toutes les qualités bonnes ou mauvaises des deux êtres qui les produisent.

Quant à la question de savoir quel est, des générateurs d'un enfant, celui qui exerce l'action la plus énergique, elle n'a pas encore été résolue d'une manière scientifique; on n'a sur elle que des données plus ou moins vagues et des probabilités plus ou moins admissibles. Avant que l'on eût découvert l'œuf de la femme, on admettait que le mâle seul imprimait son cachet au produit : la femelle n'était que le champ où les matériaux destinés à la formation du nouvel organisme étaient semés par le mâle : elle nourrissait l'organisme nouveau, sans contribuer à sa production.

Lorsqu'on eut connu l'œuf de la femme, une autre théorie non moins exclusive se fit jour : on admit que l'œuf fournissait les matériaux nécessaires à la formation du fœtus, la semence du mâle n'agissant que par une sorte d'impulsion exercée sur l'œuf, sans lui apporter aucun élément nouveau.

Ces deux opinions devaient succomber l'une et l'autre devant l'observation qui montre dans la plupart, sinon dans la totalité des individus, animaux, végétaux ou hommes, une association incontestable des caractères du père et de la mère; elle ne tient pas, d'ailleurs, devant la constatation directe de la fusion de l'élément mâle avec l'élément femelle. La seule opinion qui soit aujourd'hui plausible, la seule aussi qu'admettent les naturalistes, est celle qui considère le mâle et la femelle comme transmettant simultanément leurs caractères à tous les organes, appareils, tissus et éléments anatomiques du produit, avec cette réserve que tantôt le mâle, tantôt la femelle exerce une action prépondérante.

Quant aux explications relatives à l'inégalité d'influence des deux générateurs, elles ne reposent que sur des déductions plus ou moins plausibles : on admet généralement que la prépondérance de l'un ou de l'autre dépend de l'état dans lequel ils se trouvent tous les deux au moment de la fécondation. Le plus robuste, le mieux équilibré dans toutes ses fonctions, serait aussi celui qui aurait le plus de chances d'imprimer son cachet au produit. L'influence prépondérante exercée par l'un des parents sur telle au telle portion de l'organisme de l'enfant, est attribuée généralement à ce que les caractères de ces parties sont plus tranchés dans un des parents que dans l'autre. Un exemple banal fera bien comprendre cela : un homme très brun et une femme châtaine auront beaucoup plus de chances de produire un enfant brun qu'un enfant châtain, parce que la coloration brune de la peau et des poils est un caractère beaucoup plus tranché que la coloration châtaine. D'après cette manière de voir, ce serait celui des deux parents chez lequel les qualités sexuelles sont les plus prononcées qui transmettrait son sexe à l'enfant. D'après Oken, un homme à type féminin et à sexualité peu intense, et une femme ayant tous les caractères et qualités de son sexe très prononcés, produiraient, par leur union, de préférence des filles que des garçons; le contraire arriverait avec un père très mâle et une mère à type masculin. L'âge des deux générateurs jouerait aussi, d'après certains naturalistes, et peut-être pour la même raison, un rôle important dans la production du sexe. A égalité d'âge, le produit aurait plus de chance d'être femelle que mâle; il en serait de même avec une mère plus âgée que le père; il y aurait, au contraire, plus de chance d'avoir un produit mâle, lorsque le père serait plus âgé que la mère, à la condition bien entendu, qu'il n'ait pas dépassé l'âge où la virilité atteint sa plus haute intensité. Ce ne sont là que des hypothèses, mais elles sont assez intéressantes, au point de vue de la sociologie humaine, pour qu'il m'ait paru bon de les rappeler.

L'alimentation de la mère pendant la grossesse a été aussi considérée, dans ces derniers temps, comme ayant une influence considérable, prépondérante même sur la formation des sexes. L'alimentation devrait être plus abondante et plus azotée pour produire une fille que pour produire un garçon ; on pourrait même, à volonté, déterminer, par la nature et la quantité de l'alimentation, soit des mâles soit des femelles. On sait déjà qu'en nourrissant très abondamment des têtards de grenouille, on obtient des femelles, tandis que l'on produit des mâles en réduisant la nourriture.

En résumé, l'influence du milieu cosmique et du milieu générateur sur les êtres vivants, et particulièrement sur les hommes, étant de la plus haute importance au point de vue des caractères physiques, intellectuels et moraux, le sociologiste et le législateur doivent en tenir grand compte dans leurs spéculations et dans leurs actes, sous peine de manquer à leur devoir.

CHAPITRE II

DE L'ALIMENTATION DES SALARIÉS ET DE SON INFLUENCE SUR LEUR ORGANISME

Au point de vue de l'alimentation, on peut diviser les hommes de tous les pays en deux catégories bien distinctes : Ceux qui mangent et boivent au delà des besoins stricts de la nature, et ceux dont l'alimentation est insuffisante ; bien rares en effet, sont les sujets qui règlent la quantité et la qualité de leurs aliments ou de leurs boissons sur les nécessités réelles de leur organisme et les conditions de leur existence.

D'une façon générale, les observations faites par les physiologistes et les hygiénistes, dans les divers pays civilisés, tendent à établir que la portion laborieuse des peuples européens n'est que très insuffisamment nourrie.

USURE DÉTERMINÉE PAR LA VIE ET LE TRAVAIL

J'ai à peine besoin de rappeler que tout être subit, par le seul fait de la vie, une usure incessante de son corps qu'il est obligé de réparer par l'alimentation, sous peine de mourir au bout d'un très petit nombre de jours. On sait aussi que cette usure est d'autant plus rapide que le fonctionnement de la vie est plus actif. Un homme qui resterait couché d'un bout à l'autre de l'année, dans une atmosphère maintenue toujours à une température modérée et suffisamment humide, verrait l'usure de ses organes descendre au minimum et n'aurait besoin que d'une alimentation très réduite. Au contraire, un homme qui marche, qui pense, qui écrit ou qui travaille de ses bras, subit une usure d'autant plus considérable que son travail est plus intense et plus prolongé.

Les physiologistes apprécient et mesurent les pertes subies par l'organisme, dans ces différentes conditions, à l'aide des produits chimiques éliminés par le corps humain, au moyen de ses principales excrétions, et plus particulièrement par l'urine et la sueur. L'azote et le carbone sont les deux corps simples qui, à ce point de vue, sont les plus intéressants : le premier donne la mesure des substances albuminoïdes détruites dans le corps sous l'influence de l'activité vitale ; le second permet d'apprécier la quantité de toutes les substances hydrocarbonées qui ont également été détruites et qui ont considérées comme jouant le plus grand rôle, par leur oxydation, dans la production de la chaleur humaine, laquelle chaleur est, elle-même, transformée en travail, comme dans toutes nos machines.

Partant de ces premiers principes, les physiologistes ont constaté que la perte subie par un homme adulte, se livrant à un travail modéré d'ouvrier, est, en moyenne et par jour, de 20 à 21 grammes d'azote et de 290 à 310 grammes de carbone, l'un et l'autre sous des états complexes dont il est inutile de parler ici.

ALIMENTATION PHYSIOLOGIQUEMENT NÉCESSAIRE

Pour que l'alimentation de cet homme soit suffisante, c'est-à-dire lui permette de réparer ses pertes quotidiennes, il faut donc que son organisme y puisse trouver au moins 20 à 21 grammes d'azote et 290 à 310 grammes de carbone. C'est là qu'est la base scientifique de tous les raisonnements relatifs à l'alimentation. Tout régime qui ne fournira pas à un adulte, travaillant modérément, les deux éléments chimiques, azote et carbone, dans les proportions que je viens d'indiquer, sera un régime insuffisant ou mauvais.

Avant d'aller plus loin, rappelons que l'azote introduit dans l'organisme a pour objet de reconstituer les matières albuminoïdes qui forment la base du protoplasma, c'est-à-dire de la matière vivante par excellence; tandis que le carbone a pour objet de fournir un élément de combustion à l'oxygène introduit dans l'organisme par la respiration. D'une façon générale, on a coutume de dire que le rôle de l'azote est de nourrir, tandis que le rôle du carbone est de produire de la chaleur. D'où les aliments qui fournissent l'azote sont dénommés *nutritifs*, tandis qu'on appelle aliments *combustibles* ceux qui fournissent le carbone.

Un deuxième fait a été rigoureusement établi par les chimistes, c'est qu'aucun aliment, même parmi les meilleurs, tels que la viande de bœuf ou de mouton, le froment, les pommes de terre, le seigle, le riz, les pois, les fèves etc., ne présente l'azote et le carbone dans le rapport nécessaire. Il en résulte que l'alimentation doit être mixte, c'est-à-dire comprendre plusieurs de ces aliments. D'autres observations ont établi que la meilleure alimentation mixte est celle qui comprend à la fois des matières protéïques, c'est-à-dire riches en azote, et des matières amylacées, grasses ou sucrées, c'est-à-dire fortement carbonées.

La viande de tous les animaux est l'aliment qui contient le plus de matières protéïques; ensuite viennent les champignons; puis, loin derrière eux, les graines des légumineuses (fèves, haricots, lentilles, pois, etc.), et les graines des céréales (blé, maïs, riz, seigle, etc.).

Les matières grasses se trouvent surtout dans la viande des animaux de boucherie, dans le lard du porc, dans le lait et le fromage, dans les huiles végétales, les œufs, etc.

Les matières amylacées abondent dans les pommes de terre qui ne contiennent que très peu de matières protéïques, dans les châtaignes et dans toutes les graines des céréales et des légumineuses.

Les matières sucrées existent particulièrement dans la racine de la betterave et dans la tige de la canne à sucre, dans la plupart des fruits et dans une foule d'organes végétaux, sans parler du sucre lui-même, des pâtisseries, etc.

Pour se conformer à ces données scientifiques, il faudrait faire entrer dans l'alimentation : la viande pour les matières protéïques et les matières grasses, les céréales ou les pommes de terre et les légumineuses pour les matières amylacées ; et les fruits pour le sucre.

Aussitôt une question se pose : En quelle proportion chacun de ces aliments doit-il figurer dans la ration quotidienne d'un homme qui travaille ? La réponse a été déduite par les chimistes et les physiologistes des données indiquées plus haut. En premier lieu, l'expérience a établi que pour rendre à l'organisme les 20 grammes d'azote qu'il perd quotidiennement, il faut 124 grammes de matières protéïques sèches, répondant à environ 250 grammes de viande et près de 2 kilos et demi de pain [1]. Par conséquent, si un ouvrier cherche dans la viande tout l'azote dont il a besoin, il lui suffit d'une quantité dix fois moindre d'aliment que s'il le cherche, par goût ou par nécessité, dans le pain. S'il le demande aux pommes de terre, il lui faut absorber une quantité encore plus considérable de cet aliment, car la pomme

1. En effet, d'après Dumas, 125 grammes de viande ont donné 70 grammes de matières azotées sèches ; et 316 grammes de pain blanc de soupe, additionnés de 750 grammes de pain de munition ont donné 64 grammes de matières azotées sèches.

de terre ne contient que 0,33 d'azote p. 100 parties fraîches, tandis que le pain de froment en contient de 1,08 à 1,20 p. 100. D'après ces chiffres, il faudrait plus de trois fois autant de pommes de terre que de pain pour fournir les 124 grammes de matière azotée sèche indispensables à notre homme. Il faudrait environ moitié moins de haricots, lentilles, fèves, etc., que de pain pour fournir les mêmes 124 grammes de matières azotées sèches, mais ces légumineuses coûtent plus cher que le pain, et il faut encore ajouter à leur prix d'achat celui du combustible nécessaire pour les faire cuire et celui de l'assaisonnement qui en facilite l'absorption.

La conclusion qui découle de ces faits, c'est que l'aliment où l'on doit de préférence chercher l'azote nécessaire à notre organisme, c'est la viande, le poisson ou la volaille, et particulièrement la viande, car elle est de tous les aliments animaux frais la plus riche en matières azotées. Un autre avantage de la viande, c'est que même en faible volume, elle contient, sous forme de graisses et autres matières ternaires, une proportion notable de carbone. D'après les observations des chimistes, 124 grammes de matières azotées sèches contiendraient, indépendamment de 20 grammes d'azote, environ 64 grammes de carbone. Comme pour réparer les pertes quotidiennes de l'organisme il faut 290 à 310 grammes de carbone, toute ration ayant pour base 250 grammes de viande n'aurait plus à chercher dans d'autres aliments que 290 — 64 = 226 grammes de carbone.

Les légumineuses (haricots, fèves, lentilles, etc.), les châtaignes, le seigle, l'orge, le riz, le blé, sont les aliments les plus riches en carbone. Comme ils contiennent aussi une certaine proportion de matières azotées, on peut leur demander le complément de ces matières. Ils pourraient même, comme on l'a vu plus haut, les fournir entièrement, mais à la condition d'être pris en quantités extrêmement considérables. On trouve aussi dans ces matières, mais plus particulièrement dans les graines oléagineuses (noix, noisettes, olives, colza, œillette, etc.) le complément des matières grasses que les viandes peuvent aussi fournir en grande quantité.

A la suite de ces substances, il faut placer les boissons alcooliques, telles que le vin, la bière, le cidre, l'eau-de-vie, les liqueurs, etc. L'alcool contenu dans ces boissons est une substance ternaire analogue au sucre, formée par transformation du sucre et susceptible de lui être substituée en certaine proportion.

Une portion considérable de l'alcool introduite dans l'organisme humain sert à produire de la chaleur. On évalue à 95 p. 100 environ de la totalité de l'alcool absorbée celle qui est utilisée à la production de la chaleur; mais il paraît établi que cette proportion est susceptible de diminution si la quantité d'alcool introduite dans l'organisme en une seule fois est supérieure au degré de tolérance de l'individu.

Les physiologistes et les physiciens ont essayé de se rendre compte de la quantité de chaleur que chaque aliment est susceptible de produire, afin d'en déduire la quantité de chaleur qu'un homme peut fournir avec une alimentation déterminée. Il résulte de leurs études, qu'un homme nourri avec une ration quotidienne composée de 124 à 130 grammes de matières protéïques sèches, accompagnées de 430 grammes d'amidon sec et de 50 à 80 grammes de graisse, pourrait produire, sans diminuer de poids, une quantité de chaleur égale à environ 3 000 calories [1].

1. On sait qu'on appelle unité de chaleur ou calorie. la quantité de chaleur nécessaire pour élever un poids de 1 kilogramme à 1 mètre de hauteur.

Tout ce calorique n'est pas transformé en travail utile. Il en est de la machine humaine comme de toutes celles construites par le génie de l'homme : une partie de la chaleur qu'elle produit est dépensée par les organes mêmes de la machine. Les observations des physiciens ont établi qu'un homme soumis à une alimentation moyenne ne peut transformer en travail utile qu'environ 540 calories ; tout le reste de la chaleur qu'il produit est absorbé, soit par l'élévation de température des organes, soit par les frottements. Sur 100 parties de chaleur produite, 25 sont utilisées à l'échauffement des organes, 55 représentent les frottements et 20 seulement sont transformées en travail extérieur.

D'autres expériences démontrent que le travail musculaire est accompagné d'une disparition plus active qu'à l'état de repos de l'albumine soluble qui existe dans le muscle et de la production d'un excès d'urée. Il en résulte la nécessité d'une alimentation d'autant plus riche en matières azotées que le travail est plus considérable. Les matières hydrocarbonées ne suffisent donc pas à l'alimentation d'un homme qui travaille. S'il ne trouve pas dans ses aliments de quoi réparer ses pertes en matières azotées, il brûle ses propres tissus, il voit diminuer ses forces et sa santé s'altérer d'autant plus rapidement, que la quantité de combustible introduite chaque jour dans son organisme, sous forme d'aliments, est plus inférieure à la quantité de chaleur qu'il dépense au travail.

La nécessité de la viande dans l'alimentation des travailleurs a encore été établie par les observations directes faites sur des ouvriers : on a constaté que ceux qui produisaient le plus de travail étaient ceux qui consommaient le plus de viande. C'est à cela qu'on attribue généralement la supériorité des ouvriers anglais sur les nôtres. La consommation de la viande est, du reste, plus forte en Angleterre qu'en France ; elle a augmenté depuis dix ans en Angleterre, tandis que, pour la France, elle serait en voie de décroissance. D'après les statisticiens, en Angleterre, actuellement, la consommation est de 72 kilogrammes par an et par habitant adulte, tandis qu'elle serait seulement de 52 kilogrammes en France.

Comme la viande occupe une place très importante dans l'alimentation de notre haute bourgeoisie, surtout dans les villes, on doit conclure des chiffres attribués à la France que si la moyenne de la consommation est de 52 kilogrammes par an pour tous les adultes français, elle doit être très inférieure à 52 kilogrammes pour les paysans et les ouvriers. Dans tous les cas, 52 kil. représentent seulement la moitié de ce que devrait consommer par an chaque adulte.

En s'appuyant sur les faits qui précèdent, les hygiénistes et les physiologistes ont établi pour l'armée et la marine une ration que l'on peut considérer comme le minimum de l'alimentation indispensable à un homme accomplissant un travail quotidien *modéré*. La quantité des aliments azotés et carbonés y est réglée de manière à fournir à l'organisme l'alimentation la plus scientifique, la moins encombrante et la plus économique. Cette ration se compose, on le sait, de 300 grammes de viande, un kilogramme de pain et 200 grammes de légumes secs et verts mélangés.

En faisant varier la nature de la viande, en lui substituant, de temps à autre, du poisson et en remplaçant occasionnellement une partie du pain par des haricots, des lentilles, des fèves, c'est-à-dire par des aliments plus riches que le pain en matières protéïques et contenant beaucoup d'amidon, la ration du soldat représenterait une alimentation excellente pour un ouvrier se livrant à un travail quotidien modéré et vivant sous un climat tempéré. Pour les hommes astreints à des travaux exigeant des efforts considérables et prolongés, tels que ceux du terrassement, cette ration pourrait paraître insuffisante, surtout pendant les froids rigoureux de l'hiver, à un certain nombre d'ouvriers très forts et d'un appétit supérieur à celui de la moyenne. Dans l'armée elle-même, certains hommes n'ont pas assez de la ration réglementaire; ils achètent une partie de celle de leurs camarades ou se pourvoient à la cantine et au dehors de la caserne de quelques aliments complémentaires. Tous y ajoutent du vin, de la bière, de l'eau-de-vie et autres boissons alcooliques dont la ration militaire est dépourvue et qui leur fournissent un supplément d'alimentation calorigène.

Quoique la ration militaire ait été combinée de manière à être aussi économique que possible, elle coûte encore trop cher, en l'achetant au détail, comme les simples citoyens y sont contraints, pour être à la portée de tous les budgets familiaux. Un kilogramme de pain blanc ordinaire coûte, en ce moment, 35 centimes. La viande n'étant vendue par les bouchers qu'avec addition d'une quantité d'os, tendons, ou autres déchets proportionnelle au poids, il faut compter pour 300 grammes de viande proprement dite plus de 100 grammes de déchets, c'est donc près d'une livre de viande qu'il faut acheter pour avoir la ration militaire. Or, une livre de viande de la qualité la plus ordinaire ne coûte pas moins d'un franc. En mettant 15 centimes pour les 200 grammes de légumes variés, nous arrivons à un total de deux francs cinq centimes, mettons deux francs, pour prix de la ration du soldat. Il y faut ajouter celui du combustible nécessaire pour la cuisson de la viande et des légumes et celui des assaisonnements, sel, poivre, graisse, beurre ou huile.

En portant le prix de la ration toute préparée à deux francs cinquante par jour, nous ne sommes certainement pas au-dessus de la vérité. Pour ce prix, l'ouvrier aura deux bons repas, mais il devra se contenter de boire de l'eau pure. La dépense sera moindre, incontestablement, si plusieurs personnes vivent ensemble, parce que tous les membres d'une même famille n'ont pas exactement les mêmes besoins. Les enfants au-dessous de quinze ans, par exemple, consomment moins d'un kilogramme de pain ; une livre suffit, en moyenne, au-dessous d'une dizaine d'années ; mais, en revanche, les physiologistes ont établi expérimentalement que les enfants ont davantage besoin de matières azotées que les adultes. La quantité d'azote éliminée par chaque kilogramme de poids d'un enfant est souvent double de celle qui est excrétée par les adultes. Il faut donc que l'alimentation des enfants soit particulièrement riche en matières azotées, telles que la viande, les œufs, le lait, le fromage, le poisson, etc.

La même observation s'applique aux jeunes gens en voie de croissance. Quant à l'alimentation des femmes qui travaillent, il ne paraît pas qu'elle doive différer sensiblement de celle des hommes ; comme pour ces derniers, elle doit être réglée sur la nature et la durée du travail quotidien.

DÉPENSE NÉCESSITÉE PAR L'ALIMENTATION PHYSIOLOGIQUEMENT INDISPENSABLE

D'après ces données, il nous est facile de calculer approximativement ce que devra dépenser une famille de sept personnes — qui n'est point rare parmi les ouvriers — composée du père, de la mère, et de cinq enfants que nous supposons avoir : l'aîné, dix-huit à vingt ans, le second quinze ans, le troisième treize ans, le quatrième dix ans et le dernier cinq ans. Si la dite famille veut se conformer aux prescriptions des physiologistes, il faudra trois rations complètes pour le père, la mère et l'aîné des enfants, et environ deux rations pour les quatre autres enfants; soit, au total, cinq rations et une dépense d'au moins 12 francs 50 par jour, en ne buvant que de l'eau pure.

Combien y a-t-il de familles d'ouvriers de sept personnes qui puissent faire face à une pareille dépense pour la seule alimentation, même en supposant que le père, la mère et les trois aînés travaillent d'un bout à l'autre de l'année; Or, toute famille qui ne se nourrit pas de la manière indiquée plus haut est nécessairement considérée par les physiologistes comme soumise à une alimentation insuffisante.

On ne se tromperait certainement pas beaucoup en affirmant qu'à ce compte il n'y a pas en France une famille d'ouvriers industriels ou agricoles sur dix qui puisse être considérée comme gagnant assez pour procurer *à tous ses membres* une alimentation physiologiquement suffisante. Aussi voit-on la plupart des familles de paysans ou d'ouvriers remplacer la viande ou le poisson, qui coûtent cher, par d'autres matières qu'ils peuvent se procurer à meilleur compte.

En France, le pain, les légumes secs, le fromage, sont les aliments où l'ouvrier et surtout le paysan cherchent la majeure partie de l'azote dont ils ont besoin; et c'est, d'ordinaire, à l'alcool qu'ils demandent le complément du carbone. En consultant autour de moi les paysans avec lesquels je suis en contact, je constate que dans un des départements les plus riches de France, à deux pas de Paris, la plupart des familles de travailleurs ne mangent de la viande de boucherie qu'une fois ou deux par semaine. Le reste du temps ils forment leur nourriture de pain, de fromage, d'un peu de lard, de légumes secs ou verts et de mauvaise eau-de-vie. Le pain est consommé en énorme quantité; les hommes de vingt à vingt-cinq ans en mangent souvent un kilogramme et demi par jour. Leur alimentation est alors à peu près suffisante.

Lorsque, en avançant en âge, ils perdent les ardeurs de l'appétit, la quantité de pain et de légumes qu'ils consomment va en diminuant, sans que la proportion de la viande soit augmentée. L'alimentation devient alors très vite insuffisante et l'on voit apparaître, chez la majorité des paysans, les signes de la vieillesse prématurée qui caractérisent si fortement toute la classe agricole de notre pays.

Alors aussi on voit se prononcer le goût pour l'alcool. C'est à partir de trente ans que naît habituellement l'alcoolisme, c'est-à-dire à l'âge où l'estomac, n'ayant plus les fringales de la jeunesse, cherche des excitations dont il n'avait pas eu besoin jusqu'alors.

L'ALIMENTATION ET L'ALCOOLISME

La plupart des auteurs de livres, brochures et articles de journaux écrits contre l'alcoolisme, pendant les dernières années, paraissent croire que si l'homme boit de l'alcool c'est uniquement par fantaisie au début et par vice plus tard. Un examen plus attentif de la question conduit à des résultats quelque peu différents. Sans doute, la fantaisie et le vice sont pour quelque chose dans l'alcoolisme, mais n'est-il pas étonnant de constater que cette fantaisie et ce vice sont d'autant plus prononcés et répandus qu'on les étudie dans des régions plus septentrionales, et dans des classes plus pauvres en même temps que condamnées à un travail plus pénible ?

Dans le midi, chacun le sait, les ivrognes sont rares et les alcooliques véritables le sont encore davantage. Il en est de même dans le sud-ouest. Dans le centre, ils sont déjà plus nombreux; dans les départements du nord et du nord-ouest, ils atteignent leur plus forte proportion. On attribue souvent ce fait à ce que le midi et le sud-ouest produisent du vin, tandis que le nord fabrique seulement de la bière et des alcools. « Le vin, dit-on, rassasie le buveur avant de l'avoir grisé, tandis que la bière le pousse, en quelque sorte, à réchauffer son estomac avec de l'alcool; celui-ci étant plus nuisible que le vin et produisant son effet à faibles doses, l'homme du nord se grise plus vite que celui du midi; il se laisse plus aisément envahir par le vice et il devient alcoolique, alors que celui du midi ne dépasse pas la limite de l'ivrognerie accidentelle. »

Il y a incontestablement une part de vérité dans ces observations; toutefois, ceux qui les font paraissent oublier que dans le midi, comme dans le nord, on fabrique des alcools avec lesquels il serait facile aux méridionaux de se griser, si la fantaisie les y poussait. En réalité, c'est le besoin qui leur fait défaut. Ils sont plus sobres parce qu'ils éprouvent moins la nécessité de se réchauffer, de s'exciter, que les hommes du nord.

Les moralistes qui veulent bien s'incliner devant cette vérité ne s'en montrent pas moins sévères à l'égard des hommes du nord qui usent de l'alcool. Ils n'ont pas de peine à démontrer que ces hommes obtiendraient une chaleur plus utile et une excitation moins malfaisante, s'ils remplaçaient l'alcool par de bonnes côtelettes, de juteux biftecks, de savoureux gigots ou simplement par un bon pot-au-feu et un excellent morceau de bœuf ou de mouton bouilli.

Certes, le raisonnement ne manque pas de valeur, et

l'on trouve une preuve de sa justesse dans la manière de vivre des bourgeois du nord qui sont forts mangeurs, ne boivent généralement que de la bière, avec un petit verre d'eau-de-vie ou de genièvre à chaque repas et se portent admirablement. Toutefois, il ne suffit pas de proposer aux ouvriers ces excellents exemples; il faudrait encore leur procurer le moyen de les suivre.

C'est par là que nos moralistes sont en défaut. La viande, même de dernière qualité, coûte cher, le pain aussi, surtout avec le protectionnisme à outrance qui fait augmenter le prix de tous les aliments; il faut beaucoup de pain et de viande pour nourrir une famille dont tous les membres travaillent dix ou douze heures par jour. Avec les maigres salaires que chacun rapporte à la maison, on doit se loger, se chauffer, s'habiller et se nourrir; faites le compte et vous verrez qu'il serait impossible de manger chaque jour de la viande à sa faim; on en réduit la ration, parfois aussi celle du pain, et on comble la différence avec l'alcool qui, sous un petit volume et moyennant un prix minime, produit une excitation assez forte pour que chacun la ressente. Le goût se développe par l'habitude, la fantaisie s'ajoute au besoin, le vice surgit à son tour, et l'alcoolisme compte quelques victimes de plus.

Étendez vos observations dans le pays tout entier, et vous constaterez que partout, dans le midi comme dans le nord, dans l'est comme dans l'ouest et dans le centre, les parties de la société dans lesquelles l'alcoolisme fait le plus de ravages sont celles où le travail est le plus pénible, où les salaires sont les plus faibles et où l'instruction est la moins répandue.

Ces trois conditions, en effet, s'enchaînent l'une à l'autre : la dureté excessive ou la trop grande prolongation du travail nécessitent des excitations assez fortes pour qu'elles soient immédiatement ressenties. L'alcool seul est capable de les produire. L'insuffisance du salaire entraîne l'insuffisance de l'alimentation physiologique et provoque la substitution de l'alcool, qui ne coûte presque rien, à la viande qui coûte trop cher. L'excès du travail et l'insuffisance de l'alimentation engendrent la fatigue qui met l'homme dans l'impossibilité de cultiver son esprit. L'ignorance tarit la source des plaisirs intellectuels que la nature a placée dans le cerveau et condamne l'homme aux seules jouissances matérielles. Derrière le problème de l'alcoolisme, il y a la plus grave, sans aucun doute, des questions sociales[1].

La société se plaint, en somme, d'un mal qu'elle inflige elle-même à une portion encore considérable de ses membres, en se désintéressant beaucoup trop de la misère et de l'ignorance. Puisque l'ivresse est le plaisir des malheureux, des ignorants, de tous ceux auxquels manque l'aliment du corps et la nourriture de l'esprit, le premier devoir d'une société désireuse d'arrêter les progrès de l'acoolisme est de soulager les misères, de diminuer les charges excessives du travail et de répandre l'instruction moralisatrice[2].

1. C'est ici le lieu de noter que contrairement à l'opinion généralement répandue, les peuples inférieurs avaient inventé les boissons alcooliques avant que les européens eussent pénétré dans leurs pays. Ils savaient faire fermenter le maïs, le riz, le miel, le jus des palmiers, etc. Pour ces peuples, comme pour les parties les plus ignorantes de nos populations ouvrières, il n'y a que deux sortes de plaisirs : l'alcool et la femme, et il ne peut pas y en avoir d'autres.

2. Il importe, d'ailleurs, de noter que la consommation des liqueurs spiritueuses est beaucoup moindre en France que dans la plupart des autres pays de l'Europe. Si l'on en juge d'après une statistique anglaise, la consommation des spiritueux serait en France de 4 litres 6 décilitres par tête d'habitant, tandis qu'elle atteindrait en Danemark, 16 litres ; en Autriche-Hongrie, 11 litres ; en Belgique 9l,6 auxquels il faut ajouter 219 litres de bière ; en Suède 8l,1 : dans les Pays-Bas. 8l.1 ; en Suisse 6l,1 avec 70 litres de bière ; dans la Grande-Bretagne, 5 litres avec 144 litres de bière ; en Allemagne 4l,4, avec 125 litres de bière. En France, il faut ajouter aux spiritueux, la bière à raison de 28 litres seulement par tête, le cidre à raison de 42 litres et le vin à raison de 117 litres. On voit que

L'ALIMENTATION DANS LA PETITE BOURGEOISIE

Il me reste à étudier l'alimentation dans un autre groupe de notre société, celui très important qui se compose des petits rentiers, petits fonctionnaires, petits employés de l'industrie et du commerce et petits propriétaires agricoles. C'est parmi ceux-là, peut-être, que l'alimentation est la plus défectueuse, la plus éloignée des limites assignées par les physiologistes à sa *suffisance*.

Ces familles de petits bourgeois ne disposent que de ressources pécuniaires fort minimes, souvent inférieures à celles de certaines familles ouvrières des grandes villes. Par suite des préjugés répandus dans la classe sociale dont elles font partie, les hommes seuls travaillent en vue d'un gain; les femmes se chargent du soin de la maison et de l'entretien des enfants. Comme les jeunes gens s'en vont de très bonne heure, c'est au père seul, d'ordinaire, qu'incombe la charge de pourvoir à tous les besoins de la famille. Or, lui-même n'a que des appointements très faibles, en raison de la concurrence effrénée dont tous les emplois petits et moyens, dans l'État, dans les industries et dans le commerce, sont l'objet. Avec ces maigres ressources, il faut se loger « bourgeoisement », il faut se vêtir « bourgeoisement », il faut représenter aux yeux du monde la classe à laquelle on appartient et un peu celle, supérieure, à laquelle on aspire d'atteindre ou de faire parvenir ses enfants.

Le désir très respectable de procurer aux enfants une

la France marche, au point de vue de la consommation des boissons alcooliques, bien loin derrière l'Allemagne et l'Angleterre c'est-à-dire derrière les nations où le travail est le plus intense. Derrière la France viennent seulement la Norwége, l'Espagne et l'Italie, c'est-à-dire des pays pauvres et sans production industrielle.

destinée meilleure que celle de leurs parents, pousse ces derniers à faire donner à leurs fils une éducation aussi complète que possible et à doter leurs filles d'une manière suffisante pour qu'elles puissent aspirer à des maris plus riches qu'elles ou jouissant d'une situation plus élevée que celle de leur famille. Pour atteindre ce double but, il faut réduire les dépenses quotidiennes. J'ai souvent entendu, dans cette classe de la société, des parents dire à leur fils : « Nous nous sommes nourris de pommes de terre pour te donner une éducation ». Le mot est douloureux ; le sentiment qu'il traduit est contraire aux intérêts de la race, mais il est si profondément humain et témoigne d'une telle abnégation de la part des parents, qu'il doit être consigné comme la traduction la plus exacte du caractère moral de notre petite bourgeoisie. Aussi m'indigné-je volontiers lorsque j'entends les étrangers ou les Français qui ne connaissent pas la France — sorte extrêmement nombreuse — prétendre que les liens de la famille se relâchent dans notre pays et que la morale familiale y est en voie de décadence. Bien plutôt, serais-je tenté de me plaindre de ce que les affections familiales l'emportent beaucoup trop, chez nous, sur les sentiments sociaux, car il en résulte un obstacle au progrès général de la société.

Comme les ressources pécuniaires de la famille sont trop faibles pour faire face à toutes ces nécessités, on diminue les dépenses intimes, celles qui échappent le mieux aux regards indiscrets du dehors, c'est-à-dire celles de l'alimentation. Le mari portera des redingotes et des chapeaux de soie, la femme aura des toilettes élégantes, sinon riches, les enfants seront vêtus comme de petits princes, on aura une bonne pour faire les courses et ouvrir la porte aux étrangers, mais on se nourrira misérablement, parce que personne n'est admis dans la salle à manger.

Dans cette classe de la société, ce n'est pas seulement la composition des aliments entrant dans la nourriture quodienne qui s'écarte des règles établies par les physiologistes, c'est aussi la quantité. La vie y étant moins active et moins pénible que parmi les ouvriers, l'appétit y est aussi moins vif, de sorte que l'on y est moins porté à remplacer la qualité des aliments par leur quantité. Tandis que les ouvriers substituent à la viande, quand ils en sont privés, une énorme quantité de pain ou de légumes secs, le bourgeois mange peut-être un peu plus de viande et de poisson, mais la quantité de ces aliments qui figure sur sa table est encore inférieure à celle que la physiologie prescrit, et il ne mange pas une quantité de pain suffisante pour compenser la viande dont il se prive. Dans les familles ouvrières, on satisfait tant bien que mal le fort appétit donné par le travail; dans les familles bourgeoises, on trompe, plutôt qu'on ne satisfait un appétit qui, lui-même, est moins vif, par une foule de bagatelles peu nutritives mais plus agréables au palais que les aliments physiologiques.

Cette alimentation vicieuse donne naissance à l'anémie générale si répandue dans la petite bourgeoisie, anémie dont l'effet le plus constant et le plus dangereux est d'inspirer une répugnance souvent invincible pour la viande, le poisson et tous les aliments réparateurs. A partir de ce jour, les sucreries, le laitage, le chocolat, les légumes verts, les fruits et autres aliments insuffisamment nutritifs se substituent, dans le régime alimentaire de la famille, à la viande, au poisson, aux légumes secs et même au pain dont on diminue la quantité parce qu'il ne paraît plus assez savoureux à des palais blasés par le sucre. Il n'est point rare de voir alors les maladies de l'estomac se joindre à l'anémie, rendre plus difficile encore et plus capricieuse l'alimentation et provoquer l'affaiblissement général de tout l'organisme. Les médecins seuls peuvent dire combien de maladies sont provoquées, dans la petite bourgeoisie, par l'insuffisance de l'alimentation.

Dans les classes pauvres et dans la petite bourgeoisie, c'est particulièrement sur les enfants que sévit l'insuffisance de la nutrition. Lorsque la mère les nourrit, il arrive fréquemment qu'elle n'a pas une quantité suffisante de lait ou bien que son lait est de mauvaise qualité; lorsque c'est une nourrice, les conditions sont plus mauvaises encore. L'alimentation des vieillards, dans toutes les classes inférieures ou moyennes, est aussi presque toujours insuffisante, soit par manque de ressources, soit par mauvaise hygiène.

En résumé, les observations les moins contestables établissent, d'une manière irrécusable, l'insuffisance plus ou moins marquée de l'alimentation à la fois parmi les paysans, parmi les ouvriers industriels et la petite bourgeoisie, c'est-à-dire dans les huit-dixièmes de la population française. Et il en est ainsi parce que la lutte pour l'existence et la concurrence sociale maintiennent les salaires et traitements de toute cette partie de la population à un taux beaucoup trop faible.

CHAPITRE III

DU VÊTEMENT ET DU LOGEMENT DES TRAVAILLEURS, DE LEUR INFLUENCE SUR L'ORGANISME ET L'ÉVOLUTION DE LA CLASSE SALARIÉE

DU VÊTEMENT

Du vêtement je ne dirai que peu de chose. Il est inutile d'insister sur les inconvénients qui résultent pour la santé d'un vêtement insuffisamment chaud. C'est surtout pour les enfants que les vêtements ont de l'importance, parce que pendant les dix-huit ou vingt premiers mois de leur vie ils n'ont qu'un sentiment très faible de la température dans laquelle on les tient. Ils peuvent être rendus malades par le froid, en mourir même, sans manifester d'une manière quelconque les effets subis par leur organisme; ce n'est guère qu'après le dix-huitième mois qu'ils sont susceptibles d'indiquer les sensations que leur font éprouver les variations de la température.

Ce fait montre combien sont imprudentes les mères ou nourrices qui, pour se justifier de ne pas couvrir suffisamment leurs enfants, répondent à ceux qui leur en font l'observation : « s'il ne crie pas, c'est qu'il n'a pas froid. » La vérité est qu'il ne crie pas parce qu'il ne sent pas; mais, en fait, les enfants perdent leur calorique beaucoup plus rapidement que les grandes personnes et, par conséquent, subissent plus fortement que celles-ci les influences des abaissements ou des élévations de température.

Les adultes plongés dans le sommeil ressemblent aux

enfants par la facilité avec laquelle ils se refroidissent sans s'en apercevoir. La respiration et la circulation sont, pendant le sommeil, notablement ralenties et il en résulte une diminution notable de la sensibilité. Beaucoup de maladies inflammatoires des bronches, des yeux, de la gorge, et de douleurs rhumatismales sont provoqués par l'influence dû froid nocturne sur les gens qui ne se couvrent pas suffisamment pendant le sommeil. Cela est très fréquent parmi les ouvriers et les paysans, qui sont obligés de faire des économies sur les vêtements et sur les couvertures, et qui habitent des logements humides, mal clos, dans lesquels on ne fait du feu que pour cuire les aliments.

Les vieillards, comme les enfants et les adultes endormis sont souvent victimes de l'insuffisance des vêtements et pour le même motif, c'est-à-dire parce que les sensations étant chez eux peu vives, ils subissent, sans pour ainsi dire s'en apercevoir, l'influence du froid.

DU LOGEMENT

Le logement exerce sur l'organisme humain et sur l'évolution de l'espèce une influence beaucoup plus considérable que celle dont nous venons de parler.

D'une manière générale, les classes laborieuses sont, en France, logées, tant dans les campagnes que dans les villes, d'une manière assez défectueuse pour que leur santé soit constamment en danger.

Dans les campagnes, malgré les améliorations considérables qui se sont produites depuis une quarantaine d'années, il n'est pas rare de rencontrer des maisons dont le sol n'est formé que par la terre battue, humide pendant les pluies, poussiéreuse pendant la sécheresse, toujours malsaine par les émanations qui s'en dégagent, dont les ouvertures sont réduites au minimum par le désir d'échapper à l'impôt des portes et fenêtres, et dont les alentours sont encombrés par les fumiers et les eaux stagnantes. Cependant, en dépit de ces conditions déplorables, les logements n'exerçent sur les habitants des campagnes qu'une action relativement peu nocive, parce que les paysans, même les femmes et les enfants, passent la plus grande partie de la journée au plein air.

On a signalé que les épidémies font souvent plus de victimes dans les villages et les bourgs que dans les villes. Cela est dû probablement aux déplorables conditions dans lesquelles se trouvent placés tous les individus que la maladie condamne à ne pas sortir de la maison, peut-être au manque de soins médicaux et autres. En dehors de ces cas exceptionnels, la maladie et la mortalité sont moindres dans les campagnes que dans les villes.

Dans celles-ci, les logements des ouvriers sont généralement si défectueux, et cela est si connu, qu'il n'est pas besoin d'insister sur les effets désastreux qui en résultent. Entassés d'ordinaire, hommes, femmes, enfants, pêle-mêle, dans une chambre étroite où l'on fait la cuisine, où l'on mange et où l'on dort, les familles ouvrières qui habitent les grandes villes sont d'autant plus exposées à toutes les maladies occasionnées ou propagées par l'encombrement, que les maisons où elles habitent regorgent de ménages aussi misérables les uns que les autres. Si les chambres habitées par ces pauvres gens sont situées au rez-de chaussée, l'humidité du sol et des murs y engendre à peu près fatalement les affections rhumatismales, la scrofule et toutes ses affreuses complications, la phtisie pulmonaire, les maladies des reins, etc.; si elles sont situées sous les toits, ce sont les bronchites, les pleurésies, les pneumonies, les maladies des yeux et des oreilles, etc., qui envahissent la plupart des membres de la famille, occasionnées par les alternatives de chaleur trop forte dès qu'on fait du feu et de froid trop intense quand les nuits sont rigoureuses.

Quant aux maladies contagieuses, il est à peine besoin de dire quelle proie facile elles trouvent en ces familles entassées dans des maisons mal tenues et qu'une même chambre voit passer, en plus ou moins grand nombre, dans un temps relativement court, chacune laissant dans le parquet et sur les murs les microbes dont elle est infectée.

Qui pourrait dire le nombre d'ouvriers devenus phtisiques par contagion, en habitant des logements qui furent occupés par des phtisiques, où des phtisiques sont morts après les avoir contaminés de leurs expectorations, et que le propriétaire a dédaigné de faire nettoyer et assainir ? La rougeole, la scarlatine, la variole, plus contagieuses encore que la phtisie, déciment les habitants de toutes les maisons ouvrières où elles pénètrent. Je ne parle pas du choléra qui a été appelé, non sans raison, « la maladie des miséreux » ; chacun sait que les quartiers pauvres des grandes villes constituent son domaine de prédilection, et qu'il a suffi, pour en rendre les épidémies presque inoffensives, d'élargir les rues, de démolir les vielles bâtisses où nos pères violaient naïvement les règles les plus élémentaires de l'hygiène, et de les remplacer par des maisons mieux aérées, où les habitants sont moins empilés les uns sur les autres et où sont appliquées, avec plus ou moins d'exactitude, les prescriptions des comités d'hygiène.

Malheureusement, toutes ces améliorations ont eu pour résultat d'élever considérablement, surtout dans les grandes villes, le prix des loyers et de contraindre les familles ouvrières à se contenter de logements plus exigus encore que ceux où jadis ils n'étaient déjà que trop entassés. Les maisons sont devenues beaucoup plus saines, mais les logements des ouvriers restent encombrés et leur insalubrité persiste.

La solution du problème réside, en réalité, exclusivement, dans la multiplication des moyens de transport rapides et peu coûteux, permettant aux ménages ouvriers d'habiter en dehors des villes et de ne venir dans ces dernières que pour leur travail.

C'est parce qu'ils habitent à la campagne et dans des logements, d'ordinaire, assez confortables, surtout quand ils sont édifiés par les compagnies, que les ouvriers des mines et de quelques autres grandes industries se portent, en général, mieux que ceux des grandes villes, malgré l'insuffisance de leur alimentation et la fatigue occasionnée par leur travail.

Les habitations privées des ouvriers ne sont pas seules défectueuses, les ateliers le sont aussi fréquemment, de sorte qu'un grand nombre d'individus de la classe ouvrière ne sortent des maisons et logements malsains, où ils sont condamnés à vivre la nuit, que pour passer une autre moitié de leur vie dans des ateliers où leur santé est encore plus ou moins compromise.

Je m'empresse de dire que les conditions hygiéniques auxquelles les ouvriers de la grande industrie sont soumis ont été, en général, considérablement améliorées. Autrefois, par exemple, les ouvriers des filatures vivaient constamment dans les poussières que dégagent les cotons ou les laines et leurs poumons en absorbaient, avec l'air atmosphérique, des quantités considérables; aujourd'hui, dans la plupart des usines, ces poussières sont entraînées, par des ventilateurs, en dehors des ateliers, au moment où elles se produisent et les ouvriers n'ont plus à en souffrir. Dans la plupart des mines de houille, on fait également usage de la ventilation pour débarrasser les galeries des poussières du charbon, de la fumée des lampes, etc.

Néanmoins, bien des causes de maladies qui pourraient aisément être combattues subsistent encore. Il est rare, par exemple, que les ouvriers des usines métallurgiques ne soient pas exposés à des courants d'air d'autant plus dangereux que la température des ateliers est plus élevée. Dans les fabriques de ciment et de chaux on ne prend, en général, que des mesures insuffisantes pour mettre les ouvriers à l'abri des poussières. Enfin, presque partout, dans nos grandes usines, les ouvriers n'ont à leur disposition que des moyens de propreté très insuffisants. Il serait facile d'allonger la liste de ces faits; néamoins, il est impossible de nier que des progrès considérables aient été réalisés, depuis une vingtaine d'années, dans l'hygiène de la grande majorité des ateliers de la grande industrie.

Ces progrès sont beaucoup moins sensibles dans la petite industrie. La plupart des ateliers de couture, par exemple, sont, d'ordinaire, insuffisamment aérés et contiennent presque toujours un nombre d'ouvrières supérieur à celui que comporterait leur cube d'air. Pendant l'été, quand on peut ouvrir les fenêtres, l'aération est suffisante ; mais pendant l'hiver, quand portes et fenêtres sont tenues fermées, quand on fait du feu, quand on allume le gaz ou les lampes, les ouvrières vivent dans une atmosphère profondément viciée.

Ces considérations s'appliquent à la plupart des petites industries des grandes villes. Leurs ateliers sont d'autant plus réduits en dimensions et insalubres que le prix des loyers est plus élevé.

Seules, les industries de grand luxe, dont les produits

sont très chers, donnent à leurs ouvriers et ouvrières des ateliers convenablement aérés.

L'entassement des ouvriers et ouvrières dans les ateliers est d'autant plus nuisible que toujours il en est d'atteints par quelque maladie contagieuse, comme la tuberculose.

La question de l'hygiène des ateliers est donc une de celles qui doivent le plus attirer l'attention des pouvoirs publics.

CHAPITRE IV

DES PROFESSIONS ET DE LEUR INFLUENCE SUR L'ORGANISME ET L'ÉVOLUTION DES SALARIÉS

Les métiers nuisibles à la santé par eux-mêmes et en raison des matières que les ouvriers manient, sont : les usines d'arsenic et les fabriques de papiers, de toiles, de fleurs artificielles, etc. qui emploient des couleurs arsénicales ; les usines de mercure et les professions qui manient ce métal; les usines de plomb et les ateliers dans lesquels on manie le métal ou ses sels ; les fabriques d'allumettes où l'on fait usage du phosphore blanc ; les houillères et les diverses professions dans lesquelles les ouvriers sont contraints de manier de grandes quantités de poussières de charbon ; les fabriques de sulfure de carbone et les professions qui font usage de ce produit ; les fabriques d'ammoniaque ; les usines de soufre ; les professions où les ouvriers sont en contact avec des poussières fines de silice, de plâtre, de calcaire ou de grès; celles où ils sont condamnés à absorber des poussières végétales ou animales ; celles où ils sont exposés à des émanations putrides du sol ou des cadavres et des organes d'animaux ; celles où ils vivent dans une atmosphère surchauffée. Quelques mots sur les maladies ou perturbations physiologiques occasionnées par ces différentes professions ne seront pas déplacées ici.

PROFESSIONS OBLIGEANT A MANIER DES SUBSTANCES TOXIQUES

Fabriques d'ammoniaque. — Peut-être faut-il placer en tête des professions insalubres celle des ouvriers employés dans les fabriques d'ammoniaque. Des renseignement fournis, il y a deux ou trois ans, sur les fabriques anglaises de ce produit peuvent faire considérer tous les ouvriers qui y travaillent comme condamnés à une mort rapide, soit par suite des accidents, soit en raison des maladies qu'ils contractent. Les hommes qui fabriquent le *gâteau de sel* par le mélange du vitriol et du sel commun, d'où se dégage l'acide chlorhydrique à l'état gazeux, perdent toutes leurs dents en moins d'une année, à la suite d'inflammations des gencives et des alvéoles dentaires. Les *marniers* qui chargent la chaux et la transportent dans des récipients où elle est traitée par le chlore sont exposés à des poussières corrosives et à des émanations gazeuses qui les tuent rapidement.

Arsenic et sels arsenicaux. — Les ouvriers des usines d'arsenic sont obligés de se couvrir la face d'un masque de verre ; ceux qui travaillent au grillage des minerais arsenicaux de cuivre et de cobalt sont exposés, comme les premiers, à des accidents qui rappellent l'empoisonnement par l'arsenic. Les ouvriers qui manient les papiers peints colorés par des sels d'arsenic (vert de Sheele, ou de Shweinfurst ou vert d'Allemagne), les fleuristes qui se servent d'étoffes teintes avec les mêmes verts, sont exposés à des maladies externes et internes graves : maux de tête persistants, perte de l'appétit, douleurs intestinales plus ou moins violentes, diarrhée, oppression respiratoire, perte des forces musculaires et même paralysie, éruptions de la peau sur toutes les parties qui sont mises en contact avec les poussières, notamment de la face, des mains, des bras, de la poitrine.

Ces accidents ont déterminé l'interdiction des verts arsenicaux dans la teinture des papiers et des étoffes, mais la loi n'est pas toujours obéie, et des motifs de bon marché poussent, de temps à autre, certains industriels à faire usage de ces matières colorantes.

Le mercure et ses sels. — Les ouvriers des mines de mercure et tous ceux qui ont à faire emploi de ce métal sont condamnés à en souffrir plus ou moins, s'ils ne prennent pas de grandes précautions.

Les ouvriers des mines en meurent, à peu près sûrement, au bout d'un petit nombre d'années, s'ils ne quittent pas la mine de temps à autre pour se livrer à des travaux en plein air. Ils sont pris d'une salivation exagérée, bientôt suivie d'inflammation des gencives et de toute la muqueuse de la bouche : les dents se déchaussent, des bourrelets fongueux puis des ulcérations se forment autour d'elles et sur la langue ; l'haleine devient infecte ; les dents tombent, procurant par leur chute une amélioration locale dont les ouvriers vont jusqu'à se réjouir, tant étaient vives leurs souffrances. Mais, pendant ce temps, ils ont été pris du tremblement caractéristique de l'empoisonnement par le mercure, d'abord intermittent, rendu plus sensible par certaines conditions atmosphériques, telles que le vent d'est, puis accompagné de douleurs et de contractions musculaires, de convulsions et même de chorée, d'insomnies, de la diminution des forces et de paralysie, de la perte de la mémoire et des autres facultés intellectuelles, et même d'un affaiblissement de la voix tel que l'on peut à peine entendre le malheureux parvenu à ce degré de cachexie. L'intoxication par le mercure métallique est favorisée par la chaleur qui provoque la formation des vapeurs et leur absorption en même temps que l'air.

En aérant mieux les mines, en obligeant les ouvriers à prendre des soins hygiéniques spéciaux et en faisant alterner le travail minier avec d'autres travaux en plein air, on peut, dans une très large mesure, mettre les ouvriers à l'abri des accidents.

Toutes les professions dans lesquelles on manie du mercure ou des sels de mercure (dorure et argenture au mercure, étamage des glaces, fabrication de certaines cires à cacheter, préparation des peaux de lapin pour les chapeaux, etc.), nécessitent aussi certaines précautions hygiéniques, grâce auxquelles les ouvriers se mettent facilement à l'abri des accidents mercuriels.

Le plomb et ses sels. — Après l'arsenic et le mercure, le plomb est la substance qui fait courir le plus de dangers aux ouvriers obligés de le manier. Ceux qui en souffrent le plus sont les cérusiers, c'est-à-dire les ouvriers qui fabriquent le blanc de céruse et le minium, puis les broyeurs de couleurs au blanc de céruse et les peintres qui emploient ces couleurs.

Les premiers symptômes de l'empoisonnement par ces substances sont une inflammation légère du bord des gencives, caractérisée par un liséré violet, entourant la base des dents; puis surviennent les « coliques de plomb », qui apparaissent par accès durant cinq ou six jours, sont extrêmement douloureuses et accompagnées d'une constipation absolue. Dès que celle-ci disparaît, les douleurs cessent, pour revenir ultérieurement au bout d'un temps plus ou moins long.

Si l'intoxication s'accentue, on voit surgir successivement : la fétidité de l'haleine, l'amaigrissement et la diminution des forces, des douleurs plus ou moins vives, accompagnées ou non de crampes dans les membres ou même dans le tronc et la tête; puis la paralysie des muscles extenseurs des doigts et du poignet; l'abolition de la sensibilité tactile dans les doigts, coïncidant parfois avec la contractilité des muscles, des maux de tête intenses et même des accidents de coma ou de délire que la mort ne tarde pas à suivre.

Depuis une vingtaine d'années, l'empoisonnement des ouvriers par le plomb est devenu beaucoup plus rare, non seulement parce que l'on a remplacé généralement dans la peinture le blanc de céruse par le blanc de zinc, mais encore parce que l'industrie a considérablement amélioré les procédés de fabrication de la céruse et du minium[1]. Il ne tient même qu'à elle de supprimer entièrement les maladies occasionnées par ces substances, soit en remplaçant les travaux manuels par des machines et des appareils clos, soit en obligeant les ouvriers à prendre certaines précautions : masques, vêtements spéciaux, lotions, etc.

Dans ces derniers temps, on a signalé des accidents saturnins très graves et même se terminant par la mort, provoqués par les sels de plomb, chez les ouvrières auxquelles on donne le nom de *poudreuses* et qui sont employées dans la décoration des porcelaines avec des couleurs à base de plomb. La mort de jeunes filles, à Limoges, provoqua, il y a quelques années, un mouvement d'indignation publique.

Le sulfure de carbone employé pour la vulcanisation du caoutchouc occasionne chez les ouvriers des usines où

1. Un décret du 18 juillet 1902 prescrit, d'après l'avis du conseil d'hygiène, diverses mesures pour combattre l'influence nocive des peintures au blanc de céruse.

il en est fait usage sur une grande échelle des accidents qui peuvent être graves. Il y a d'abord des troubles gastriques, tels que nausées et vomissements, accompagnés de perte de l'appétit et de crachotements fatigants. Puis surviennent des coliques et de la diarrhée, avec des accès de fièvre nocturnes. La mémoire s'affaiblit, les idées deviennent diffuses et le caractère irascible; l'insomnie pendant la nuit est accompagnée d'alourdissement et de tendances au sommeil pendant le jour. Alors apparaissent de la céphalalgie, des picotements et des fourmillements dans les membres, des diminutions ou des exagérations de la sensibilité, des crampes, des troubles de la vue, de la faiblesse musculaire et de l'impuissance générale accompagée de vacillation dans la marche. Enfin les muscles s'atrophient, la peau et les muqueuses se décolorent et la mort peut survenir par cachexie générale.

Pour mettre les ouvriers à l'abri de ces accidents, il suffit d'employer un outillage tel que les vapeurs de sulfure de carbone ne puissent pas se répandre dans les ateliers, ce qui est relativement facile et a été réalisé dans la plupart des usines. Aujourd'hui, les seuls ouvriers qui subissent, d'une manière sérieuse, les effets du sulfure de carbone sont ceux qui travaillent à domicile ou dans de petits ateliers.

Phosphore. — C'est à propos du phosphore surtout qu'il est facile de se rendre compte de l'influence qu'exerce la tenue des ateliers sur les accidents que certaines substances sont susceptibles de provoquer. Depuis un nombre considérable d'années, les fabriques françaises de phosphore où les ouvriers manient des quantités considérables de cette substance ne sont le siège d'aucun accident, tandis que ceux-ci étaient extrêmement nombreux dans les fabriques d'allumettes.

Cette différence tenait uniquement à ce que les ateliers où l'on fabrique et manie le phosphore sont, depuis longtemps, bien installés, vastes, et très soigneusement aérés, tandis que ceux où l'on fabriquait et manipulait les allumettes étaient plus ou moins défectueux; ce qui faisait dire par Magitot, en 1895, devant l'Académie de médecine : « qu'attend-on pour intervenir et mettre le feu aux quatre coins de ces infernales nécropoles? N'y a-t-il plus en France un ministre qui puisse ordonner l'évacuation et la destruction d'une usine malsaine, au nom des intérêts supérieurs de l'hygiène, au nom de la morale, au nom de l'humanité ? »

Magitot concluait que le seul moyen de supprimer le phosphorisme dont sont atteints les ouvriers allumettiers consistait dans l'interdiction absolue de l'emploi du phosphore blanc pour la fabrication des allumettes.

Ces plaintes et ces conclusions étaient formulées, en 1895, je le répète, à l'occasion d'une grève qui avait mis en évidence devant le grand public les accidents auxquels sont exposés les allumettiers. Or, voici ce que disait, dès 1862, un hygiéniste officiel, médecin consultant de l'empereur, inspecteur du service de santé de l'armée, directeur du Val de Grâce : « Il ne s'agit plus d'expédients pour déceler un poison, de mesures d'assainissement plus ou moins faciles à appliquer. La découverte du phosphore amorphe et de son innocuité conduit naturellement à substituer un produit inoffensif à une substance toxique... La prohibition du phosphore blanc est commandée par un grand intérêt public[1] ».

Réclamée depuis trente-cinq ans, on le voit, la substitution du phosphore amorphe, qui est inoffensif, au phos-

1. Michel Lévy, *Traité d'hygiène privée et publique*, II, p. 942.

phore blanc, qui est éminemment toxique, n'avait pas encore été effectuée, soit en vertu de la routine, soit en raison de la crainte qu'avait l'administration de mécontenter une partie de la clientèle française. On sait, en effet, que les allumettes amorphes ne prennent feu que sur un produit spécial. C'est ce simple fait qui rendait préférable, aux yeux de beaucoup de personnes, les allumettes au phosphore blanc qui prennent feu par simple frottement sur un corps quelconque. Pour conserver cette commodité aux clients, l'administration perpétuait dans ses ateliers l'une des plus affreuses maladies engendrées par les professions insalubres.

C'est seulement à la suite d'une nouvelle grève et d'un mouvement d'opinion publique, que l'on s'est décidé, dans ces derniers temps, à renoncer au phosphore blanc. On l'a remplacé, ainsi d'ailleurs que le phosphore amorphe, dans la fabrication de toutes les allumettes françaises, par le sexqui-sulfure de phosphore qui paraît être inoffensif[1].

Les ouvriers allumettiers obligés à manier le phosphore blanc subissaient une diminution notable de l'appétit ayant pour conséquence l'anémie, la diminution des forces, l'albuminurie, ordinairement accompagnées de maux d'estomac, de ventre, de tête, de toux quinteuse avec sensation d'étouffement, de diarrhée chronique, d'inflammation de la gorge avec haleine fétide, alliacée, et, au bout de trois ou quatre ans, une sorte de déminéralisation des os des mâchoires et de la face, bientôt suivie de nécrose. Un dixième au moins des ouvriers employés à certains travaux étaient condamnés à ces nécroses qui, après avoir produit des désordres plus ou moins étendus, entravé la mastication, rendu la parole

1. Voyez : *Poisons industriels* (publication de l' « Office du travail », 1901), p. 132.

très difficile, finissent par entraîner presque fatalement la mort du malade.

Tabac. — Il est une autre profession dont l'Etat s'est réservé le monopole et qui doit attirer l'attention. Je veux parler de la préparation des tabacs. Les ouvrières sont assez fréquemment atteintes de congestions passives des organes du bassin, ayant pour conséquence des accouchements prématurés. La mortalité des enfants serait également plus considérable que dans les professions ordinaires. D'une façon générale, les ouvriers des manufactures de tabac, ceux surtout qui sont exposés à absorber les poussières produites par la plante, subissent une sorte d'intoxication, caractéristique de la profession, mais qui ne paraît pas être suivie de troubles graves de la santé. Les poussières du tabac agissent non seulement par la nicotine qu'elles contiennent, mais encore, très probablement, comme corps étrangers introduits dans les bronches et les vésicules pulmonaires. Aussi est-il facile de diminuer, sinon de supprimer les accidents, par l'aération des ateliers et divers autres soins prescrits par les hygiénistes, mais dont les ingénieurs ne tiennent pas un compte suffisant.

PROFESSIONS EXPOSANT AU CONTACT AVEC DES POUSSIÈRES ANIMALES, VÉGÉTALES ET MINÉRALES

C'est d'abord par les poussières végétales ou animales que les professions où l'on travaille *le coton, la laine, le lin, le chanvre*, etc., sont nuisibles à la santé des ouvriers ; mais à l'action nocive des poussières qui se dégagent de ces matières, il faut ajouter celle de la température des ateliers.

Avec une bonne installation, on arrive à diminuer la

quantité des poussières et même à les faire disparaître presque complètement, mais il est impossible de supprimer l'effet nuisible qu'exerce sur la santé une température qui, dans certains ateliers, n'est jamais inférieure à 25 ou 28 degrés, et qui, parfois, doit être maintenue au-dessus de 35 degrés.

Les filatures de lin surtout sont extrêmement nuisibles, parce qu'on ne peut travailler la matière qu'en la mouillant avec de l'eau chaude. Lorsque les ateliers ne sont pas très bien installés, ce qui est généralement le cas, ils se remplissent très vite des vapeurs dégagées par les baquets d'eau chaude qui surmontent chaque métier et qui servent à mouiller les fils. Les femmes et les jeunes filles y sont exposées, pendant dix à douze heures de suite, à une chaleur de 30 à 35 degrés, dans une atmosphère surchargée de vapeur d'eau. Il n'en faut pas davantage pour provoquer très rapidement une anémie d'autant plus profonde que l'alimentation est toujours insuffisante et que le travail est très fatigant, en raison de l'obligation où sont les ouvrières de courir sans cesse, d'un bout à l'autre du métier, pour rajouter les fils, remplacer les bobines, etc.

A l'affaiblissement général qui résulte de cette existence, s'ajoutent des lésions locales produites par l'humidité et la matière première. Les ouvrières sont obligées de travailler à peine vêtues, et les pieds nus dans des sabots. Ceux-ci se remplissent d'une eau chargée des poussières qui se détachent du fil et qui sont très irritantes. Chez beaucoup d'ouvrières, il se produit une inflammation de la peau des pieds avec des ulcérations connues sous le nom de « cancer d'eau ». Une profession aussi fatigante, exercée dans des conditions aussi défectueuses, ne peut évidemment qu'agir de la façon la plus déplorable non seulement sur les ouvrières mais encore sur les enfants auxquels elles donnent naissance. C'est toute une population que son métier tue lentement et qui finirait par disparaître si elle n'était pas sans cesse renouvelée par des familles venant du dehors.

L'aménagement des ateliers et la transformation de l'outillage sont des moyens indispensables à employer pour faire disparaître une partie des effets si profondément nuisibles de ces professions, mais ils ne suffisent pas : il y faut ajouter une organisation du travail telle que les ouvriers et ouvrières séjournent moins longtemps dans la température très élevée que la filature et le tissage nécessitent.

Les *mines de houille* et les autres professions qui condamnent les ouvriers à absorber des poussières très fines sont, en général, nuisibles à la santé.

Tous les ouvriers des houillères sont soumis, quand ils vivent pendant de nombreuses années dans le fond des mines, à une maladie spéciale des poumons, connue sous le nom « de mélanose » ou « phtisie des mineurs », et qui est occasionnée par la pénétration de la poussière de charbon dans les bronches et les vésicules pulmonaires. Elle est caractérisée par des plaques noires à la surface des poumons. Elle se développe avec d'autant plus de rapidité et acquiert une gravité d'autant plus grande, que les galeries d'extraction sont moins aérées, la circulation de l'air étant, en effet, le seul moyen d'enlever les poussières du charbon et les fumées produites par les lampes. Les mouvements alternatifs de dilatation et de contraction des vésicules pulmonaires sont gênés par la présence de la matière étrangère, et il survient de bonne heure un asthme d'autant plus accentué que la quantité de poussière incrustée dans les parois des vésicules est plus considérable. La toux et le crachement noir sont les signes d'une mélanose plus avancée. Lorsque celle-ci atteint un certain degré, les ouvriers meurent dans un état de consomption analogue à celui qui caractérise la phtisie tuberculeuse. Il est même fréquent que la mélanose soit le point de départ d'une véritable tuberculose, particulièrement chez les individus qui, par hérédité, sont prédisposés à cette dernière maladie.

Indépendamment de la mélanose, les ouvriers mineurs ont à redouter une anémie particulière, assez semblable, par ses caractères extérieurs, à la chlorose des femmes et ayant pour cause le séjour dans des lieux privés de lumière, insuffisamment aérés et où l'air atmosphérique est mélangé de gaz délétères. Cette anémie est surtout à craindre dans les mines où les galeries d'extraction sont basses, étroites, humides et chaudes. Elle entraîne, avec ou sans complication de mélanose, la mort d'un très grand nombre d'ouvriers. Les statistiques anglaises établissent que dans le sud du pays de Galles, les ouvriers mineurs atteignent rarement quarante-cinq ans.

Depuis une cinquantaine d'années, le sort des mineurs a été considérablement amélioré par la réduction de la durée du travail et du séjour dans la mine, par une meilleure ventilation des galeries, par l'invention de la lampe Davy et de ses similaires, etc. Il est curieux de rappeler ce que disaient les hygiénistes de l'effet de ce travail sur les ouvriers il y a une cinquantaine d'années. « Il faut lire, disait Michel Lévy, en 1850, les résultats de l'enquête que le gouvernement anglais a fait faire en 1840, suivant le vœu de la Chambre des Communes, pour prendre une idée des fatigues et de l'épuisement quotidien des mineurs de Derbyshire, où le travail souterrain se poursuit pendant quatorze et même seize heures sur vingt-quatre, du Northumberland, du district est de l'Ecosse, etc.; tous les commissaires anglais attestent la croissance lente et imparfaite des enfants employés dans les mines; les mesures de taille ont donné une forte différence au profit de la population agricole comparée à celle des mines. Le peu d'élévation des galeries souterraines oblige les ouvriers à se tenir baissés; de là de fréquentes courbures du rachis et, chez les enfants, ce qu'on appelle des poitrines de poulet. Dans le Lancashire, les femmes qui charient le charbon dans les fosses ont généralement le dos voûté. Les enfants occupés à pousser les wagons et les traîneaux éprouvent au sommet de la tête des pressions, des frottements qui déterminent la chute des cheveux, l'épaississement et l'inflammation du cuir chevelu, etc. Les ouvriers employés à la taille sont exposés à des inflammations des genoux et des coudes, par suite des frottements qu'ils éprouvent dans leur position forcée[1]. »

Je ne parle pas des accidents qui apportent la désolation parmi les familles ouvrières en les privant à la fois de leur chef et de leurs ressources. Leur nombre va sans cesse en décroissant, à mesure que l'exploitation des mines devient plus rationnelle et que les pouvoirs publics exercent un contrôle plus actif; ils sont pourtant encore assez nombreux pour qu'on doive les faire figurer parmi les causes qui déciment les populations minières.

On peut rapprocher des maladies auxquelles sont exposés les mineurs, celles qui atteignent les *mouleurs en cuivre*. Elles sont produites par l'inhalation des poussières, extrêmement fines, employées dans la fabrication des moules: poussières de charbon de bois, sable calciné et pulvérisé, connu sous le nom de poncif, fécule, noir de fumée, cendre de bois, etc. Au bout d'une dizaine d'années de la profession de mouleur en cuivre, les ouvriers disent que « la poussière s'est attachée à

1. Michel Lévy, *Loc. cit.*, II, p. 952.

l'homme. » Ils éprouvent d'abord de la gêne de la respiration, puis ils sont affectés d'une toux quinteuse qui devient de plus en plus pénible; il s'y joint rapidement une dyspnée, plus forte dans la seconde moitié de la journée et qui va en augmentant jusqu'à la fin du travail, atteignant parfois, chaque soir, une intensité telle que l'ouvrier mange difficilement ou ne peut prendre, après son travail, que des aliments liquides. A mesure que la respiration devient plus difficile, les quintes de toux se rapprochent, prennent une grande intensité, et sont suivies de l'expectoration de crachats fortement colorés en noir, parfois même de vomissements, par suite des contractions brusques et violentes des muscles de l'abdomen. Les accidents respiratoires s'accompagnent alors de troubles de la circulation, avec hypertrophie du cœur, enflure des membres inférieurs, difficulté de la marche, fatigue générale hors de proportion avec le travail accompli, et ne permettant plus bientôt à l'ouvrier que des journées incomplètes. Si, alors, il n'y a cessation complète du travail et changement de profession, l'ouvrier finit par succomber aux troubles profonds qui se sont produits dans la respiration et la circulation.

Les professions qui exposent les ouvriers à l'inspiration des poussières de silice, de grès, de calcaire, de plâtre, etc., produisent des accidents bronchiques et pulmonaires d'autant plus graves et plus fréquents que les poussières sont inhalées en plus grande quantité et qu'elles sont plus dures. C'est par la phtisie que, d'ordinaire, les accidents se terminent. « Les molécules d'émeri sont les plus dures; aussi d'après Lombard, les ouvriers qui emploient cette pierre sont-ils les premiers dans l'ordre de fréquence de la phtisie; les faiseurs d'aiguilles de montres présentent 55 phtisiques sur 100; les polisseurs d'acier 35. Le polissage de l'acier fait périr de phtisie presque tous les ouvriers employés à Sheffield; on a noté que sur 2500 d'entre eux, à peine 35 arrivent à l'âge de cinquante ans, et 70 à celui de quarante-cinq ans. Le plus grand nombre meurt avant la trente-sixième année; le docteur Kinght a remarqué que pas un polisseur de fourchettes d'acier n'atteint la trente-sixième année. Les poussières siliceuses viennent ensuite pour la gravité des effets qui résultent de leur inhalation habituelle. Dans les manufactures de porcelaine, la plupart des ouvriers qui pulvérisaient la silice au moyen de meules de granit succombaient à la phtisie ; l'adoption du broyage à l'eau les en préserve aujourd'hui. Les cailloutiers, les tailleurs de pierres à fusil (silex) meurent souvent phtisiques. Morgagni signale comme exposés à la phtisie les tailleurs de pierre, les plâtriers, etc. Le Dr Young a observé que les tailleurs de grès de la carrière Walshut succombent presque tous à la phtisie pulmonaire ; ceux des environs d'Edimbourg arrivent rarement à l'âge de cinquante ans (Alison). Le Blanc a tracé une monographie de la phtisie des tailleurs de grès, appelée maladie de Saint-Roch à cause de sa fréquence dans les carrières de ce nom. L'inhalation des molécules calcaires n'est pas moins funeste ; d'après Lombard, les plâtriers comptent 26 phtisiques sur 400, environ deux fois plus que la moyenne générale ; les maçons, les balayeurs de rues et les tailleurs de pierre dépassent aussi la moyenne générale[1]. »

PROFESSIONS OBLIGEANT A UNE ATTITUDE VICIEUSE DU CORPS

Dans certaines professions, la position à laquelle les ouvriers sont condamnés suffit pour occasionner des

1. Michel Lévy, *Traité d'hygiène publique et privée*, II, p. 942.

désordres physiologiques et même des maladies graves. Tous les hygiénistes ont signalé la fréquence de la phtisie parmi les ouvriers qui, comme les tailleurs, les cordonniers, etc., sont constamment courbés. Les poumons et les viscères intestinaux se congestionnent chez les premiers, en même temps que les mouvements du cœur sont gênés; chez les seconds, la poitrine est comprimée au point qu'il en résulte une déformation du sternum ; chez les uns et les autres les troubles de la circulation favorisent le développement de la tuberculose. Lorsqu'un exercice musculaire un peu fort se joint à la position courbée, il en diminue la nocuité. « Les jardiniers, les tanneurs, les blanchisseuses et les lavandières comptent très peu de phtisiques, tandis que les professions qui, en arquant le corps, le laissent dans un repos presque complet (tailleurs, cordonniers, brasseurs, vanniers, horlogers, etc.) dépassent la moyenne générale des phtisiques (134 sur 1 000) »[1].

MALADIES PROVOQUÉES PAR LA MAUVAISE TENUE DES ATELIERS

A toutes ces maladies professionnelles, dont la liste pourrait être considérablement allongée, si je ne craignais de fatiguer le lecteur, et qui sont dues aux matières premières, il faut ajouter les maladies et les accidents qui résultent de l'organisation souvent défectueuse des ateliers.

Malgré les progrès considérables réalisés depuis que les gouvernements ont jugé nécessaire d'intervenir dans les conditions du travail industriel, il existe encore, dans beaucoup d'ateliers, des vices d'installation éminemment préjudiciables aux ouvriers. Il en est ainsi surtout dans la petite industrie. Combien sont nombreux,

1. *Ibid.*, p. 850.

par exemple, les ateliers où nulle disposition n'est prise pour empêcher les ouvriers d'entrer en contact avec les machines, avec les courroies de transmission, les scies et autres outils mis en mouvement par l'aveugle vapeur? Combien nombreux sont ceux où les ouvriers sont exposés à contracter dans les courants d'air, des maladies pulmonaires qu'il serait facile de leur faire éviter par une meilleure disposition des ouvertures? Combien nombreux encore sont les ateliers où l'aération est insuffisante, surtout en hiver, et où les ouvriers et employés sont entassés dans des espaces très étroits, ou trop encombrés par le matériel et le personnel, au point qu'il leur manque la quantité d'air respirable nécessaire à l'organisme humain pour qu'il fonctionne régulièrement. Tantôt l'air atmosphérique n'y afflue pas assez abondamment, tantôt il est vicié par les expirations humaines ou par les émanations des matières premières et des machines, ou surchargé d'acide carbonique et de gaz délétères provenant des poëles, des calorifères, etc. N'en est-il pas de même dans un grand nombre de magasins? Les plus luxueux de ces établissements ne condamnent-ils pas les employés des deux sexes à vivre dans une atmosphère viciée? Sans parler des maladies contagieuses, comme la phtisie, que les ouvriers, ouvrières et employés contractent fréquemment dans les ateliers et magasins surpeuplés et mal aérés, il est impossible qu'ils n'y subissent pas une altération générale plus ou moins profonde de la santé, surtout quand il s'y joint un certain degré de fatigue.

C'est particulièrement sur les femmes et les enfants que ces mauvaises conditions du travail agissent d'une manière fâcheuse. Indépendamment de ce que les femmes sont, en général, plus faibles que les hommes, il se joint, chez elles, à la fatigue provoquée par le travail, la dépression physiologique occasionnée par les pertes sanguines périodiques et celle, plus grande encore, qui accompagne la grossesse.

Non seulement les femmes sont astreintes, dans la plupart des professions, à un travail supérieur à leurs forces, mais encore, quand elles ont un mari et des enfants, il faut ajouter à leur travail industriel la préparation des repas, l'entretien des vêtements et du linge et tous les autres soins du ménage.

Dans toutes les familles ouvrières, c'est la femme qui se lève la première et se couche la dernière. Elle travaille pendant une partie des heures où les autres se reposent.

D'autre part, la femme gagne beaucoup moins que l'homme, quoique ses besoins ne soient pas moindres. Pour sa nourriture, ses vêtements, son logement, elle ne peut pas dépenser moins que l'homme ; elle est donc condamnée soit à vivre dans la gêne et même la misère, si sa profession n'est pas exceptionnellement lucrative, soit à former une famille dont elle sera la servante sans cesser d'être ouvrière. Faut-il s'étonner que beaucoup choisissent une troisième solution, en apparence moins pénible, et qu'elles quittent le travail pour le plaisir ?

S'il n'est pas possible d'affirmer que la prostitution naît presque fatalement de la misère, il est, du moins, incontestable que celle-ci contribue puissamment à y pousser la femme, en la préparant à écouter les sollicitations de la débauche. Il ne faut pas oublier que les professions qui fournissent le plus de sujets à la prostitution sont celles où les ouvrières sont le plus directement en contact avec la classe riche (couturières, lingères, modistes, etc.).

Les enfants sont condamnés par la faiblesse inhérente à leur âge et par les conditions particulières où les place la croissance, à subir, plus que les hommes et même les femmes, les conséquences des conditions mauvaises dans lesquelles ils travaillent et vivent en beaucoup d'ateliers.

PROFESSIONS AGRICOLES

Les professions agricoles exposent les travailleurs à beaucoup moins de causes de régression que les professions industrielles, tant à cause du travail en plein air qu'en raison des loisirs plus considérables qu'elles comportent.

Toutefois, dans les pays marécageux, la culture du sol et les travaux de terrassement provoquent, chez la plupart, sinon la totalité des ouvriers, des fièvres paludéennes dont l'effet sur l'organisme est dépressif au plus haut degré. Il est à peine nécessaire de rappeler que tous les pays agricoles, sans exception, ont tué plusieurs générations d'hommes, avant de nourrir celle qui a eu la chance de ne les occuper qu'au moment où des cultures longtemps répétées avaient assaini la terre, en faisant comburer par l'air atmosphérique les détritus d'animaux et de végétaux dont elle s'était chargée dans le cours des siècles pendant lesquels elle resta improductive.

Même à notre époque et dans notre pays, il y a encore des régions où le paludisme décime les populations condamnées aux travaux agricoles. Il me suffira de citer les landes de la Gascogne, les plaines marécageuses de la Sologne, les marais de la Bresse, etc.

Dans quelques chaînes de montagnes, particulièrement dans les vallées où le soleil ne se montre que rarement, où l'alimentation est insuffisante, où l'eau est trop calcaire ou dépourvue d'iode, etc., les populations sont condamnées à la régression par le goître et le crétinisme qui vont généralement de pair.

Certaines conditions agissent sur la plupart des travailleurs de la campagne dans un sens régressif : ce sont : les habitations insalubres dont il a été question plus haut, l'insuffisance des aliments azotés et l'attitude courbée à laquelle le travail de la terre les astreint. Il résulte de cette attitude, quand elle est prolongée pendant de nombreuses années, des déformations du corps d'autant plus prononcées que le paysan fait davantage emploi d'instruments primitifs. Dans les pays où les vignes sont travaillées à la main, on est frappé de l'aspect particulier offert par la presque totalité des vieillards : ils sont voûtés au point d'être obligés de relever la tête pour regarder l'horizon. Par la substitution de la charrue aux outils manuels, ces vices de conformation deviennent chaque jour moins nombreux et, avec eux, disparaissent les troubles de la circulation qu'ils entraînent.

La vie solitaire que les paysans sont contraints de mener pendant une grande partie du temps diminue chez eux l'activité intellectuelle, affaiblit les sentiments sociaux, accroît presque fatalement l'influence de l'égoïsme sur les actes, et fait que leur niveau moral est, en général, moins élevé que celui des ouvriers des villes et des grandes agglomérations industrielles. Ceux-ci ont des passions plus vives et trop souvent aveugles, parce qu'ils sont ignorants, mais ils sont moins préoccupés d'eux-mêmes que les paysans; ils songent davantage au sort général de la classe à laquelle ils appartiennent; ils sont plus généreux, plus fraternels, plus disposés à se secourir réciproquement et moins portés aux actions dont leurs semblables souffriraient. D'après les statistiques les mieux faites, les ouvriers des campagnes commettent plus de crimes contre les personnes que ceux des villes et des agglomérations industrielles.

PROFESSIONS DITES LIBÉRALES

Ces considérations me conduisent naturellement à parler des professions dites libérales (avocats, médecins, avoués, notaires, pharmaciens), des titulaires de fonctions publiques ou d'emplois dans les grandes administrations, des commerçants, des industriels et des employés de bureaux, etc. Toutes ces professions exigent une instruction supérieure à celle qui est donnée dans nos écoles primaires ; la plupart de ceux qui les exercent sont eux-mêmes issus de familles où elles ont été pratiquées pendant un nombre plus ou moins considérable de générations, d'où résulte qu'ils sont pourvus, en général, de vices et de qualités héréditaires, en même temps qu'ils subissent les influences propres à la profession.

Comme les professions industrielles et agricoles, les professions intellectuelles ont, en effet, leurs accidents, leurs maladies et leurs plaies morales.

Je me bornerai à citer, parmi les maladies plus particulièment réservées aux travailleurs intellectuels, toutes celles qui sont occasionnées par la station assise et courbée trop prolongée, telles que la constipation habituelle et les obstructions viscérales de l'abdomen, la cystite, les calculs urinaires (dont moururent Amyot, Erasme, Harvey, Calvin, Bacon, Leibniz, Bossuet, Linné, Newton, d'Alembert, Buffon, Voltaire, etc.); l'apoplexie cérébrale (qui emporta Pétrarque, Copernic, Malpighi, Richarson, Marmontel, Daubenton, Spallanzani, Monge, Cabanis, Corvisart, etc.). En dépit de ces maladies, la plupart des grands savants et des grands littérateurs ont vécu assez longtemps, sans doute en raison de l'équilibre de leurs facultés physiques et morales d'où résulta leur valeur intellectuelle.

Le surmenage est le danger principal auquel expose le travail cérébral, quand il est insuffisamment adapté aux forces physiques ou aux qualités intellectuelles de celui qui s'y livre. Le surmenage est très fréquent parmi les enfants des lycées et les jeunes gens des écoles spéciales. Il survient plus rapidement lorsque l'alimentation n'est pas donnée en quantité suffisante ou qu'elle ne contient pas une proportion convenable d'azote, ainsi qu'il arrive dans beaucoup d'établissements privés d'instruction secondaire et même dans certains lycées.

Contraints d'appliquer leur attention, pendant un temps trop long, sur des sujets dont ils comprennent à peine la valeur, ou bien les enfants se dégoûtent du travail et tombent dans une sorte de torpeur intellectuelle qui parfois les poursuivra pendant toute leur vie ; ou bien, s'ils sont très disciplinés, ils se livrent à un effort intellectuel supérieur à celui dont leur cerveau est capable. Ils perdent alors, dans un travail inutile, leurs forces physiques et leur énergie morale, comme un ouvrier manuel que l'on condamne à un labeur disproportionné à ses forces.

Combien de soi-disant petits génies de nos grandes écoles spéciales ne feront que de détestables ingénieurs ou professeurs, ou marins, ou artilleurs, parce qu'ils ont usé toutes leurs forces intellectuelles dans un travail supérieur à la puissance de leur cerveau. Comme des arcs trop fortement bandés, les premiers traits qu'ils lancent les épuisent et les condamnent à une irrémédiable inertie.

Quelles que soient les causes qui le produisent, lorsque le surmenage est prolongé pendant de nombreuses années, il est toujours accompagné d'anémie générale et souvent suivi de maladies nerveuses qui finissent par emporter l'individu et le condamnent à ne laisser qu'une postérité plus ou moins marquée, physiquement et intellectuellement, des vices paternels. Ainsi s'expliquent deux faits dont l'interprétation n'apparaît pas tout de suite aux yeux du public : la fréquence de la folie parmi les hommes adonnés aux professions libérales, et la dégénérescence intellectuelle offerte très souvent par les enfants d'hommes qui avaient passé pour des êtres plus ou moins supérieurs à cause de l'étendue de leurs connaissances, mais dont le public n'avait pas pu calculer les efforts surhumains.

L'un des fondateurs de la pathologie médicale, Esquirol, écrivait il y a plus de soixante ans : « Les vices de la société augmentent le nombre des pauvres et des criminels ; les progrès de la civilisation multiplient les fous. » Si l'on entend par progrès de la civilisation le développement de la culture intellectuelle, le mot d'Esquirol est pleinement confirmé par les observations des médecins et les statistiques des maisons de santé. La plupart des fous sont des individus dont le cerveau a fait, dans la direction purement intellectuelle ou dans la direction passionnelle, un travail rendu excessif par sa trop grande intensité ou par sa trop longue durée.

Le défaut capital de notre système d'instruction et de notre organisation administrative est d'exiger de tous les enfants qui se destinent aux professions intellectuelles les mêmes connaissances, afin de subir les mêmes examens. Or, ces connaissances sont acquises très aisément et presque sans fatigue par quelques-uns, tandis que la masse est obligée de faire des efforts excessifs. De là, souvent, parmi les hommes adonnés aux travaux intellectuels, une surexcitation nerveuse qui les porte à exagérer l'importance de toutes les circonstances de la vie, tandis qu'ils méconnaissent la limite jusqu'à laquelle peuvent aller leurs efforts sans que l'équilibre des fonctions physiologiques soit rompu. Cette surexcitation dont, souvent, les premiers symptômes apparaissent dès le collège, constitue le premier pas vers la folie. Tant que l'homme qui l'a franchi est encore jeune, tant qu'il trouve dans les passions physiques, apanage de la jeunesse, une distraction à ses occupations intellectuelles, il s'en tient à ce premier pas ou n'en fait d'autres qu'à des intervalles assez éloignés pour que ni lui-même ni son entourage ne s'en puissent rendre compte ; mais lorsque l'apaisement des sens livre son être tout entier au travail cérébral, le surmenage et la surexcitation de l'enfance ou de l'adolescence reparaissent ; ses ambitions sont alors supérieures à ce qu'il peut légitimement attendre de la destinée, ses convoitises débordent les réalités tangibles, ses désirs deviennent des névroses et la folie qui le guette se jette dans son cerveau sans défense, à la première grande désillusion que les accidents de la vie lui font subir.

Si Paris et Londres sont les villes où la proportion des fous, par rapport au chiffre de la population, est la plus considérable, ce n'est point, comme le disent les statisticiens, parce que ce sont ces deux capitales qui contiennent le plus de gens instruits et qui représentent les plus hauts degrés de la civilisation humaine ; c'est parce que l'affluence des intellectuels y étant plus grande que partout ailleurs, la lutte pour l'existence y est plus âpre, d'où un surmenage cérébral excessivement commun et, par suite, une tendance plus grande à la folie que dans tous les autres points du monde. Saint-Pétersbourg, Madrid et Le Caire où, pour des motifs divers, la vie intellectuelle est beaucoup plus calme, où la lutte pour la vie entre les intellectuels est beaucoup moins vive, sont aussi les capitales où le nombre des fous est le plus infime par rapport à celui des habitants.

Il en est de même des nations envisagées dans leur ensemble : celles où la vie intellectuelle est la plus intense sont celles qui fournissent le plus de victimes à l'aliénation mentale. L'Etat de New-York, l'Angleterre et la France occupent, à cet égard, les trois premiers rangs, tandis que l'Espagne et l'Italie marchent à l'arrière-garde.

L'abus des forces cérébrales ou surmenage intellectuel n'est pas étranger à ce fait que les suicides sont plus nombreux dans les pays où l'instruction est la plus développée. Quant aux suicides par amour, ils ne se produisent guère que dans les pays civilisés, où la poésie des passions tient plus de place que la réalité des plaisirs sexuels. Je n'ai pas souvenir que dans les pays africains ou asiatiques on m'ait raconté l'histoire d'un nègre, d'un indien, d'un Annamite, d'un Chinois ou d'un Arabe qui se soit tué pour une femme. Dans tous ces pays, l'amour n'est guère, suivant le mot célèbre de Diderot, que le « frottement de deux épidermes » et il ne viendrait pas à l'esprit d'un homme de se tuer par dépit d'un amour refusé ou d'un amour trompé. L'amour qui conduit au suicide est cet amour intellectuel, conçu par la littérature, engendré par la poésie ou le roman, transformé en folle passion par le surmenage d'individus qui demandent à leur cerveau plus d'efforts qu'il n'en peut faire, si minime d'ailleurs que soit cet effort.

En matière de travail cérébral, comme dans le domaine du travail physique, l'effort doit, en effet, être proportionné à la capacité de l'individu qui l'accomplit : un enfant ou une femme succomberont sous un travail qu'un adulte accomplira sans fatigue ; un demi-instruit perdra toute sa cervelle dans une lecture où le savant et le lettré ne trouveront qu'une amusante distraction.

C'est par là que s'explique le mal considérable fait, parmi les demi-lettrés, par un nombre incalculable de romans, de feuilletons de journaux, d'écrits de toute sorte qui sont inoffensifs pour les véritables intellectuels, mais où la masse de la nation puise un incurable poison. Ce ne sont pas, d'ailleurs, les plus moraux des romans ou des journaux, ce ne sont pas les livres les mieux adaptés aux croyances religieuses ou aux préjugés sociaux des classes riches, qui sont les moins dangereux. Tel roman écrit à l'usage des jeunes filles les plus chastes, et d'où l'auteur élimina tout ce qui pourrait provoquer l'excitation des sens, produit parmi ses lectrices l'effet le plus détestable, par les illusions qu'il sème dans leur esprit trop faible et par l'orgueil qu'il fait naître en leur cœur trop naïf. Combien de petites bourgeoises ne se marient pas, finissent dans la misère physiologique, sans avoir rendu aucun service à la société, parce qu'elles n'ont pu rencontrer le « prince charmant » dont la pieuse bibliothèque du couvent imprima, dans leur trop malléable cerveau, l'introuvable modèle ?

En dehors de ses conséquences extrêmes, le surmenage intellectuel peut nuire à toute une nation par la trop grande excitation cérébrale qu'il y produit et d'où résulte une perturbation plus ou moins profonde de l'esprit et même du sens moral. Y a-t-il exagération à dire que notre pays est sur la pente de cet état particulier ?

CHAPITRE V

CONSIDÉRATIONS GÉNÉRALES RELATIVEMENT A L'ACTION PRODUITE SUR LA CLASSE SALARIÉE PAR LES CONDITIONS D'EXISTENCE QUE LA CONCURRENCE SOCIALE LUI IMPOSE.

A peine est-il nécessaire de conclure de toutes les observations rapportées dans les chapitres précédents que les conditions dans lesquelles s'écoule l'existence des travailleurs sont, d'une manière générale, défavorables au développement physique, intellectuel et moral des individus et de la race. Et par ce terme de « travailleurs » il faut entendre non seulement les ouvriers proprement dits, mais encore tous les individus, de l'un ou de l'autre sexe, qui sont obligés de gagner leur vie au jour le jour, soit par un travail manuel, soit par un travail intellectuel, soit par les deux ordres de travaux réunis et combinés d'une manière quelconque.

Nous avons vu que, parmi ces individus, il en est un très grand nombre dont l'alimentation est insuffisante, dont les logements sont trop exigus ou malsains, dont les vêtements ne répondent pas aux exigences d'une bonne hygiène, dont les professions sont plus ou moins nuisibles, parfois même mortelles, dont, en un mot, le développement est entravé par les circonstances dans lesquelles leur vie se déroule.

Nous avons vu aussi que les conditions nocives auxquelles les individus sont soumis agissent, non seulement sur eux-mêmes, mais encore sur leur descendance. Les maladies provoquées par la profession ou la mauvaise hygiène se transmettent des pères et des mères aux enfants; l'anémie déterminée chez les parents par l'insuffisance de la nourriture, la mauvaise hygiène, les vices propres à la misère, comme l'ivrognerie et la débauche, ou les perturbations cérébrales produites par le surmenage, passent des parents à leur progéniture, et toute une partie de la population revêt des caractères physiques ou moraux qui témoignent de sa dégénérescence.

Comme le nombre des salariés dépasse de beaucoup celui des individus à qui la richesse acquise permet de vivre sans travailler, ou de ne travailler qu'à leur guise et d'une façon modérée, c'est la fraction numériquement la plus importante de la nation qui va ainsi s'affaiblissant de jour en jour, en raison des conditions défectueuses dans lesquelles son existence s'écoule.

Quant à la cause qui engendre ces conditions, c'est à peine s'il est nécessaire de la mettre en relief. Elle apparaît derrière tous les faits exposés dans les chapitres précédents; elle surgit de toutes les observations; elle circule entre toutes les lignes où ces faits et ces observations sont exposés : c'est la concurrence sociale doublée de la lutte individuelle.

D'une part, ceux qui détiennent la fortune ou l'instruction, c'est-à-dire les deux armes qui créent la supériorité des classes sociales, font des efforts incessants pour en conserver, sinon le monopole, du moins la propriété. Comme ils détiennent, en plus, les pouvoirs politiques et sociaux, ils font les lois et dirigent les mœurs de la manière la plus conforme à leurs intérêts, souvent sans aucune préoccupation de ce qui adviendra de la partie de la société qui ne possède pas les mêmes avantages.

D'autre part, soit entre les membres des classes privilégiées, soit entre ceux des classes laborieuses, une âpre lutte individuelle est provoquée par le désir très légitime qu'a chacun de se procurer le plus de bien-être possible. La nécessité où est chaque individu de travailler pour vivre et faire vivre les siens, fait qu'ils se concurrencient les uns aux autres dans la recherche du travail et qu'ils acceptent ou, pour mieux dire, recherchent des salaires qui trop souvent sont incapables de pourvoir à la satisfaction de leurs besoins les plus essentiels.

L'étude des conditions d'existence auxquelles sont soumis les travailleurs, éclaire d'un singulier jour les observations que je présentais au début d'un chapitre précédent, sur les conséquences de la lutte pour l'existence dans les sociétés humaines. Elle permet de se convaincre combien grossièrement se trompent ceux qui admettent avec Darwin que la lutte pour l'existence est toujours profitable aux plus forts et aux meilleurs et qu'elle détermine constamment l'évolution ascensionnelle des individus, des races et des espèces. Doctrine commode, et qui fournit un oreiller très doux aux outranciers du « laissez faire et du laissez passer »; doctrine monstrueuse, en même temps que fausse, car elle légitime les plus odieuses tyrannies sociales.

C'est de l'application de cette doctrine, inconsciemment formulée par la Révolution française, que sont nées les conditions d'existence si nuisibles à la classe des travailleurs que nous venons d'étudier.

Ainsi que je l'ai rappelé dans une autre partie de ce livre, les lois sociales de la Constituante sont essentiellement individualistes. Tout citoyen est proclamé libre de s'adonner au genre de travail qui lui convient le mieux, de pratiquer l'industrie, le commerce, la profession pour lesquels il a le plus de goût et de dispositions, mais chacun est livré à ses propres forces. La loi n'intervient, ni pour régler les rapports des travailleurs avec ceux qui les emploient, ni pour déterminer les conditions ou la durée du travail, ni même pour prescrire aux employeurs les mesures les plus essentielles à l'hygiène de ceux qu'ils font travailler. Les ateliers seront insalubres et dangereux s'il plaît au patron qu'il en soit ainsi ; il pourra, s'il lui convient, employer indifféremment, pour toutes les sortes de travaux, aussi bien les enfants que les adultes, et les femmes que les hommes ; il fixera, selon ses convenances ou ses intérêts, la durée de la journée de travail, et le salaire dont il la rétribuera ; il sera le maître, en un mot, de diriger à sa guise, et sans tenir compte d'autre chose que de ses intérêts ou même, s'il a le cœur mauvais, sans se laisser guider par aucun autre sentiment que sa cupidité, toutes les conditions auxquelles seront soumis ses salariés. Ceux-ci, de par la législation de la Constituante et des autres assemblées révolutionnaires, n'auront même pas le droit de se réunir, de s'associer, de se concerter, de cesser le travail, pour faire valoir leurs revendications.

Voilà, en somme, ce qu'est la législation révolutionnaire pour toutes les questions relatives au travail. C'est une législation de liberté, ce n'est pas une législation humanitaire. Elle consacre les droits individuels des hommes, elle ne se préoccupe pas de ce que deviendront les hommes eux-mêmes dans la société qui appliquera ses principes.

La révolution semblait croire, trois quarts de siècle avant Darwin, que la lutte pour l'existence est toujours avantageuse au progrès de la race, et elle livrait tous les citoyens à cette lutte, sans paraître se soucier de ceux qui y seraient écrasés. Faut-il s'étonner que beaucoup y succombent encore chaque jour? Faut-il s'étonner davantage qu'une partie notable de la nation y subisse une véritable dégénérescence ?

Pendant près d'un siècle, on a vu des enfants de huit ans soumis à une durée de travail qui serait excessive pour des adultes ; des filles et des femmes débiles faire des travaux d'hommes et ne recevoir que la moitié de la solde de ces derniers, quoique leurs besoins soient les mêmes ; les ateliers réunir autour des ouvriers toutes les causes imaginables d'accidents et de maladies ; les villes tolérer les logements les plus insalubres et les plus mortels ; la société, en un mot, passer indifférente, au nom de la liberté, à côté de toutes les conditions les plus nuisibles aux travailleurs, à la nation, à la race.

Il faut arriver à la seconde moitié du XIXe siècle, pour voir les gouvernements et les assemblées législatives s'inquiéter de la manière dont les ateliers sont organisés, de l'hygiène à laquelle les ouvriers sont soumis par les patrons, de la salubrité des habitations et des aliments, de la nocivité des professions, de la durée du travail pour les hommes, les femmes, les enfants, enfin du salaire reçu par les ouvriers. Tout cela fut dédaigné, pendant près d'un siècle, par les pouvoirs publics, sous prétexte que si l'on y prêtait attention, que si l'on en faisait l'objet d'une réglementation quelconque, on porterait atteinte aux principes de liberté individuelle posés par la Révolution.

Cependant, la liberté n'est pas le seul bien que l'homme doive réclamer des gouvernements qui se chargent de son destin ; il a aussi le droit d'en exiger les mesures les plus propres à assurer le maintien et le développement de ses forces physiques ou intellectuelles, et la perpétuation de sa race dans les conditions les plus favorables à son évolution ascendante. Un gouvernement qui, tout en assurant la liberté aux citoyens, refuserait à l'homme la protection de sa vie et de sa race, pourrait se vanter de remplir son devoir politique, mais il mériterait le reproche de manquer à son devoir social.

C'est de cette façon scientifique et humanitaire à la fois que notre illustre Buffon, le plus grand naturaliste, sans aucun doute et l'un des plus profonds penseurs de notre pays, envisageait le devoir gouvernemental, lorsqu'il écrivait, il y a déjà un siècle et demi : « L'homme n'a connu que tard l'étendue de sa puissance et même il ne la connaît pas encore assez ; elle dépend en entier de l'exercice de son intelligence ; ainsi, plus il observera, plus il cultivera la nature, plus il aura de moyens pour se la soumettre et de facilité pour tirer de son sein des richesses nouvelles, sans diminuer les trésors de son inépuisable fécondité. Et que ne pourrait-il pas sur lui-même, je veux dire sur sa propre espèce, si sa volonté était toujours dirigée par l'intelligence ! Qui sait jusqu'à quel point l'homme pourrait perfectionner sa nature, soit au moral, soit au physique ? Y a-t-il une seule nation qui puisse se vanter d'être arrivée au meilleur gouvernement possible, qui serait de rendre tous les hommes non pas également heureux, mais moins inégalement malheureux, en veillant à leur conservation, à l'épargne de leurs sueurs et de leur sang par la paix, par l'abondance des subsistances, par les aisances de la vie et les facilités pour leur propagation ? Voilà le but moral de toute société qui chercherait à s'améliorer [1]. »

Pour que la société puisse s'améliorer, dirai-je à mon tour, en complétant la pensée de Buffon, il faut

1. Buffon, *Œuvres complètes*, édit. De Lanessan, t. II, p. 135.

d'abord qu'elle se connaisse. Or, ceux en petit nombre, qui se donnent la peine de l'étudier, ne le font qu'en se plaçant à deux points de vue tout à fait opposés mais également faux : les uns trouvent que tout est bien ou plutôt qu'il suffit de laisser la lutte individuelle et la concurrence sociale s'exercer librement pour que tout aille de mieux en mieux; les autres trouvent que tout est détestable et proposent de tout détruire, afin de tout reconstruire sur des bases nouvelles. Et tandis que les deux écoles contradictoires théorisent et métaphysiquent, des milliers d'enfants, de femmes, d'adolescents, d'hommes et de vieillards succombent sous l'implacable concurrence dans laquelle nul ne les soutient. Les nations s'appauvrissent, les races s'épuisent et l'avenir de l'espèce elle-même est compromis. Partout aussi, sous toutes les latitudes et longitudes, sous tous les climats et dans tous les pays, la guerre aveugle et bête, l'union sexuelle intéressée et dédaigneuse du progrès, le travail excessif, le surmenage intellectuel, la lutte excessive des intérêts individuels et familiaux contre les intérêts sociaux, la concurrence immodérée des industries et des nations, en un mot, les victoires incessantes de l'égoïsme sur l'altruisme, font sentir leurs mortels effets et déciment l'humanité.

CONCLUSION

Tout homme, à quelque race ou classe qu'il appartienne, à moins qu'il n'ait subi, au cours de son évolution, quelque déviation cérébrale, tend de toutes ses forces vers la liberté et le bonheur.

Les moyens employés par chaque homme pour atteindre ce double but constituent sa morale individuelle, d'où il résulte qu'il y a autant de morales individuelles que d'hommes.

En vertu de l'héritage de nos ancêtres animaux et de l'atavisme humain, la morale individuelle est nécessairement égoïste, c'est-à-dire que chaque individu est porté à ne tenir compte que de ses besoins, de ses désirs et de ses intérêts personnels et à sacrifier, s'il le croit nécessaire et s'il le peut, les intérêts de tous ses semblables afin d'atteindre son but.

Cette morale purement égoïste est, en principe, celle des animaux qui vivent isolés, des hommes primitifs et des enfants.

Elle est modifiée, chez les uns et chez les autres, par leurs relations avec leurs parents, leurs semblables et les autres êtres.

Il n'y a pas d'animal, même parmi les plus sauvages,

dont l'égoïsme héréditaire ne soit modifié par les relations avec ses congénères.

La tigresse la plus sanguinaire est une mère de famille non moins tendre, non moins affectueuse que la plus douce et la meilleure des femmes les plus civilisées. Quant à son petit, reconnaissant des soins et des caresses qu'il en reçoit, il ne s'attache pas moins à elle que l'enfant nouveau-né, dans l'espèce humaine, ne s'attache à sa mère ou à sa nourrice. Parmi les tigres comme chez les hommes, la nature agit de la même façon pour faire surgir, à côté de l'égoïsme atavique du nouveau-né, des sentiments altruistes dont la première manifestation est l'amour qu'il témoigne à sa mère.

Parmi les animaux qui vivent en familles ou en sociétés et parmi les hommes, dont la caractéristique essentielle est la vie familiale et sociale, l'altruisme ne tarde pas à se manifester d'une seconde manière : les relations qu'a le nouvel être avec son père et avec ses frères ou ses sœurs, les caresses qui s'échangent entre eux, les petits services qu'ils se rendent réciproquement, les jeux par lesquels ils se procurent des distractions sont bientôt suivis de sentiments affectifs ; ceux-ci persisteront aussi longtemps que les relations familiales, aussi bien chez les animaux que dans l'espèce humaine, et ils seront d'autant plus intenses que la famille vivra davantage en dehors des autres familles similaires.

Lorsque les familles animales ou humaines se réuniront en sociétés plus ou moins étendues, comme il arrive dans la plupart des races humaines et dans un nombre assez considérable d'espèces animales, l'altruisme se manifestera par l'apparition d'un sentiment nouveau, ayant une source analogue à celle des sentiments familiaux, mais différant de ceux-ci par son objet. Ce n'est plus seulement vers les membres de sa propre famille que chaque individu dirige ses affections; c'est encore vers tous les membres de la société dont il fait partie et plus particulièrement vers ceux avec lesquels il est en contact fréquent et direct. Au sentiment familial s'ajoute, chez lui, le sentiment social.

L'un et l'autre sont formés d'un mélange d'affection et d'intérêt. L'enfant et la mère sont liés par les satisfactions diverses qu'ils trouvent dans leurs relations. Pour l'enfant, c'est l'apaisement de la faim qui l'aiguillonne et qui renaît à des intervalles de temps si rapprochés qu'il ne saurait se passer du voisinage à peu près permanent du sein nourricier; c'est aussi le contentement d'être tenu propre et, par conséquent, à l'abri des démangeaisons, des douleurs même que provoque la malpropreté ; c'est enfin et, peut-être, par-dessus tout, le plaisir que lui font éprouver les jeux avec une maman qui se fait aussi enfant et aussi joueuse que lui. En dehors, en effet, de quelques espèces de carnassiers, que la rareté de leurs aliments naturels contraint à vivre isolés, tous les êtres vivants, et les hommes au plus haut degré, se complaisent dans les relations avec leurs semblables. De même que l'enfant trouve dans ses rapports avec sa mère la satisfaction de ses besoins matériels et moraux, de même la mère trouve dans ses relations avec son enfant la satisfaction de besoins analogues. C'est d'abord son besoin de maternité, qui trouve à se satisfaire ; c'est ensuite le besoin qu'elle a de dégonfler ses seins, qui est satisfait par l'allaitement; c'est enfin le besoin de relations et de distractions commun à tous les êtres, qui se satisfait dans les caresses, les jeux, les conversations pour lesquels elle est sans cesse sollicitée. En somme, intérêt et affection agissent de concert pour développer chez la mère et chez l'enfant les sentiments familiaux.

C'est aussi de l'alliance formée par l'affection et l'intérêt que naissent les sentiments sociaux.

Lorsque ces sentiments ont atteint un certain degré de développement, dans tous les individus d'une même famille ou d'une même société, la morale de chaque individu n'a plus rien de commun avec celle que détermine l'égoïsme chez l'animal ou l'homme primitif isolés et chez tous les nouveau-nés. L'altruisme y joue un rôle à côté de l'égoïsme, et un rôle d'autant plus considérable que les sentiments par lesquels il se traduit ont eux-mêmes acquis plus de développement.

Certes, il y aura encore, entre tous les individus d'une même société, une concurrence manifeste, chacun luttant pour son existence, c'est-à-dire pour la réalisation de la plus grande somme possible de liberté et de bonheur. Il serait impossible de faire disparaître cette concurrence, et il n'y a pas lieu même de souhaiter qu'on le puisse, car elle est la source féconde de tous les progrès humains; mais si l'altruisme est suffisamment développé chez tous les membres d'une même société, elle ne sera pas assez brutale, assez violente, assez égoïste, dirais-je volontiers, pour nuire à la masse de la société; elle profitera aux mieux doués, aux plus forts, aux plus intelligents, aux plus audacieux que la fortune aime à favoriser, mais elle ne nuira pas aux autres.

Il y aura également concurrence sociale entre les différentes familles et classes, mais l'altruisme des familles et des classes modifiera l'allure générale de cette concurrence, de manière à en atténuer les effets fâcheux. Il arrivera même, par le progrès intellectuel de toutes les familles et de toutes les classes, qu'elles se fondront graduellement les unes dans les autres et qu'on pourra voir disparaître l'antagonisme qui existe naturellement entre les intérêts particuliers et les intérêts généraux de la société.

J'ai à peine besoin de faire remarquer combien les sociétés les plus civilisées de notre temps sont loin de cet idéal, et combien y sont âpres encore, non seulement les luttes individuelles, mais encore les concurrences entre les différentes familles et classes.

Tandis que la morale individuelle et la morale familiale évoluaient dans le sens d'une prépondérance de l'altruisme sur l'égoïsme, évolution qui suit dans toutes les sociétés humaines, une voie parallèle au développement de l'intelligence et de l'instruction des hommes, les gouvernements se formaient et leur morale évoluait aussi dans le même sens.

D'abord profondément égoïstes comme l'individu à sa naissance, comme la société en formation, les gouvernements humains deviennent ensuite plus ou moins altruistes, suivant que l'altruisme a pris une place plus ou moins grande dans la morale des individus, des familles et des sociétés.

D'une façon générale, si l'évolution de leur morale est en retard sur celle de la morale individuelle, familiale et sociale, ils ne tardent pas à être emportés par l'une de ces révolutions qui ne sont que des phases plus actives de l'évolution.

C'est ce qui s'est produit, dans notre pays, trois fois en moins d'un siècle, et, c'est de là qu'est enfin sortie la troisième République, c'est-à-dire le seul gouvernement ayant prouvé qu'il avait conscience des devoirs politiques et sociaux qui s'imposent aux pouvoirs publics dans un pays où la classe salariée est assez intelligente et assez instruite pour savoir en quoi la lutte pour l'existence et la concurrence sociale nuisent à ses intérêts matériels et moraux, et où les sentiments altruistes sont suffisament développés pour que chacun aspire non seulement à sa propre liberté et à son propre bonheur, mais à la liberté et au bonheur de tous les autres membres de la société.

Fort heureusement, il s'est trouvé, parmi les fondateurs de la troisième République, quelques hommes liés à la Démocratie, sinon par leur naissance, du moins par leur éducation, par leur passé public et privé, par leur tempérament, et par les faits d'où était sortie leur fortune politique. Les Jules Grévy, les Gambetta, les Louis Blanc, les Floquet, les Jules Simon, les Jules Ferry, pour ne parler que des morts, ainsi que leurs amis et leurs rivaux dont beaucoup vivent encore, étaient, avec des programmes plus ou moins modérés ou radicaux, idéalistes ou opportunistes, individualistes ou socialistes, des esprits essentiellement démocratiques. Non contents d'empêcher la monarchie de renaître, non contents de consolider la République en lui procurant une existence légale, ils se donnèrent la mission, qui fera l'honneur de leur mémoire, de lui imprimer un caractère nettement démocratique et de lui faire remplir les devoirs qui incombent à un tel gouvernement.

Leur tâche était difficile, en raison des circonstances et des résistances opposées par les classes jusqu'alors privilégiées.

Il fallait d'abord instruire le peuple, que les régimes monarchiques s'étaient efforcés de maintenir dans l'ignorance. Dans ce but, ils bâtirent partout des écoles, ils multiplièrent par milliers les instituteurs, leur firent donner une instruction très supérieure à celle où la monarchie et l'empire les avaient confinés, et les répandirent jusque dans les hameaux les plus petits et les plus reculés. Par la laïcité de l'enseignement, ils créèrent la neutralité de l'école en matière religieuse, et garantirent à tous les citoyens le respect de leurs croyances dans la personne de leurs enfants. La laïcité de l'école n'est point, en effet, comme se plaisent à le répéter ses adversaires, une mesure anti-religieuse ; c'est, au contraire, une marque du respect qu'ont les pouvoirs publics pour toutes les croyances et tous les cultes. Elle n'en a pas moins entamé la puissance de l'oligarchie ecclésiastique, en substituant aux congrégations, dans l'enseignement public, un corps de citoyens intéressés au maintien de la République parce qu'ils y trouvent, avec l'indépendance de leur conscience, la sécurité pour leurs intérêts matériels.

Si incomplète qu'elle soit, quelque nécessité qu'il y ait de la perfectionner, d'améliorer encore l'état des écoles et le sort des instituteurs, d'adapter mieux les programmes aux besoins des différentes parties du pays, et de leur donner un caractère moins théorique, plus pratique et plus scientifique, de faire pour l'instruction secondaire et pour l'enseignement supérieur ce qui a été fait pour l'instruction primaire, l'œuvre accomplie par les fondateurs de la troisième République dans le domaine de l'instruction publique restera le plus beau monument démocratique élevé depuis un siècle dans notre pays ; il sera le meilleur titre de gloire de ceux qui en conçurent le plan et en commencèrent la construction.

Ces mêmes hommes, ayant vécu l'histoire d'une partie plus ou moins considérable de ce siècle, ne pouvaient ignorer le mal fait au pays, tant à l'intérieur qu'au dehors, par l'oligarchie militaire que le premier empire créa et que le second empire entretint par les guerres presque incessantes auxquelles il se livra pour des motifs auxquels, la plupart du temps, les intérêts de la France étaient étrangers.

Dans le but d'écarter les guerres inutiles en obligeant

tous les Français, sans exception, à risquer leur vie dans les batailles et leurs intérêts dans les conflits internationaux, ils instituèrent la plus complète égalité de tous les citoyens devant les charges militaires et substituèrent la nation armée à l'armée de l'empereur. Des perfectionnements démocratiques devront être introduits dans les lois militaires comme dans les lois scolaires. Il y subsiste encore des inégalités et des privilèges qu'il faudra faire disparaître. On devra réduire la durée du service et borner le rôle de l'armée à celui d'une simple école obligatoire de la guerre; cependant, telle que la troisième république l'a déjà édifiée, la loi militaire est une œuvre essentiellement démocratique, comme la loi scolaire, et dont la masse du peuple doit être reconnaissante à ceux qui la conçurent.

A la troisième république revient encore l'honneur d'avoir abordé résolument la solution des problèmes dont dépend l'amélioration du sort des travailleurs. Les lois sur l'hygiène des ateliers, sur la limitation du travail des femmes et des enfants et même des adultes, sur les réparations et indemnités que les patrons doivent aux ouvriers tués ou blessés dans le travail et à leurs familles, sur les retraites des mineurs, etc., sont autant de matériaux préparés pour l'édification d'un ordre social nouveau, reposant, non plus sur la lutte brutale des individus et de leurs intérêts, mais sur les sentiments altruistes déjà si développés dans le cœur du peuple de France.

Cependant, le conflit n'est pas terminé entre la Démocratie et l'Oligarchie, entre la masse du peuple qui prétend continuer de gravir les sommets politiques et sociaux découverts à ses yeux par trois révolutions successives, et les privilégiés qui en veulent conserver la possession[1].

1. Les résultats actuels de cette lutte sont étudiés dans un volume qui paraîtra peu de temps après celui-ci, sous le titre de *La concur-*

Ce sera l'objet des luttes politiques et sociales du xxe siècle. Puissent-elles n'être point ensanglantées comme le furent les batailles sociales des siècles passés!

Pour éviter le désordre et le sang, pour transformer en évolution pacifique les révolutions où tant de ruines et tant de morts ne produisent que si peu de progrès, il faut avoir présents devant les yeux les droits et les devoirs du gouvernement démocratique, et faire pénétrer dans tous les esprits les principes d'une morale assez lumineuse pour que nul ne puisse la méconnaître, assez simple pour que chacun la puisse comprendre et assez altruiste pour que tous aient l'espoir de trouver, dans son application, la réalisation de leurs efforts vers la liberté et le bonheur.

rence sociale et les devoirs sociaux. J'y ai exposé les victoires remportées par la masse sociale, grâce à la troisième république.

TABLE DES MATIÈRES

PRÉFACE. p. I.

LIVRE I

La lutte pour l'existence et ses effets dans les sociétés humaines.

CHAPITRE PREMIER. — En quoi consiste la lutte pour l'existence (p. 11). — La lutte pour la conservation individuelle dans l'espèce humaine (p. 19). — La lutte pour la conservation de la race (p. 23).

CHAPITRE II. — En quoi consiste la concurrence sociale. Antagonisme des intérêts familiaux et des intérêts sociaux (p. 29). — Formation des classes sociales (p. 34).

LIVRE II

Évolution morale des sociétés et des gouvernements.

CHAPITRE PREMIER. — Evolution morale et gouvernementale des sociétés primitives (p. 39). — Apparition et évolution des sentiments affectifs et origine des idées de devoirs et de droits (p. 40). — Première forme de la monarchie et de l'aristocratie (p. 56). — Différenciation des fonctions sociales (p. 58). — Apparition et évolution de l'esclavage (p. 60). — Formation des classes sociales (p. 66). — Fixation de la société au sol et accroissement de l'autorité gouvernementale (p. 70).

CHAPITRE II. — Evolution de la société et de la morale gouvernementale en France jusqu'à l'époque de la Révolution (p. 74). — Etat politique et social avant la conquête romaine (p. 74). — Etat social après la conquête romaine (p. 77). — Modifications introduites dans l'état social par les invasions germaines (p. 79). — Origine du régime féodal (p. 80). — Formation des agglomérations rurales (p. 82). — La morale sociale du seigneur féodal (p. 83). — Le christianisme et l'esclavage (p. 85). — Les droits féodaux (p. 86). — Le christianisme et l'idée de liberté (p. 92). — Abandon graduel par les seigneurs de leurs droits sur les personnes (p. 85). — Les artisans des campagnes et la liberté (p. 97). — Les paysans et la liberté (p. 99). — Affaiblissement de l'aristocratie par la monarchie. — Diminution du servage et augmentation des charges (p. 100). — Evolution de la puissance et de la richesse de l'aristocratie sacerdotale (p. 103). — Evolution du travail industriel et commercial jusqu'à la Révolution (p. 116). — La morale gouvernementale sous la monarchie absolue (p. 128).

CHAPITRE III. — Evolution de la société et de la morale gouvernementale en France pendant la Révolution.

La propriété foncière et la suppression des droits féodaux (p. 132). — Autorisation du prêt à intérêt (p. 137). — Mise en vente des biens nationaux et création des assignats (p. 137). — Achat des biens par les gens d'affaires (p. 140). — La création des mandats et les biens nationaux (p. 143). — La rente et les bons des Trois-Quarts sur les biens nationaux (p. 147). — Consolidation des petites propriétés (p. 149). — Les biens communaux et la petite propriété (p. 150). — Les forêts domaniales et la petite propriété (p. 152). — Institution de la liberté du travail (p. 154). — Interdiction des associations de patrons et d'ouvriers (p. 155).

CHAPITRE IV. — La concurrence sociale en France. — Son influence sur notre législation depuis la Révolution jusqu'à l'avènement de la troisième République (p. 163). — La concurrence sociale entre les classes supérieures (p. 164). — Triomphe de la classe qui possède la richesse et l'instruction (p. 165). — Rôle de la classe salariée pendant et après la Révolution (p. 168).

§ 1. — Lois relatives à l'instruction du peuple (p. 170). — Législation de la Révolution (p. 171). — Législation de la monarchie de juillet (p. 171). — Législation de la présidence de Bonarparte et du second empire (p. 173).

§ 2. — Législation relative à la propriété foncière (p. 175). — Le partage égal des biens entre tous les enfants et ses conséquences (p. 176). — Droits de transmission favorables aux grands propriétaires (p. 178). — Impôts directs et indirects favorables aux riches (p. 180). — Régime douanier défavorable à la classe salariée (p. 182).

§ 3. — Législation relative au travail et aux ouvriers (p. 184). — Le livret (p. 184). — Les coalitions et les grèves (p. 186). — La durée du travail quotidien et les salaires (p. 189). — Esprit général des lois antérieures à la troisième République (p. 193).

LIVRE III

Des conditions de vie auxquelles les salariés sont soumis comme conséquence de la concurrence sociale.

CHAPITRE PREMIER. — L'action du milieu sur l'organisme humain (p. 195). — Action du milieu cosmique (p. 196). — Action du milieu générateur (p. 199).

CHAPITRE II. — De l'alimentation des salariés et de son influence sur leur organisme (p. 209). — Usure déterminée par la vie et le travail (p. 209). — Alimentation physiologiquement nécessaire (p. 210). — Dépense nécessitée par l'alimentation physiologiquement indispensable (p. 218). — L'alimentation et l'alcoolisme (p. 220). — L'alimentation dans la petite bourgeoisie (p. 224).

CHAPITRE III. — Du vêtement et du logement des travailleurs. — De leur influence sur l'organisme et l'évolution de la classe salariée. — Du vêtement (p. 228). — Du logement (p. 227).

CHAPITRE IV. — Des professions et de leur influence sur l'organisme et l'évolution des salariés (p. 235) — Professions obligeant à manier des substances toxiques (p. 236). — Fabrique d'ammoniaque, arsenics et sels arsenicaux (p. 236). — Le mercure et ses sels (p. 237). — Le plomb et ses sels (p. 238). — Le phosphore (p. 240). — Le tabac (p. 243). — Professions exposant au contact avec des poussières animales, végétales et minérales (p. 243.) — Professions obligeant à une attitude vicieuse du corps (p. 249). Maladies provoquées par la mauvaise tenue des ateliers (p. 250). — Professions agricoles (p. 253) — Professions dites libérales (p. 255).

CHAPITRE V. — Considérations générales relativement à l'action produite sur la classe salariée par les conditions d'existence que la concurrence sociale lui impose (p. 261).

CONCLUSION (p. 268).

ÉVREUX, IMPRIMERIE DE CHARLES HÉRISSEY

AUTRES OUVRAGES DE M. LANESSAN

L'expansion coloniale de la France. *Etude économique, politique et géographique sur les établissements français d'outre-mer.* 1 vol. in-8 avec cartes (F. Alcan, éditeur) . . . . *Epuisé.*

Introduction à la Botanique. *Le sapin.* 2e édit., 1890. 1 vol. in-8, avec figures, de la *Bibliothèque scientifique internationale,* cartonné à l'anglaise (F. Alcan, éditeur). . . . . 6 fr. »

L'Indo-Chine française. *Etude économique, politique et administrative.* 1889. 1 vol. in-8, avec 5 cartes en couleurs, de la *Bibliothèque d'histoire contemporaine* (F. Alcan, éditeur). . . . . 15 fr. »

La colonisation française en Indo-Chine. 1895. 1 vol. in-12, de la *Bibliothèque d'histoire contemporaine* (F. Alcan, éditeur) . *Epuisé.*

La Tunisie. 1887. 1 vol. in-8 (F. Alcan, éditeur) . . . . *Épuisé.*

La morale des philosophes chinois. 1896. 1 vol. in-12, de la *Bibliothèque de philosophie contemporaine* (F. Alcan, éditeur) . . . . . 2 fr. 50

Principes de colonisation. 1897. 1 vol. in-8, de la *Bibliothèque de philosophie contemporaine,* cartonné à l'anglaise (F. Alcan, éditeur). 6 fr. »

La marine française au printemps de 1890. 1 vol. in-18 (Berger-Levrault, éditeur). . . . . 3 fr. 50

Le programme maritime de 1900-1906. 2e édit., 1903. 1 vol. in-12 (F. Alcan, éditeur). . . . . 3 fr. 50

Le Transformisme, exposé des théories de Buffon, Lamarck, Darwin, Hœckel, etc., et de l'auteur, relatives à l'évolution de la matière et des êtres vivants et à la transformation des espèces. 1 vol. in-18 (Doin, éditeur) . . . . 6 fr. »

La lutte pour l'existence et l'Association pour la lutte. 1 vol. in-18, de la *Bibliothèque biologique* (Doin, éditeur). . . . . 1 fr. 50

La Botanique. 1 vol. in-18, avec 182 figures, de la *Bibliothèque des sciences contemporaines* (Reinwald, éditeur) . . . . 5 fr. »

Du Protoplasma végétal. 1 vol. in-8 (Doin, éditeur). . . . . 4 fr. »

Manuel d'histoire naturelle médicale (*Botanique et Zoologie*). 2e édit., 2 vol. in-18, avec plus de 2000 figures (Doin, éditeur) . . . 20 fr. »

Traité de Zoologie (*Protozoaires*). 1 vol. grand in-8, avec 300 figures (Doin, éditeur). . . . . 10 fr. »

Flore de Paris (*Phanérogames et Cryptogames*). 1 vol. in-18, avec 700 figures (Doin, éditeur) . . . . 9 fr. »

Flore générale des Champignons, par Wunsche; traduction française. 1 vol. in-18 (Doin, éditeur). . . . . 8 fr. »

Histoire des drogues d'origine végétale, par MM. Fluckiger et Hanburg; traduction française. 2 vol. in-8 (Doin, éditeur). . . 25 fr. »

Manuel de Zootomie, par Mogsisovics Elden von Mojsvar; traduction française. 1 vol. in-8, avec 128 figures (Doin, éditeur). . . 9 fr. »

Œuvres complètes de Buffon. Nouvelle édition comprenant la correspondance annotée et augmentée d'une notice biographique et d'une introduction de 450 pages, par J.-L. de Lanessan. 14 vol. grand in-8, avec 160 planches gravées et coloriées et 10 portraits (Le Vasseur, éditeur). . . . . 200 fr. »

Sous-presse :

La concurrence sociale et les devoirs sociaux. 1 vol. in-8, de la *Bibliothèque générale des sciences sociales,* cartonné à l'anglaise (F. Alcan, éditeur) . . . . 6 fr. »

OUVRAGES SUR LA SCIENCE SOCIALE

ANDLER (Ch.). — **Les origines du Socialisme d'État en Allemagne**. 1 vol. in-8. . . . . 7 fr. »

BAGEHOT. — **Lois scientifiques du développement des nations**. 6e édit. 1 vol. in-8, cart . . . . 6 fr. »

BOUGLÉ (J.). — **Les Sciences sociales en Allemagne**. 2e édition. 1 vol. in-12 . . . . 2 fr. 50

— **Les Idées égalitaires**. 1 vol. in-8. . . . . 3 fr. 75

BOURDEAU (J.). — **Le Socialisme allemand et le Nihilisme russe**. 2e édition, 1 vol. in-12. . . . . 3 fr. 50

— **L'Evolution du socialisme**. 1 vol. in-12. . . . . 3 fr. 50

COMTE (Aug.). — **La Sociologie**; résumé par RIGOLAGE. 1 vol. in-8. 7 fr. 50

DEMOOR, MASSART et VANDERVELDE. — **L'Evolution régressive en biologie et en sociologie**. 1 vol. in-8 . . . . 6 fr. »

DEPASSE (H.). — **Du Travail et de ses conditions**. 1 vol. in-12. 3 fr. 50

— **Transformations sociales**. 1 vol. in-12 . . . . 3 fr. 50

DREYFUS (C.). — **Evolution des mondes et des sociétés**. 3e édition. 1 vol. in-8 . . . . 6 fr. »

DURKHEIM (Em.). — **De la division du travail social**. 2e édition. 1 vol. in-8. . . . . 7 fr. 50

— **Les Règles de la méthode sociologique**. 2e édit. 1 vol. in-12. 2 fr. 50

— **Le Suicide**. *Etude sociologique*. 1 vol. in-8. . . . . 7 fr. 50

EICHTHAL (Eug. d'). — **Souveraineté du peuple et gouvernement**. 1 vol. in-12. . . . . 3 fr. 50

ESPINAS (A.). — **La Philosophie sociale au XVIIIe siècle et la Révolution**. 1 vol. in-8. 7 fr. 50

FOUILLÉE (Alf.). — **Psychologie du peuple français**. 1 vol. in-8. 7 fr. 50

— **La France au point de vue moral**. 1 vol. in-8 . . . . . 7 fr. 50

GAROFALO (R.). — **La Superstition socialiste**. 1 vol. in-8 . . 5 fr. »

GREEF (F. DE). — **Le Transformisme social**. *Essais sur le progrès et le regrès des sociétés*. 2e édition. 1 vol. in-8. . . . . 7 fr. 50

— **Les Lois sociologiques**. 3e édition. 1 vol. in-12 . . . . . 2 fr. 50

HERBERT SPENCER. — **Introduction à la science sociale**. 13e édition, 1 vol. in-8, cart. . . . . 6 fr. »

— **Les bases de la morale évolutionniste**. 6e édition. 1 vol. in-8, cart. . . . . 6 fr. »

— **Principes de sociologie**. 4 vol. in-8 : t. I, 10 fr.; — t. II, 7 fr. 50; — t. III, 15 fr.; — t. IV. . . . . 3 fr. 75

— **Essais sur le progrès**. 1 vol. in-8. . . . . 7 fr. 50

— **Essais de politique**. 1 vol. in-8. . . . . 7 fr. 50

IZOULET (J.). — **La Cité moderne**. *Métaphysique de la sociologie*. 6e édition, 1 vol. in-8.. . . . . 10 fr. »

LAVELEYE (Em. de). — **Le Socialisme contemporain**. 11e édition, 1 vol. in-12. . . . . 3 fr. 50

— **De la Propriété et de ses formes primitives**. 5e édition, 1 vol. in-8. . . . . 10 fr. »

— **Le Gouvernement dans la démocratie**. 3e édit., 2 vol. in-8. 15 fr. »

LE BON (Dr Gustave). — **Psychologie des foules**. 7e édition. 1 volume in-12 . . . . 2 fr. 50

FÉLIX ALCAN, Éditeur
ANCIENNE LIBRAIRIE GERMER BAILLIÈRE ET Cie

PHILOSOPHIE — HISTOIRE

CATALOGUE
DES
Livres de Fonds

	Pages.
BIBLIOTHÈQUE DE PHILOSOPHIE CONTEMPORAINE.	
Format in-12	2
Format in-8	5
COLLECTION HISTORIQUE DES GRANDS PHILOSOPHES	10
Philosophie ancienne	10
Philosophie moderne	10
Philosophie anglaise	11
Philosophie allemande	11
Philosophie anglaise contemporaine	12
Philosophie allemande contemporaine	12
Philosophie italienne contemporaine	12
LES GRANDS PHILOSOPHES	12
BIBLIOTHÈQUE GÉNÉRALE DES SCIENCES SOCIALES	13
MINISTRES ET HOMMES D'ÉTAT	13
BIBLIOTHÈQUE D'HISTOIRE CONTEMPORAINE	14
PUBLICATIONS HISTORIQUES ILLUSTRÉES	16
BIBLIOTHÈQUE DE LA FACULTÉ DES LETTRES DE PARIS	17
TRAVAUX DE L'UNIVERSITÉ DE LILLE	17
ANNALES DE L'UNIVERSITÉ DE LYON	17
BIBLIOTHÈQUE HISTORIQUE ET POLITIQUE	17
RECUEIL DES INSTRUCTIONS DIPLOMATIQUES	18
INVENTAIRE ANALYTIQUE DES ARCHIVES DU MINISTÈRE DES AFFAIRES ÉTRANGÈRES	18
REVUE PHILOSOPHIQUE	19
REVUE HISTORIQUE	19
ANNALES DES SCIENCES POLITIQUES	19
REVUE DE L'ÉCOLE D'ANTHROPOLOGIE	19
ANNALES DES SCIENCES PSYCHIQUES	19
REVUE DE MORALE SOCIALE	19
BIBLIOTHÈQUE SCIENTIFIQUE INTERNATIONALE	20
Par ordre d'apparition	20
Par ordre de matières	23
RÉCENTES PUBLICATIONS NE SE TROUVANT PAS DANS LES COLLECTIONS PRÉCÉDENTES	26
BIBLIOTHÈQUE UTILE	31

On peut se procurer tous les ouvrages qui se trouvent dans ce Catalogue par l'intermédiaire des libraires de France et de l'Étranger.

On peut également les recevoir franco par la poste, sans augmentation des prix désignés, en joignant à la demande des TIMBRES-POSTE FRANÇAIS *ou un* MANDAT *sur Paris.*

108, BOULEVARD SAINT-GERMAIN, 108
Au coin de la rue Hautefeuille
PARIS, 6e

NOVEMBRE 1902

Les titres précédés d'un *astérisque* sont recommandés par le Ministère de l'Instruction publique pour les Bibliothèques des élèves et des professeurs et pour les distributions de prix des lycées et collèges.

BIBLIOTHÈQUE DE PHILOSOPHIE CONTEMPORAINE

Volumes in-12, brochés, à 2 fr. 50.

Cartonnés toile, 3 francs. — En demi-reliure, plats papier, 4 francs.

La *psychologie*, avec ses auxiliaires indispensables, *l'anatomie* et la *physiologie du système nerveux*, la *pathologie mentale*, la *psychologie des races inférieures et des animaux*, les *recherches expérimentales des laboratoires*; — la *logique*; — les *théories générales fondées sur les découvertes scientifiques*; — *l'esthétique*; — les *hypothèses métaphysiques*; — la *criminologie* et la *sociologie*; — *l'histoire des principales théories philosophiques*; tels sont les principaux sujets traités dans cette Bibliothèque.

ALAUX, professeur à la Faculté des lettres d'Alger. **Philosophie de V. Cousin.**
ALLIER (R.). ***La Philosophie d'Ernest Renan.** 1895.
ARRÉAT (L.). *** La Morale dans le drame, l'épopée et la roman.** 2e édition.
— ***Mémoire et imagination** (Peintres, Musiciens, Poètes, Orateurs). 1895.
— **Les Croyances de demain.** 1898.
— **Dix ans de critique philosophique.** 1900.
BALLET (G.), professeur agrégé à la Faculté de médecine de Paris. **Le Langage intérieur** et les diverses formes de l'aphasie. 2e édit.
BEAUSSIRE, de l'Institut. *** Antécédents de l'hégél. dans la philos. française.**
BERGSON (H.), de l'Institut, professeur au Collège de France. ***Le Rire.** Essai sur la signification du comique. 2e édition. 1901.
BERSOT (Ernest), de l'Institut. *** Libre philosophie.**
BERTAULD. **De la Philosophie sociale.**
BINET (A.), directeur du lab. de psych. physiol. de la Sorbonne. **La Psychologie du raisonnement**, expériences par l'hypnotisme. 3e édit.
BOS (C.). **Psychologie de la croyance.** 1902.
BOUGLÉ, prof. à l'Univ. de Toulouse. **Les Sciences sociales en Allemagne.** 2e éd. 1902.
BOUCHER (M.). **L'hyperespace, le temps, la matière et l'énergie.** 1903.
BOUTROUX, de l'Institut. *** De la contingence des lois de la nature.** 4e éd. 1902.
BRUNSCHVICG, professeur au lycée Condorcet, docteur ès lettres. ***Introduction à la vie de l'esprit.** 1900.
CARUS (P.). ***Le Problème de la conscience du moi**, trad. par M. A. MONOD.
CONTA (B.). ***Les Fondements de la métaphysique**, trad. du roumain par D. TESCANU.
COQUEREL FILS (Ath.). **Transformations historiques du christianisme.**
COSTE (Ad.). ***Les Conditions sociales du bonheur et de la force.** 3e édit.
CRESSON (A.), agrégé de philos. **La Morale de Kant.** (Couronné par l'Institut.)
DAURIAC (L.), professeur au lycée Janson-de-Sailly. **La Psychologie dans l'Opéra français** (Auber, Rossini, Meyerbeer). 1897.
DANVILLE (Gaston). **Psychologie de l'amour.** 2e édit. 1900.
DUGAS, docteur ès lettres. *** Le Psittacisme et la pensée symbolique.** 1896.
— **La Timidité.** 2e éd. 1900.
— **Psychologie du rire.** 1902.
DUNAN, docteur ès lettres. **La théorie psychologique de l'Espace.** 1895.
DUPRAT (G.-L.), docteur ès lettres. **Les Causes sociales de la Folie.** 1900.
DURAND DE GROS. **Questions de philosophie morale et sociale.** 1902.
DURKHEIM (Émile), chargé du cours de pédagogie à la Sorbonne. *** Les règles de la méthode sociologique.** 2e édit. 1901.
D'EICHTHAL (Eug.). **Les Problèmes sociaux et le Socialisme.** 1899.
ENCAUSSE (Papus). **L'occultisme et le spiritualisme.** 1902.
ESPINAS (A.), prof. à la Sorbonne. *** La Philosophie expérimentale en Italie.**
FAIVRE (E.). **De la Variabilité des espèces.**
FÉRÉ (Ch.). **Sensation et Mouvement.** Étude de psycho-mécanique, avec fig. 2e éd.
— **Dégénérescence et Criminalité**, avec figures. 3e édit.

Suite de la *Bibliothèque de philosophie contemporaine*, format in-12, à 2 fr. 50 le vol.

FERRI (E.). *Les Criminels dans l'Art et la Littérature. 2e édit. 1902.
FIERENS-GEVAERT. Essai sur l'Art contemporain. (Couronné par l'Acad. franç.).
— La Tristesse contemporaine, essai sur les grands courants moraux et intellectuels du XIXe siècle. 3e édit. 1900. (Couronné par l'Institut.)
— Psychologie d'une ville. *Essai sur Bruges.* 2e édit. 1902.
FLEURY (Maurice de). L'Âme du criminel. 1898.
FONSEGRIVE, professeur au lycée Buffon. La Causalité efficiente. 1893.
FOURNIÈRE (E.). Essai sur l'individualisme. 1901.
FRANCK (Ad.), de l'Institut. * Philosophie du droit pénal. 5e édit.
— Des Rapports de la Religion et de l'État. 2e édit.
— La Philosophie mystique en France au XVIIIe siècle.
GAUCKLER. Le Beau et son histoire.
GOBLOT (E.), professeur à l'Université de Caen. Justice et liberté. 1902.
GRASSET (J.), professeur à la Faculté de médecine de Montpellier. Les limites de la biologie. 1902.
GREEF (de). Les Lois sociologiques. 3e édit.
GUYAU. * La Genèse de l'idée de temps. 2e édit.
HARTMANN (E. de). La Religion de l'avenir. 5e édit.
— Le Darwinisme, ce qu'il y a de vrai et de faux dans cette doctrine. 6e édit.
HERCKENRATH. (C.-R.-C.) Problèmes d'Esthétique et de Morale. 1897.
HERBERT SPENCER. * Classification des sciences. 6e édit.
— L'Individu contre l'État. 5e édit.
HERVÉ BLONDEL. Les Approximations de la vérité. 1900.
JAELL (Mme). * La Musique et la psycho-physiologie. 1895.
JAMES (W.). La théorie de l'émotion, préf. de G. DUMAS, chargé de cours à la Sorbonne. Traduit de l'anglais. 1902
JANET (Paul), de l'Institut. * La Philosophie de Lamennais.
LACHELIER, de l'Institut. Du fondement de l'induction, suivi de psychologie et métaphysique. 4e édit. 1902.
LAMPÉRIÈRE (Mme A.). * Rôle social de la femme, son éducation. 1898.
LANDRY (A.), agrégé de philos., docteur ès lettres. La responsabilité pénale. 1902.
LANESSAN (J.-L. de). La Morale des philosophes chinois. 1896.
LANGE, professeur à l'Université de Copenhague. * Les Émotions, étude psycho-physiologique, traduit par G. Dumas. 2e édit. 1902.
LAPIE, maître de conf. à l'Univ. de Rennes. La Justice par l'État. 1899.
LAUGEL (Auguste). L'Optique et les Arts.
LE BON (Dr Gustave). * Lois psychol. de l'évolution des peuples. 5e édit.
— * Psychologie des foules. 6e édit.
LÉCHALAS. * Étude sur l'espace et le temps. 1895.
LE DANTEC, chargé du cours d'Embryologie générale à la Sorbonne. Le Déterminisme biologique et la Personnalité consciente. 1897.
— * L'Individualité et l'Erreur individualiste. 1898.
— Lamarckiens et Darwiniens. 1899.
LEFÈVRE, prof. à l'Univ. de Lille. Obligation morale et idéalisme. 1895.
LEVALLOIS (Jules). Déisme et Christianisme.
LIARD, de l'Institut. * Les Logiciens anglais contemporains. 4e édit.
— Des définitions géométriques et des définitions empiriques. 2e édit.
LICHTENBERGER (Henri), professeur à l'Université de Nancy. * La philosophie de Nietzsche. 6e édit. 1901.
— * Friedrich Nietzsche. Aphorismes et fragments choisis. 2e édit. 1902.
LOMBROSO. L'Anthropologie criminelle et ses récents progrès. 4e édit. 1901.
— Nouvelles recherches d'anthropologie criminelle et de psychiatrie. 1892.
— Les Applications de l'anthropologie criminelle. 1892.
LUBBOCK (Sir John). * Le Bonheur de vivre. 2 volumes. 5e édit.
— * L'Emploi de la vie. 3e éd. 1901.
LYON (Georges), maître de conf. à l'École normale. * La Philosophie de Hobbes.
MARGUERY (E.). L'Œuvre d'art et l'évolution. 1899.
MARIANO. La Philosophie contemporaine en Italie.

Suite de la *Bibliothèque de philosophie contemporaine*, format in-12, à 2 fr. 50 le vol.

MARION, professeur à la Sorbonne. * **J. Locke, sa vie, son œuvre.** 2e édit.
MAUXION, professeur à l'Université de Poitiers. ***L'instruction par l'éducation** *et les Théories pédagogiques de Herbart.* 1900.
MILHAUD (G.), professeur à l'Université de Montpellier. * **Le Rationnel.** 1898.
— * **Essai sur les conditions et les limites de la Certitude logique.** 2e édit. 1893.
MOSSO. * **La Peur.** Étude psycho-physiologique (avec figures). 2e édit.
— * **La Fatigue intellectuelle et physique**, trad. Langlois. 3e édit.
MURISIER (E.), professeur à la Faculté des lettres de Neuchâtel (Suisse). **Les Maladies du sentiment religieux.** 1901.
NAVILLE (E.), doyen de la Faculté des lettres et sciences sociales de l'Université de Genève. **Nouvelle classification des sciences.** 2e édit. 1901.
NORDAU (Max). * **Paradoxes psychologiques**, trad. Dietrich. 4e édit. 1900.
— **Paradoxes sociologiques**, trad. Dietrich. 3e édit. 1901.
— * **Psycho-physiologie du Génie et du Talent**, trad. Dietrich. 3e édit. 1902.
NOVICOW (J.). **L'Avenir de la Race blanche.** 1897.
OSSIP-LOURIÉ, lauréat de l'Institut. **Pensées de Tolstoï.** 2e édit. 1902.
— **Nouvelles Pensées de Tolstoï.** 1903.
— * **La Philosophie de Tolstoï.** 2e édit. 1903.
— **La Philosophie sociale dans le théâtre d'Ibsen.** 1900.
PALANTE (G.). agrégé de l'Université. **Précis de sociologie.** 1901.
PAULHAN (Fr.). **Les Phénomènes affectifs et les lois de leur apparition.** 2e éd. 1901.
— * **Joseph de Maistre et sa philosophie.** 1893.
— * **Psychologie de l'invention.** 1900.
— **Analystes et esprits synthétiques.** 1903.
PILLON (F.). * **La Philosophie de Ch. Secrétan.** 1898.
PILO (Mario). * **La psychologie du Beau et de l'Art**, trad. Aug. Dietrich.
PIOGER (Dr Julien). **Le Monde physique**, essai de conception expérimentale. 1893.
QUEYRAT, prof. de l'Univ. * **L'Imagination et ses variétés chez l'enfant.** 2e édit.
— * **L'Abstraction**, son rôle dans l'éducation intellectuelle. 1894.
— **Les Caractères et l'éducation morale.** 2e éd. 1901.
— **La logique chez l'enfant et sa culture.** 1902.
REGNAUD (P.), professeur à l'Université de Lyon. **Logique évolutionniste.** *L'Entendement dans ses rapports avec le langage.* 1897.
— **Comment naissent les mythes.** 1897.
RÉMUSAT (Charles de), de l'Académie française. * **Philosophie religieuse.**
RENARD (Georges), professeur au Conservatoire des arts et métiers. **Le régime socialiste**, *son organisation politique et économique.* 3e édit. 1903.
RIBOT (Th.), de l'Institut, professeur honoraire au Collège de France, directeur de la *Revue philosophique.* **La Philosophie de Schopenhauer.** 9e édition.
— * **Les Maladies de la mémoire.** 15e édit.
— * **Les Maladies de la volonté.** 17e édit.
— * **Les Maladies de la personnalité.** 9e édit.
— * **La Psychologie de l'attention.** 5e édit.
RICHARD (G.), chargé de cours à l'Université de Bordeaux. * **Socialisme et Science sociale.** 2e édit.
RICHET (Ch.). **Essai de psychologie générale.** 4e édit. 1901.
ROBERTY (E. de). **L'Inconnaissable, sa métaphysique, sa psychologie.**
— **L'Agnosticisme.** Essai sur quelques théories pessim. de la connaissance. 2e édit.
— **La Recherche de l'Unité.** 1893.
— **Auguste Comte et Herbert Spencer.** 2e édit.
— * **Le Bien et le Mal.** 1896.
— **Le Psychisme social.** 1897.
— **Les Fondements de l'Ethique.** 1898.
— **Constitution de l'Éthique.** 1901.
ROISEL. **De la Substance.**
— **L'Idée spiritualiste.** 2e éd. 1901.
SAIGEY. **La Physique moderne.** 2e édit.
SAISSET (Émile), de l'Institut. * **L'Ame et la Vie.**

Suite de la *Bibliothèque de philosophie contemporaine*, format in-12 à 2 fr. 50 le vol.

SCHOEBEL. **Philosophie de la raison pure.**
SCHOPENHAUER. ***Le Fondement de la morale**, trad. par M. A. Burdeau. 7e édit.
— ***Le Libre arbitre**, trad. par M. Salomon Reinach, de l'Institut. 8e éd.
— **Pensées et Fragments**, avec intr. par M. J. Bourdeau. 17e édit.
SELDEN (Camille). **La Musique en Allemagne**, étude sur Mendelssohn.
STUART MILL. ***Auguste Comte et la Philosophie positive.** 6e édit.
— ***L'Utilitarisme.** 2e édit.
— **Correspondance inédite avec Gustave d'Eichthal (1828-1842) — (1864-1871)**, avant-propos et trad. par Eug. d'Eichthal. 1898.
SULLY PRUDHOMME, de l'Académie française, et Ch. RICHET, professeur à l'Université de Paris. **Le problème des causes finales.** 1902.
TANON (L.). ***L'Évolution du droit et la Conscience sociale.** 1900.
TARDE, de l'Institut, prof. au Coll. de France. **La Criminalité comparée.** 5e édit. 1902.
— ***Les Transformations du Droit.** 2e édit. 1899.
— ***Les Lois sociales.** 2e édit. 1898.
THAMIN (R.), recteur de l'Académie de Rennes. ***Éducation et Positivisme.** 2e édit. (Couronné par l'Institut.)
THOMAS (P. Félix), docteur ès lettres. ***La suggestion, son rôle dans l'éducation intellectuelle.** 2e édit. 1898.
— ***Morale et éducation**, 1899.
TISSIÉ. ***Les Rêves**, avec préface du professeur Azam. 2e éd. 1898.
VIANNA DE LIMA. **L'Homme selon le transformisme.**
WECHNIAKOFF. **Savants, penseurs et artistes**, publié par Raphael Petrucci.
WUNDT. **Hypnotisme et Suggestion.** Étude critique, traduit par M. Keller.
ZELLER. **Christian Baur et l'École de Tubingue**, traduit par M. Ritter.
ZIEGLER. **La Question sociale est une Question morale**, trad. Palante. 3e édit.

BIBLIOTHÈQUE DE PHILOSOPHIE CONTEMPORAINE

Volumes in-8.

Br. à 3 fr. 75, 5 fr., 7 fr. 50, 10 fr., 12 fr. 50 et 15 fr.; Cart. angl., 1 fr. en plus par vol.; Demi-rel. en plus 2 fr. par vol.

ADAM (Ch.), recteur de l'Académie de Dijon. ***La Philosophie en France** (première moitié du XIXe siècle). 7 fr. 50
AGASSIZ.* **De l'Espèce et des Classifications.** 5 fr.
ALENGRY (Franck), docteur ès lettres, inspecteur d'académie. ***Essai historique et critique sur la Sociologie chez Aug. Comte.** 1900. 10 fr.
ARRÉAT. ***Psychologie du peintre.** 5 fr.
AUBRY (le Dr P.). **La Contagion du meurtre.** 1896. 3e édit. 5 fr.
BAIN (Alex.). **La Logique inductive et déductive.** Trad. Compayré. 2 vol. 3e éd. 20 fr.
— ***Les Sens et l'Intelligence.** 1 vol. Trad. Cazelles. 3e édit. 10 fr.
BALDWIN (Mark), professeur à l'Université de Princeton (États-Unis). **Le Développement mental chez l'enfant et dans la race.** Trad. Nourry. 1897. 7 fr. 50
BARTHÉLEMY SAINT-HILAIRE, de l'Institut. **La Philosophie dans ses rapports avec les sciences et la religion.** 5 fr.
BARZELOTTI, prof. à l'Univ. de Rome. ***La Philosophie de H. Taine.** 1900. 7 fr. 50
BERGSON (H.), de l'Institut, professeur au Collège de France. ***Matière et mémoire**, essai sur les relations du corps à l'esprit. 2e édit. 1900. 5 fr.
— **Essai sur les données immédiates de la conscience.** 3e édit. 1900. 3 fr. 75
BERTRAND, prof. à l'Université de Lyon. ***L'Enseignement intégral.** 1898. 5 fr.
— **Les Études dans la démocratie.** 1900. 5 fr.
BOIRAC (Émile), recteur de l'Acad. de Grenoble. ***L'Idée du Phénomène.** 5 fr.
BOUGLÉ, professeur à l'Université de Toulouse. ***Les Idées égalitaires.** 1899. 3 fr. 75
BOURDEAU (L.). **Le Problème de la mort.** 3e édition. 1900. 5 fr.
— **Le Problème de la vie.** 1 vol. in-8. 1901. 7 fr. 50
BOURDON, professeur à l'Université de Rennes. ***L'Expression des émotions et des tendances dans le langage.** 7 fr. 50

Suite de la *Bibliothèque de philosophie contemporaine*, format in-8.

BOUTROUX (Em.), de l'Institut. **Etudes d'histoire de la philos.** 2e éd. 1901. 7 fr. 50
BRAY (L.). **Du beau.** 1902. 5 fr.
BROCHARD (V.), de l'Institut. **De l'Erreur.** 1 vol. 2e édit. 1897. 5 fr.
BRUNSCHWICG (E.), prof. au lycée Condorcet, docteur ès lettres. * **Spinoza.** 3 fr. 75
— **La Modalité du jugement.** 5 fr.
CARRAU (Ludovic), professeur à la Sorbonne. **La Philosophie religieuse en Angleterre**, *depuis Locke jusqu'à nos jours.* 5 fr.
CHABOT (Ch.), prof. à l'Univ. de Lyon. * **Nature et Moralité.** 1897. 5 fr.
CLAY (R.). * **L'Alternative,** *Contribution à la Psychologie.* 2e édit. 10 fr.
COLLINS (Howard). * **La Philosophie de Herbert Spencer,** avec préface de M. Herbert Spencer, traduit par H. de Varigny. 3e édit. 1900. 10 fr.
COMTE (Aug.). **La Sociologie,** résumé par E. RIGOLAGE. 1897. 7 fr. 50
CONTA (B.). **Théorie de l'ondulation universelle.** 1894. 3 fr. 75
COSTE. **Les principes d'une Sociologie objective.** 1899. 3 fr. 75
— **L'Expérience des peuples et les prévisions qu'elle autorise.** 1900. 10 fr.
CRÉPIEUX-JAMIN. **L'Écriture et le Caractère.** 4e édit. 1897. 7 fr. 50
DE LA GRASSERIE (R.), lauréat de l'Institut. **Psychologie des religions.** 1899. 5 fr.
DEWAULE, docteur ès lettres. * **Condillac et la Psychol. anglaise contemp.** 5 fr.
DUMAS (G.), chargé de cours à la Sorbonne. * **La Tristesse et la Joie.** 1900. (Couronné par l'Institut.) 7 fr. 50
DUPRAT (G. L.), docteur ès lettres. **L'Instabilité mentale.** 1899. 5 fr.
DUPROIX (P.), professeur à l'Université de Genève. * **Kant et Fichte et le problème de l'éducation.** 2e édit. 1897. (Ouvrage couronné par l'Académie française.) 5 fr.
DURAND (DE GROS). **Aperçus de taxinomie générale.** 1898. 5 fr.
— **Nouvelles recherches sur l'esthétique et la morale.** 1 vol. in-8. 1899. 5 fr.
— **Variétés philosophiques.** 2e édit. revue et augmentée. 1900. 5 fr.
DURKHEIM, chargé du cours de pédagogie à la Sorbonne. * **De la division du travail social** 2e édit. 1901. 7 fr. 50
— **Le Suicide,** *étude sociologique.* 1897. 7 fr. 50
— * **L'Année sociologique.** Collaborateurs : MM. SIMMEL, BOUGLÉ, MAUSS, FAUCONNET, HUBERT, LAPIE, EM. LÉVY, G. RICHARD, A. MILHAUD, SIMIAND, MUFFANG et PARODI. — 1re année, 1896-1897. — 2e année, 1897-1898. — 3e année, 1898-1899. — 4e année, 1899-1900. — 5e année, 1900-1901. Chaque volume. 10 fr.
ESPINAS (A.), professeur à la Sorbonne. **La Philosophie sociale du XVIIIe siècle et la Révolution française.** 1898. 7 fr. 50
FERRERO (G.). **Les Lois psychologiques du symbolisme.** 1895. 5 fr.
FERRI (Louis). **La Psychologie de l'association,** depuis Hobbes. 7 fr. 50
FLINT, prof. à l'Univ. d'Edimbourg. * **La Philos. de l'histoire en Allemagne.** 7 fr. 50
FONSEGRIVE, professeur au lycée Buffon. * **Essai sur le libre arbitre.** (Couronné par l'Institut.) 2e édit. 1895. 10 fr.
FOUILLÉE (Alf.), de l'Institut. * **La Liberté et le Déterminisme.** 5e édit. 7 fr. 50
— **Critique des systèmes de morale contemporains.** 4e édit. 7 fr. 50
— * **La Morale, l'Art, la Religion,** d'après GUYAU. 4e édit. augm. 3 fr. 75
— **L'Avenir de la Métaphysique fondée sur l'expérience.** 2e édit. 5 fr.
— * **L'Évolutionnisme des idées-forces.** 3e édit. 7 fr. 50
— * **La Psychologie des idées-forces.** 2 vol. 2e édit. 15 fr.
— * **Tempérament et caractère.** 3e édit. 7 fr. 50
— **Le Mouvement positiviste et la conception sociol. du monde.** 2e édit. 7 fr. 50
— **Le Mouvement idéaliste et la réaction contre la science posit.** 2e édit. 7 fr. 50
— **Psychologie du peuple français.** 2e édit. 7 fr. 50
— * **La France au point de vue moral.** 2e édit. 7 fr. 50
— **Esquisse psychologique des peuples européens.** 1903. 10 fr.
— **Nietzsche et l'immoralisme.** 1903. 5 fr.
FRANCK (A.), de l'Institut. **Philosophie du droit civil.** 5 fr.
FULLIQUET. **Essai sur l'Obligation morale.** 1898. 7 fr. 50
GAROFALO, agrégé de l'Université de Naples. **La Criminologie.** 4e édit. 7 fr. 50
— **La Superstition socialiste.** 1895. 5 fr.
GÉRARD-VARET, prof. à l'Univ. de Dijon. **L'Ignorance et l'Irréflexion.** 1899. 5 fr.
GOBLOT (E.), Prof. à l'Université de Caen. * **Classification des sciences.** 1898. 5 fr.
GODFERNAUX (A.), docteur ès lettres. * **Le Sentiment et la pensée.** 1894. 5 fr.

Suite de la *Bibliothèque de philosophie contemporaine*, format in-8.

GORY (G.), docteur ès lettres. **L'Immanence de la raison dans la connaissance sensible.** 1896. 5 fr.

GREEF (de), prof. à la nouvelle Université libre de Bruxelles. **Le Transformisme social.** Essai sur le progrès et le regrès des sociétés. 2e éd. 1901. 7 fr. 50

GROOS (K.), prof. à l'Université de Bâle. **Les jeux des animaux.** 1902. 7 fr. 50

GURNEY, MYERS et PODMORE. **Les Hallucinations télépathiques,** traduit et abrégé des « *Phantasms of The Living* » par L. MARILLIER, préf. de CH. RICHET. 3e éd. 7 fr. 50

GUYAU (M.). * **La Morale anglaise contemporaine.** 6e édit. 7 fr. 50

— **Les Problèmes de l'esthétique contemporaine.** 6e édit. 5 fr.

— **Esquisse d'une morale sans obligation ni sanction.** 5e édit. 5 fr.

— **L'Irréligion de l'avenir,** étude de sociologie. 7e édit. 7 fr. 50

— * **L'Art au point de vue sociologique.** 5e édit. 7 fr. 50

— *Éducation et Hérédité,* étude sociologique. 5e édit. 5 fr.

HANNEQUIN, prof. à l'Univ. de Lyon. **L'hypothèse des atomes.** 2e édit. 1899. 7 fr. 50

HALÉVY (Élie), docteur ès lettres, professeur à l'École des sciences politiques. * **La Formation du radicalisme philosophique,** 1901 : T. I, *La jeunesse de Bentham*, 7 fr. 50. — T. II, *l'Evolution de la Doctrine utilitaire* (1789-1815). 7 fr. 50

HARTENBERG (Dr Paul). **Les Timides et la Timidité.** 1901. 5 fr.

HERBERT SPENCER. * **Les premiers Principes.** Traduc. Cazelles. 9e éd. 10 fr.

— * **Principes de biologie.** Traduct. Cazelles. 4e édit. 2 vol. 20 fr.

— * **Principes de psychologie.** Trad. par MM. Ribot et Espinas. 2 vol. 20 fr.

— * **Principes de sociologie.** 4 vol., traduits par MM. Cazelles et Gerschel : Tome I. 10 fr. — Tome II. 7 fr. 50. — Tome III. 15 fr. — Tome IV. 3 fr. 75

— * **Essais sur le progrès.** Trad. A. Burdeau. 5e édit. 7 fr. 50

— **Essais de politique.** Trad. A. Burdeau. 4e édit. 7 fr. 50

— **Essais scientifiques.** Trad. A. Burdeau. 3e édit. 7 fr. 50

— * **De l'Education physique, intellectuelle et morale.** 10e édit. (Voy. p. 3, 20, 21 et 32.) 5 fr.

HIRTH (G.). * **Physiologie de l'Art.** Trad. et introd. de L. Arréat. 5 fr.

HOFFDING, prof. à l'Univ. de Copenhague. **Esquisse d'une psychologie fondée sur l'expérience.** Trad. L. POITEVIN. Préf. de Pierre JANET. 1900. 7 fr. 50

IZOULET (J.), prof. au Collège de France. * **La Cité moderne.** 6e éd. 1901. 10 fr.

JANET (Paul), de l'Institut. * **Les Causes finales.** 4e édit. 10 fr.

— * **Victor Cousin et son œuvre.** 3e édition. 7 fr. 50

— * **Œuvres philosophiques de Leibniz.** 2e édit. 2 vol. 1900. 20 fr.

JANET (Pierre), professeur au Collège de France. * **L'Automatisme psychologique,** essai sur les formes inférieures de l'activité mentale. 3e édit. 7 fr. 50

JAURÈS (J.), docteur ès lettres. **De la réalité du monde sensible.** 2e éd. 1902. 7 fr. 50

KARPPE (S.), docteur ès lettres. **Essais de critique et d'histoire de philosophie.** 1902. 3 fr. 75

LALANDE (A.), docteur ès lettres. * **La Dissolution opposée à l'évolution,** dans les sciences physiques et morales. 1 vol. in-8. 1899. 7 fr. 50

LANG (A.). * **Mythes, Cultes et Religion.** Traduit par MM. Marillier et Dirr, introduction de Léon Marillier. 1896. 10 fr.

LAPIE (P.), maître de conf. à l'Univ. de Rennes. **Logique de la volonté** 1902. 7 fr. 50

LAVELEYE (de). * **De la Propriété et de ses formes primitives.** 5e édit. 10 fr.

— * **Le Gouvernement dans la démocratie.** 2 vol. 3e édit. 1896. 15 fr.

LE BON (Dr Gustave). * **Psychologie du socialisme.** 3e éd. refondue. 1902. 7 fr. 50

LECHALAS (G.). **Études esthétiques.** 1902. 5 fr.

LECHARTIER (G.). **David Hume, moraliste et sociologue.** 1900. 5 fr.

LECLÈRE (A.), docteur ès lettres. **Essai critique sur le droit d'affirmer.** 1901. 5 fr.

LE DANTEC (F.), chargé de cours à la Sorbonne. **L'unité dans l'être vivant.** 1902. 7 fr. 50

LÉON (Xavier). * **La philosophie de Fichte.** Préface de E. BOUTROUX, de l'Institut. 1902. (Couronné par l'Institut.) 10 fr.

LÉVY-BRUHL (L.), chargé de cours à la Sorbonne. * **La Philosophie de Jacobi.** 1894. 5 fr.

— * **Lettres inédites de J.-S. Mill à Auguste Comte,** *publiées avec les réponses de Comte et une introduction.* 1899. 10 fr.

— * **La Philosophie d'Auguste Comte.** 1900. 7 fr. 50

LIARD, de l'Institut. * **Descartes.** 5 fr.

— * **La Science positive et la Métaphysique.** 4e édit. 7 fr. 50

Suite de la *Bibliothèque de philosophie contemporaine*, format in-8.

LICHTENBERGER (H.), professeur à l'Université de Nancy. **Richard Wagner, poète et penseur.** 3ᵉ édit. 1902. (Couronné par l'Académie française.) 10 fr.
LOMBROSO. * **L'Homme criminel** (criminel-né, fou-moral, épileptique), précédé d'une préface de M. le docteur LETOURNEAU. 3ᵉ éd. 2 vol. et atlas. 1895. 36 fr.
LOMBROSO ET FERRERO. **La Femme criminelle et la prostituée.** 15 fr.
LOMBROSO et LASCHI. **Le Crime politique et les Révolutions.** 2 vol. 15 fr.
LYON (Georges), maître de conférences à l'École normale supérieure. * **L'Idéalisme en Angleterre au XVIIIᵉ siècle.** 7 fr. 50
MALAPERT (P.), docteur ès lettres, prof. au lycée Louis-le-Grand. * **Les Éléments du caractère et leurs lois de combinaison.** 1897. 5 fr.
MARION (H.), prof. à la Sorbonne. * **De la Solidarité morale.** 6ᵉ édit. 1897. 5 fr.
MARTIN (Fr.), docteur ès lettres, prof. au lycée Saint-Louis. * **La Perception extérieure et la Science positive**, essai de philosophie des sciences. 1894. 5 fr.
MATTHEW ARNOLD. **La Crise religieuse.** 7 fr. 50
MAX MULLER, prof. à l'Université d'Oxford. * **Nouvelles études de mythologie**, trad. de l'anglais par L. Job, docteur ès lettres. 1898. 12 fr. 50
NAVILLE (E.), correspond. de l'Institut. **La Physique moderne.** 2ᵉ édit. 5 fr.
— * **La Logique de l'hypothèse.** 2ᵉ édit. 5 fr.
— * **La Définition de la philosophie.** 1894. 5 fr.
— **Le libre Arbitre.** 2ᵉ édit. 1898. 5 fr.
— **Les Philosophies négatives.** 1899. 5 fr.
NORDAU (Max). * **Dégénérescence**, trad. de Aug. Dietrich. 5ᵉ éd. 1898. 2 vol. Tome I. 7 fr. 50. Tome II. 10 fr.
— **Les Mensonges conventionnels de notre civilisation.** 6ᵉ édit. 1902. 5 fr.
— **Vus du dehors.** *Essais de critique sur quelques auteurs français contemporains.* 1903. 5 fr.
NOVICOW. **Les Luttes entre Sociétés humaines.** 2ᵉ édit. 10 fr.
— * **Les Gaspillages des sociétés modernes.** 2ᵉ édit. 1899. 5 fr.
OLDENBERG, professeur à l'Université de Kiel. * **Le Bouddha**, SA VIE, SA DOCTRINE, SA COMMUNAUTÉ, trad. par P. FOUCHER, maître de conférences à l'École des Hautes Études. Préf. de Sylvain Lévy, prof. au Collège de France. 2ᵉ éd. 1903. 7 fr. 50
— **La religion du Véda.** Traduit par V. HENRY, prof. à la Sorbonne. 1903. 10 fr.
OSSIP-LOURIÉ. **La philosophie russe contemporaine.** 1902. 5 fr.
OUVRÉ (H.), professeur à l'Université de Bordeaux. **Les Formes littéraires de la pensée grecque.** 1903. (Ouvrage couronné par l'Académie française et par l'Association pour l'enseignement des études grecques.) 10 fr.
PAULHAN (Fr.). **L'Activité mentale et les Éléments de l'esprit.** 10 fr.
— **Les Types intellectuels : esprits logiques et esprits faux.** 1896. 7 fr. 50
— * **Les Caractères.** 2ᵉ édit. 5 fr.
PAYOT (J.), inspect. d'académie. * **L'Éducation de la volonté.** 15ᵉ édit. 1902. 5 fr.
— **De la Croyance.** 1896. 5 fr.
PÉRÈS (Jean), professeur au lycée de Toulouse. **L'Art et le Réel.** 1898. 3 fr. 75
PÉREZ (Bernard). **Les Trois premières années de l'enfant.** 5ᵉ édit. 5 fr.
— **L'Éducation morale dès le berceau.** 4ᵉ édit. 1901. 5 fr.
— * **L'Éducation intellectuelle dès le berceau.** 2ᵉ éd. 1901. 5 fr.
PIAT (C.). **La Personne humaine.** 1898. (Couronné par l'Institut). 7 fr. 50
— * **Destinée de l'homme.** 1898. 5 fr.
PICAVET (E.), maître de conférences à l'École des hautes études. * **Les Idéologues**, essai sur l'histoire des idées, des théories scientifiques, philosophiques, religieuses, etc., en France, depuis 1789. (Ouvr. couronné par l'Académie française.) 10 fr.
PIDERIT. **La Mimique et la Physiognomonie.** Trad. par M. Girot. 5 fr.
PILLON (F.). * **L'Année philosophique**, 12 années : 1890, 1891, 1892, 1893 (épuisé), 1894, 1895, 1896, 1897, 1898, 1899, 1900 et 1901. 11 vol. Chaque vol. séparément. 5 fr.
PIOGER (J.). **La Vie et la Pensée**, essai de conception expérimentale. 1894. 5 fr.
— **La Vie sociale, la Morale et le Progrès.** 1894. 5 fr.
PREYER, prof. à l'Université de Berlin. **Éléments de physiologie.** 5 fr.
— * **L'Ame de l'enfant.** Développement psychique des premières années. 10 fr.
PROAL, conseiller à la Cour de Paris. * **Le Crime et la Peine.** 3ᵉ édit. Couronné par l'Institut. 10 fr.

Suite de la *Bibliothèque de philosophie contemporaine*, format in-8.

PROAL, conseiller à la Cour de Paris. * **La Criminalité politique**. 1895. 5 fr.
— **Le Crime et le Suicide passionnels**. 1900. (Couronné par l'Ac. française.) 10 fr.
RAUH, maître de conférences à l'École normale. * **De la méthode dans la psychologie des sentiments**. 1899. (Couronné par l'Institut.) 5 fr.
RÉCEJAC, doct. ès lett. **Les Fondements de la Connaissance mystique**. 1897. 5 fr.
RENARD (G.), professeur au Conservatoire des arts et métiers. **La Méthode scientifique de l'histoire littéraire**. 1900. 10 fr.
RENOUVIER (Ch.) de l'Institut. ***Les Dilemmes de la métaphysique pure**. 1900. 5 fr.
— * **Histoire et solution des problèmes métaphysiques**. 1901 7 fr. 50
— **Le personnalisme**, suivi d'une étude sur **la perception externe et sur la force**. 1903. 10 fr.
RIBOT (Th.), de l'Institut. * **L'Hérédité psychologique**. 5e édit. 7 fr. 50
— * **La Psychologie anglaise contemporaine**. 3e édit. 7 fr. 50
— * **La Psychologie allemande contemporaine**. 4e édit. 7 fr. 50
— **La Psychologie des sentiments**. 3e édit. 1899. 7 fr. 50
— **L'Evolution des idées générales**. 1897. 5 fr.
— * **Essai sur l'Imagination créatrice**. 1900. 5 fr.
RICARDOU (A.), docteur ès lettres, professeur au lycée Charlemagne. * **De l'Idéal**. (Couronné par l'Institut.) 5 fr.
RICHARD (G.), chargé du cours de sociologie à l'Univ. de Bordeaux. **L'idée d'évolution dans la nature et dans l'histoire**. 1903. (Couronné par l'Institut.) 7 fr. 50
ROBERTY (E. de). **L'Ancienne et la Nouvelle philosophie**. 7 fr. 50
— * **La Philosophie du siècle** (positivisme, criticisme, évolutionnisme). 5 fr.
ROMANES. * **L'Évolution mentale chez l'homme**. 7 fr. 50
SAIGEY (E.). ***Les Sciences au XVIIIe siècle**. La Physique de Voltaire. 5 fr.
SANZ Y ESCARTIN. **L'Individu et la Réforme sociale**, trad. Dietrich. 7 fr. 50
SCHOPENHAUER. **Aphor. sur la sagesse dans la vie**. Trad. Cantacuzène. 7e éd. 5 fr.
— * **De la Quadruple racine du principe de la raison suffisante**, suivi d'une *Histoire de la doctrine de l'Idéal et du Réel*. Trad. par M. Cantacuzène. 5 fr.
— * **Le Monde comme volonté et comme représentation**. Traduit par M. A. Burdeau. 3e éd. 3 vol. Chacun séparément. 7 fr. 50
SÉAILLES (G.), prof. à la Sorbonne. **Essai sur le génie dans l'art**. 2e édit. 5 fr.
SERGI, prof. à l'Univ. de Rome. **La Psychologie physiologique**. 7 fr. 50
SIGHELE (Scipio). **La Foule criminelle**. 2e édit. 1901. 5 fr.
SOLLIER. **Le Problème de la mémoire**. 1900. 3 fr. 75
— **Psychologie de l'idiot et de l'imbécile**, avec 12 pl. hors texte. 2e éd. 1902. 5 fr.
SOURIAU (Paul), prof. à l'Univ. de Nancy. **L'Esthétique du mouvement**. 5 fr.
— * **La Suggestion dans l'art**. 5 fr.
STEIN (L.), professeur à l'Université de Berne. ***La Question sociale au point de vue philosophique**. 1900. 10 fr.
STUART MILL. * **Mes Mémoires**. Histoire de ma vie et de mes idées. 3e éd. 5 fr.
— * **Système de Logique déductive et inductive**. 4e édit. 2 vol. 20 fr.
— * **Essais sur la Religion**. 2e édit. 5 fr.
— **Lettres inédites à Aug. Comte et réponses d'Aug. Comte**, publiées et précédées d'une introduction par L. Lévy Bruhl. 1899. 10 fr.
SULLY (James). **Le Pessimisme**. Trad. Bertrand. 2e édit. 7 fr. 50
— * **Études sur l'Enfance**. Trad. A. Monod, préface de G. Compayré. 1898. 10 fr.
TARDE (G.), de l'Institut, prof. au Coll. de France. ***La Logique sociale**. 2e éd. 1898. 7 fr. 50
— ***Les Lois de l'imitation**. 3e édit. 1900. 7 fr. 50
— **L'Opposition universelle**. *Essai d'une théorie des contraires*. 1897. 7 fr. 50
— ***L'Opinion et la Foule**. 1901. 5 fr.
— ***Psychologie économique**. 1902. 2 vol. in-8. 15 fr.
THOMAS (P.-F.), docteur ès lettres. ***L'Éducation des sentiments**. 1898. (Couronné par l'Institut.) 2e édit. 1901. 5 fr.
THOUVEREZ (Émile), professeur à l'Université de Toulouse. **Le Réalisme métaphysique** 1894. (Couronné par l'Institut.) 5 fr.
VACHEROT (Et.), de l'Institut. * **Essais de philosophie critique**. 7 fr. 50
— **La Religion**. 7 fr. 50

COLLECTION HISTORIQUE DES GRANDS PHILOSOPHES

PHILOSOPHIE ANCIENNE

ARISTOTE (Œuvres d'), traduction de J. BARTHÉLEMY-SAINT-HILAIRE, de l'Institut.

— * **Rhétorique.** 2 vol. in-8. 16 fr.

— * **Politique.** 1 vol. in-8... 10 fr.

— **Métaphysique.** 3 vol. in-8. 30 fr.

— **De la Logique d'Aristote,** par M. BARTHÉLEMY-SAINT-HILAIRE. 2 vol. in-8............. 10 fr.

— **Table alphabétique des matières de la traduction générale d'Aristote,** par M. BARTHÉLEMY-SAINT-HILAIRE, 2 forts vol. in-8. 1892............ 30 fr.

— **L'Esthétique d'Aristote,** par M. BÉNARD. 1 vol. in-8. 1889. 5 fr.

— **La Poétique d'Aristote,** par HATZFELD (A.), prof. hon. au Lycée Louis-le-Grand et M. DUFOUR, prof. à l'Univ. de Lille. 1 vol. in-8 1900.................. 6 fr.

SOCRATE. * **La Philosophie de Socrate,** p. A. FOUILLÉE. 2 v. in-8 16 fr.

— **Le Procès de Socrate,** par G. SOREL. 1 vol. in-8...... 3 fr. 50

PLATON. * **Platon, sa philosophie,** sa vie et de ses œuvres, par CH. BÉNARD. 1 vol. in-8. 1893. 10 fr.

— **La Théorie platonicienne des Sciences,** par ÉLIE HALÉVY. In-8. 1895.................. 5 fr.

— **Œuvres,** traduction VICTOR COUSIN revue par J. BARTHÉLEMY-SAINT-HILAIRE : *Socrate et Platon* ou *le Platonisme* — *Eutyphron* — *Apologie de Socrate* — *Criton* — *Phédon*. 1 vol. in-8. 1896. 7 fr. 50

ÉPICURE. * **La Morale d'Épicure** et ses rapports avec les doctrines contemporaines, par M. GUYAU. 1 volume in-8. 5e édit...... 7 fr. 50

BÉNARD. **La Philosophie ancienne,** ses systèmes. *La Philosophie et la Sagesse orientales.* — *La Philosophie grecque avant Socrate. Socrate et les socratiques.* — *Les sophistes grecs.* 1 v. in-8... 9 fr.

FAVRE (Mme Jules), née VELTEN. **La Morale de Socrate.** In-18. 3 fr. 50

— **La Morale d'Aristote.** In-18. 3 fr. 50

OGEREAU. **Système philosophique des stoïciens.** In-8.... 5 fr.

RODIER (G.). * **La Physique de Straton de Lampsaque.** In-8. 3 fr.

TANNERY (Paul). **Pour la science hellène** (de Thalès à Empédocle), 1 v. in-8. 1887...... 7 fr. 50

MILHAUD (G.). * **Les origines de la science grecque.** 1 vol. in-8. 1893................ 5 fr.

— * **Les philosophes géomètres de la Grèce,** Platon et ses prédécesseurs. 1 vol. in-8. 1900. (Couronné par l'Institut.)...... 6 fr.

FABRE (J.). **La Pensée antique.** *De Moïse à Marc-Aurèle.* In-8. 5 fr.

— **La Pensée chrétienne.** *Des Evangiles à l'Imitation.* In-8. 5 fr.

LAFONTAINE (A.). — **Le Plaisir,** *d'après Platon et Aristote.* In-8. 6 fr.

PHILOSOPHIE MODERNE

* DESCARTES, par L. LIARD. 1 vol. in-8.................. 5 fr.

— **Essai sur l'Esthétique de Descartes,** par E. KRANTZ. 1 vol. in-8. 2e éd. 1897............ 6 fr.

LEIBNIZ. * **Œuvres philosophiques,** publiées par P. JANET. 2e éd. 2 vol. in-8............... 20 fr.

— * **La logique de Leibniz,** par L. COUTURAT. 1 vol. in-8.. 12 fr.

SPINOZA. **Benedicti de Spinoza opera,** quotquot reperta sunt, recognoverunt J. Van Vloten et J.-P.-N. Land. 2 forts vol. in-8 sur papier de Hollande........... 45 fr.

Le même en 3 volumes élégamment reliés............ 18 fr.

SPINOZA. **Inventaire des livres formant sa bibliothèque,** publié d'après un document inédit avec des notes biographiques et bibliographiques et une introduction par A.-J. SERVAAS VAN ROOIJEN. 1 v. in-4 sur papier de Hollande....... 15 fr.

— **La Doctrine de Spinoza,** exposée à la lumière des faits scientifiques, par E. FERRIÈRE. 1 vol in-12. 3 fr. 50

GEULINCK (Arnoldi). **Opera philosophica** recognovit J.-P.-N. LAND, 3 volumes, sur papier de Hollande, gr. in-8. Chaque vol... 17 fr. 75

GASSENDI. **La Philosophie de Gassendi,** par P.-F. THOMAS. In-8. 1889.................. 6 fr.

LOCKE. * **Sa vie et ses œuvres**, par MARION. In-18. 3ᵉ éd... 2 fr. 50

MALEBRANCHE. * **La Philosophie de Malebranche**, par OLLÉ-LAPRUNE, de l'Institut. 2 v. in-8. 16 fr.

PASCAL. **Études sur le scepticisme de Pascal**, par DROZ. 1 vol. in-8............. 6 fr.

VOLTAIRE. **Les Sciences au XVIIIᵉ siècle.** Voltaire physicien, par Em. SAIGEY. 1 vol. in-8. 5 fr.

FRANCK (Ad.), de l'Institut. **La Philosophie mystique en France au XVIIIᵉ siècle.** In-18. 2 fr. 50

DAMIRON. **Mémoires pour servir à l'histoire de la philosophie au XVIIIᵉ siècle.** 3 vol. in-8. 15 fr.

J.-J. ROUSSEAU* **Du Contrat social**, édition comprenant avec le texte définitif les versions primitives de l'ouvrage d'après les manuscrits de Genève et de Neuchâtel, avec introduction par EDMOND DREYFUS-BRISAC. 1 fort volume grand in-8. 12 fr.

ERASME. **Stultitiæ laus des. Erasmi Rot. declamatio.** Publié et annoté par J.-B. KAN, avec les figures de HOLBEIN. 1 v. in-8. 6 fr. 75

PHILOSOPHIE ANGLAISE

DUGALD STEWART. * **Éléments de la philosophie de l'esprit humain.** 3 vol. in-12..... 9 fr.

BACON. **Étude sur François Bacon**, par J. BARTHÉLEMY-SAINT HILAIRE. In-18........ 2 fr. 50

— * **Philosophie de François Bacon**, par CH. ADAM. (Couronné par l'Institut). In-8..... 7 fr. 50

BERKELEY. **Œuvres choisies.** *Essai d'une nouvelle théorie de la vision. Dialogues d'Hylas et de Philonoüs.* Trad. de l'angl. par MM. BEAULAVON (G.) et PARODI (D.). In-8. 1895. 5 fr.

PHILOSOPHIE ALLEMANDE

KANT. **La Critique de la raison pratique**, traduction nouvelle avec introduction et notes, par M. PICAVET. 2ᵉ édit. 1 vol. in-8.. 6 fr.

— **Éclaircissements sur la Critique de la raison pure**, trad. TISSOT. 1 vol. in-8....... 6 fr.

— * **Principes métaphysiques de la morale**, et *Fondements de la métaphysique des mœurs*, traduct. TISSOT. In-8............ 8 fr.

— **Doctrine de la vertu**, traduction BARNI. 1 vol. in-8........ 8 fr.

— * **Mélanges de logique**, traduction TISSOT. 1 v. in-8..... 6 fr.

— * **Prolégomènes à toute métaphysique future** qui se présentera comme science, traduction TISSOT. 1 vol. in-8........ 6 fr.

— * **Anthropologie**, suivie de divers fragments relatifs aux rapports du physique et du moral de l'homme, et du commerce des esprits d'un monde à l'autre, traduction TISSOT. 1 vol. in-8....... 6 fr.

—* **Essai critique sur l'Esthétique de Kant**, par V. BASCH. 1 vol. in-8. 1896........ 10 fr.

— **Sa morale**, par CRESSON. 1 vol. in-12............. 2 fr. 50

— **L'Idée ou critique du Kantisme**, par C. PIAT, Dʳ ès lettres. 2ᵉ édit. 1 vol. in-8....... 6 fr.

KANT et FICHTE **et le problème de l'éducation**, par PAUL DUPROIX. 1 vol. in-8. 1897....... 5 fr.

SCHELLING. **Bruno**, ou du principe divin. 1 vol. in-8........ 3 fr. 50

HEGEL. * **Logique.** 2 vol. in-8. 14 fr.

— * **Philosophie de la nature.** 3 vol. in-8............... 25 fr.

— * **Philosophie de l'esprit.** 2 vol. in-8................. 18 fr.

— * **Philosophie de la religion.** 2 vol. in-8............. 20 fr.

— **La Poétique**, trad. par M. Ch. BÉNARD. Extraits de Schiller, Gœthe, Jean-Paul, etc., 2 v. in-8. 12 fr.

— **Esthétique.** 2 vol. in-8, trad. BÉNARD................ 16 fr.

— **Antécédents de l'hégélianisme dans la philosophie française**, par E. BEAUSSIRE. 1 vol. in-18.......... 2 fr. 50

— **Introduction à la philosophie de Hegel**, par VÉRA. 1 vol. in-8. 2ᵉ édit............... 6 fr. 50

—* **La logique de Hegel**, par EUG. NOEL. In-8. 1897......... 3 fr.

HERBART. * **Principales œuvres pédagogiques**, trad. A. PINLOCHE. In-8. 1894.......... 7 fr. 50

La métaphysique de Herbart et la critique de Kant, par M. MAUXION. 1 vol. in-8... 7 fr. 50

MAUXION (M.). **L'éducation par l'instruction** *et les théories péda-*

gogiques de Herbart. 1 vol. in-12. 1901.................. 2 fr. 50
RICHTER (Jean-Paul-Fr.). **Poétique ou Introduction à l'Esthétique.** 2 vol. in-8. 1862........ 15 fr.
SCHILLER. **Son esthétique,** par FR. MONTARGIS. In-8..... 4 fr.
SCHILLER **Sa Poétique,** par V. BASCH. 1 vol. in-8. 1902..... 4 fr.
Essai sur le mysticisme spéculatif en Allemagne au XIVe siècle, par DELACROIX (H.), Maître de conf. à l'Univ. de Montpellier. 1 vol. in-8, 1900.. 5 fr.

PHILOSOPHIE ANGLAISE CONTEMPORAINE

(Voir *Bibliothèque de philosophie contemporaine*, pages 2 à 9.)

ARNOLD (Matt.). — BAIN (Alex.). — CARRAU (Lud.). — CLAY (R.). — COLLINS (H.). — CARUS. — FERRI (L.). — FLINT. — GUYAU. — GURNEY, MYERS et PODMOR. — HALÉVY (E.). — HERBERT SPENCER. — HUXLEY. — JAMES (William). — LIARD. — LANG. — LUBBOCK (Sir John). — LYON (Georges). — MARION. — MAUDSLEY. — STUART MILL (John). — RIBOT. — ROMANES. — SULLY (James).

PHILOSOPHIE ALLEMANDE CONTEMPORAINE

(Voir *Bibliothèque de philosophie contemporaine*, pages 2 à 9.)

BOUGLÉ. — GROOS. — HARTMANN (E. de). — LÉON (X.). — MAUXION. — NORDAU (Max). — NIETZSCHE. — OLDENBERG. — PIDERIT. — PREYER. — RIBOT. — SCHMIDT (O.). — SCHŒBEL. — SCHOPENHAUER. — SELDEN (C.). — STRICKER. — WUNDT. — ZELLER. — ZIEGLER.

PHILOSOPHIE ITALIENNE CONTEMPORAINE

(Voir *Bibliothèque de philosophie contemporaine*, pages 2 à 9.)

BARZELOTTI. — ESPINAS. — FERRERO. — FERRI (Enrico). — FERRI (L.). — GAROFALO. — LÉOPARDI. — LOMBROSO. — LOMBROSO et FERRERO. — LOMBROSO et LASCHI. — MARIANO. — MOSSO. — PILO (Mario). — SERGI. — SIGHELE.

LES GRANDS PHILOSOPHES

Publié sous la direction de M. C. PIAT

Agrégé de philosophie, docteur ès lettres, professeur à l'École des Carmes.

Chaque étude forme un volume in-8° carré de 300 pages environ, du prix de 5 francs.

VOLUMES PUBLIÉS :

***Kant,** par M. RUYSSEN, professeur au lycée de Bordeaux. 1 vol. in-8. (Couronné par l'Institut.) 5 fr
***Socrate,** par M. l'abbé C. PIAT. 1 vol. in-8. 5 fr.
Avicenne, par le baron CARRA DE VAUX. 1 vol. in-8. 5 fr.
Saint Augustin, par M. l'abbé JULES MARTIN. 1 vol. in-8. 5 fr.
***Malebranche,** par M. Henri JOLY. 1 vol. in-8. 5 fr.
***Pascal,** par A. HATZFELD. 1 vol. in-8. 5 fr.
Saint Anselme, par M. DOMET DE VORGES. 1 vol. in-8. 5 fr.
Spinoza, par M. P.-L. COUCHOUD, agrégé de l'Université. 1 vol. in-8. 5 fr.

SOUS PRESSE OU EN PRÉPARATION :

Descartes, par M. le baron Denys COCHIN, député de Paris.
Saint Thomas d'Aquin, par Mgr MERCIER et M. DE WULF.
Saint Bonaventure, par Mgr DADOLLE, recteur des Facultés libres de Lyon.
Maine de Biran, par M. Marius COUAILHAC, docteur ès lettres.
Rosmini, par M. BAZAILLAS, professeur au lycée Condorcet.
Duns Scot, par le R. P. D. FLEMING, définiteur général de l'ordre des Franciscains.
Maïmonide, par M. KARPPE, docteur ès lettres.
Chrysippe, par M. TROUVEREZ, prof. à l'Université de Toulouse.
Montaigne, par M. STROWSKI, prof. à l'Université de Bordeaux.
Schopenhauer, par M. RUYSSEN.

BIBLIOTHÈQUE GÉNÉRALE
des
SCIENCES SOCIALES

SECRÉTAIRE DE LA RÉDACTION :
DICK MAY, Secrétaire général de l'École des Hautes Études sociales.

VOLUMES PUBLIÉS :

L'Individualisation de la peine, par R. Saleilles, professeur à la Faculté de droit de l'Université de Paris. 1 vol. in-8, cart. 6 fr.
L'Idéalisme social, par Eugène Fournière. 1 vol. in-8, cart. 6 fr.
* **Ouvriers du temps passé** (xve et xvie siècles), par H. Hauser, professeur à l'Université de Dijon. 1 vol. in-8, cart. 6 fr.
* **Les Transformations du pouvoir**, par G. Tarde, de l'Institut, professeur au Collège de France. 1 vol. in-8, cart. 6 fr.
Morale sociale. Leçons professées au Collège libre des Sciences sociales, par MM. G. Belot, Marcel Bernès, Brunschvicg, F. Buisson, Darlu, Dauriac, Delbet, Ch. Gide, M. Kovalevsky, Malapert, le R. P. Maumus, de Roberty, G. Sorel, le Pasteur Wagner. Préface de M. Emile Boutroux, de l'Institut. 1 vol. in-8, cart. 6 fr.
Les Enquêtes, pratique et théorie, par P. du Maroussem. (Ouvrage couronné par l'Institut.) 1 vol. in-8, cart. 6 fr.
* **Questions de Morale**, leçons professées à l'École de morale, par MM. Belot, Bernès, F. Buisson, A. Croiset, Darlu, Delbos, Fournière, Malapert, Moch, Parodi, G. Sorel. 1 vol. in-8, cart. 6 fr.
Le développement du Catholicisme social depuis l'encyclique *Rerum novarum*, par Max Turmann. 1 vol. in-8, cart. 6 fr.
Le Socialisme sans doctrines. *La Question ouvrière et la Question agraire en Australie et en Nouvelle-Zélande*, par A. Métin, agrégé de l'Université, professeur à l'École municipale Lavoisier. 1 vol. in-8, cart. 6 fr.
* **Assistance sociale.** *Pauvres et mendiants*, par Paul Strauss, sénateur. 1 vol. in-8, cart. 6 fr.
* **L'Éducation morale dans l'Université.** (*Enseignement secondaire.*) Conférences et discussions, sous la présidence de M. A. Croiset, doyen de la Faculté des lettres de l'Université de Paris. (*Ecole des hautes Etudes sociales*, 1900-1901). 1 vol. in-8, cart. 6 fr.
* **La Méthode historique appliquée aux Sciences sociales**, par Charles Seignobos, maître de conférences à l'Université de Paris. 1 vol. in-8, cart. 6 fr.
L'Hygiène sociale, par E. Duclaux, de l'Institut, directeur de l'institut Pasteur. 1 vol. in-8, cart. 6 fr.
Le Contrat de travail. *Le rôle des syndicats professionnels*, par P. Bureau, prof. à la Faculté libre de droit de Paris. 1 vol. in-8, cart. 6 fr.
Essai d'une philosophie de la solidarité. Conférences et discussions sous la présidence de MM. Léon Bourgeois, député, ancien président du Conseil des ministres, et A. Croiset, de l'Institut, doyen de la Faculté des lettres de Paris. (*Ecole des Hautes Etudes sociales*, 1901-1902.) 1 vol. in-8, cart. 6 fr.
L'exode rural et le retour aux champs, par E. Vandervelde, professeur à l'Université nouvelle de Bruxelles. 1 vol. in-8, cart. 6 fr.

Chaque volume in-8° carré de 300 pages environ, cartonné à l'anglaise . . . . 6 fr.

MINISTRES ET HOMMES D'ÉTAT

Henri WELSCHINGER. — * **Bismarck**. 1 vol. in-16. 1900. . . . . . 2 fr. 50
H. LÉONARDON. — * **Prim**. 1 vol. in-16. 1901. . . . . 2 fr. 50
M. COURCELLE. — * **Disraëli**. 1 vol. in-16, 1901. . . . . 2 fr. 50
A. VIALLATE. — **Mac Kinley**. 1 vol. in-16, 1903. . . . . 2 fr. 50

SOUS PRESSE OU EN PRÉPARATION :

J. Ferry, par Alfred Rambaud (de l'Institut). — **Gladstone**, par F. de Pressensé. — **Okoubo**, ministre japonais, par M. Courant. — **Léon XIII**, par Anatole Leroy-Beaulieu. — **Alexandre II**, par Boyer. — **Metternich**, par Ch. Schefer. — **Lincoln**, par A. Viallate.

BIBLIOTHÈQUE D'HISTOIRE CONTEMPORAINE

Volumes in-12 brochés à 3 fr. 50. — Volumes in-8 brochés de divers prix

---

EUROPE

DEBIDOUR, inspecteur général de l'Instruction publique. * **Histoire diplomatique de l'Europe, de 1815 à 1878.** 2 vol. in-8. (Ouvrage couronné par l'Institut.) 18 fr.

SYBEL (H. de). * **Histoire de l'Europe pendant la Révolution française,** traduit de l'allemand par Mlle DOSQUET. Ouvrage complet en 6 vol. in-8. 42 fr.

FRANCE

AULARD, professeur à la Sorbonne. * **Le Culte de la Raison et le Culte de l'Être suprême,** étude historique (1793-1794). 1 vol. in-12. 3 fr. 50

— * **Études et leçons sur la Révolution française.** 3 vol. in-12. Chacun. 3 fr. 50

DESPOIS (Eug.). * **Le Vandalisme révolutionnaire.** Fondations littéraires, scientifiques et artistiques de la Convention. 4e éd. 1 vol. in-12. 3 fr. 50

DEBIDOUR, inspecteur général de l'instruction publique. * **Histoire des rapports de l'Église et de l'État en France** (1789-1870). 1 fort vol. in-8. 1898. (Couronné par l'Institut.) 12 fr.

ISAMBERT (G.). * **La vie à Paris pendant une année de la Révolution** (1791-1792). 1 vol. in-12. 1896. 3 fr. 50

MARCELLIN PELLET, ancien député. **Variétés révolutionnaires.** 3 vol. in-12, précédés d'une préface de A. RANC. Chaque vol. séparém. 3 fr. 50

BONDOIS (P.), agrégé de l'Université. * **Napoléon et la société de son temps** (1793-1821). 1 vol. in-8. 7 fr.

CARNOT (H.), sénateur. * **La Révolution française,** résumé historique. 1 volume in-12. Nouvelle édit. 3 fr. 50

ROCHAU (M. de). **Histoire de la Restauration,** traduit de l'allemand. 1 vol. in-12. 3 fr. 50

WEILL (G.), docteur ès lettres, agrégé de l'Université. **Histoire du parti républicain en France, de 1814 à 1870.** 1 vol. in-8. 1900. (Récompensé par l'Institut.) 10 fr.

BLANC (Louis). * **Histoire de Dix ans** (1830-1840). 5 vol. in-8. 25 fr.

GAFFAREL (P.), professeur à l'Université de Dijon. * **Les Colonies françaises.** 1 vol. in-8. 6e édition revue et augmentée. 5 fr.

LAUGEL (A.). * **La France politique et sociale.** 1 vol. in-8. 5 fr.

SPULLER (E.), ancien ministre de l'Instruction publique. * **Figures disparues,** portraits contemp., littér. et politiq. 3 vol. in-12. Chacun. 3 fr. 50

— **Hommes et choses de la Révolution.** 1 vol. in-12. 1896. 3 fr. 50

TAXILE DELORD. * **Histoire du second Empire** (1848-1870). 6 v. in-8. 42 fr.

VALLAUX (C.). * **Les campagnes des armées françaises** (1792-1815). 1 vol. in-12, avec 17 cartes dans le texte. 3 fr. 50

ZEVORT (E.), recteur de l'Académie de Caen. **Histoire de la troisième République:**

- Tome I. * **La présidence de M. Thiers.** 1 vol. in-8. 2e édit. 7 fr.
- Tome II. * **La présidence du Maréchal.** 1 vol. in-8. 2e édit. 7 fr.
- Tome III. **La présidence de Jules Grévy.** 1 vol. in-8. 7 fr.
- Tome IV. **La présidence de Sadi Carnot.** 1 vol. in-8. 7 fr.

WAHL, inspecteur général honoraire de l'Instruction aux colonies. * **L'Algérie.** 1 vol. in-8. 3e édit. refondue, 1898. (Ouvrage couronné par l'Institut.) 5 fr.

LANESSAN (J.-L. de). * **L'Indo-Chine française.** Étude économique, politique et administrative sur *la Cochinchine, le Cambodge, l'Annam et le Tonkin.* (Ouvrage couronné par la Société de géographie commerciale de Paris, médaille Dupleix.) 1 vol. in-8, avec 5 cartes en couleurs hors texte. 15 fr.

PIOLET (J.-B.). **La France hors de France,** notre émigration, sa nécessité. 1 vol. in-8. 1900. 10 fr.

LAPIE (P.), maître de conférences à l'Université de Rennes. * **Les Civilisations tunisiennes** (Musulmans, Israélites, Européens). 1 vol. in-12. 1898. (Couronné par l'Académie française.) 3 fr. 50

WEILL (Georges), agrégé de l'Université, docteur ès lettres. **L'École saint-simonienne,** son histoire, son influence jusqu'à nos jours. 1 vol. in-12. 1896. 3 fr. 50

ANGLETERRE

LAUGEL (Aug.). * **Lord Palmerston et lord Russell.** 1 vol. in-12. 3 fr. 50

SIR CORNEWAL LEWIS. * **Histoire gouvernementale de l'Angleterre, depuis 1770 jusqu'à 1830.** Traduit de l'anglais. 1 vol. in-8. 7 fr.

REYNALD (H.), doyen de la Faculté des lettres d'Aix. * **Histoire de l'Angleterre,** depuis la reine Anne jusqu'à nos jours. 1 vol. in-12. 2e éd. 3 fr. 50

MÉTIN (Albert). * **Le Socialisme en Angleterre.** 1 vol. in-12. 1897. 3 fr. 50

ALLEMAGNE

VÉRON (Eug.). * **Histoire de la Prusse,** depuis la mort de Frédéric II jusqu'à la bataille de Sadowa. 1 vol. in-12. 6e édit., avec un chapitre nouveau contenant le résumé des événements jusqu'à nos jours, par P. Bondois, professeur au lycée Buffon. 3 fr. 50

— * **Histoire de l'Allemagne,** depuis la bataille de Sadowa jusqu'à nos jours. 1 vol. in-12. 3e éd., mise au courant des événements par P. Bondois. 3 fr. 50

ANDLER (Ch.), maître de conférences à l'École normale. **Les origines du socialisme d'état en Allemagne.** 1 vol. in-8. 1897. 7 fr.

GUILLAND (A.), professeur d'histoire à l'École polytechnique suisse. * **L'Allemagne nouvelle et ses historiens.** (Niebuhr, Ranke, Mommsen, Sybel, Treitschke.) 1 vol. in-8. 1899. 5 fr.

MILHAUD (E.), professeur à l'Université de Genève. **La Démocratie socialiste allemande.** 1 vol. in-8. 1903. 10 fr.

AUTRICHE-HONGRIE

ASSELINE (L.). * **Histoire de l'Autriche,** depuis la mort de Marie-Thérèse jusqu'à nos jours. 1 vol. in-12. 3e édit. 3 fr. 50

BOURLIER (J.). * **Les Tchèques et la Bohème contemporaine.** 1 vol. in-12. 1897. 3 fr. 50

AUERBACH, professeur à Nancy. * **Les races et les nationalités en Autriche-Hongrie.** In-8. 1898. 5 fr.

SAYOUS (Ed.), professeur à la Faculté des lettres de Besançon. **Histoire des Hongrois** et de leur littérature politique, de 1790 à 1815. 1 vol. in-12. 3 fr. 50

ITALIE

SORIN (Élie). * **Histoire de l'Italie,** depuis 1815 jusqu'à la mort de Victor-Emmanuel. 1 vol. in-12. 1888. 3 fr. 50

GAFFAREL (P.), professeur à l'Université de Dijon. * **Bonaparte et les Républiques italiennes** (1796-1799). 1895. 1 vol. in-8. 5 fr.

BOLTON KING (M. A.). * **Histoire de l'unité italienne.** Histoire politique de l'Italie, de 1814 à 1871, traduit de l'anglais, par M. Macquart. introduction de M. Yves Guyot. 1900. 2 vol. in-8. 15 fr.

ESPAGNE

REYNALD (H.). * **Histoire de l'Espagne,** depuis la mort de Charles III jusqu'à nos jours. 1 vol. in-12. 3 fr. 50

ROUMANIE

DAMÉ (Fr.). * **Histoire de la Roumanie contemporaine,** depuis l'avènement des princes indigènes jusqu'à nos jours. 1 vol. in-8. 1900. 7 fr.

RUSSIE

CRÉHANGE (M.), agrégé de l'Université. * **Histoire contemporaine de la Russie,** depuis la mort de Paul Ier jusqu'à l'avènement de Nicolas II (1801-1894). 1 vol. in-12. 2e édit. 1895. 3 fr. 50

SUISSE

DAENDLIKER. * **Histoire du peuple suisse.** Trad. de l'allem. par Mme Jules Favre et précédé d'une Introduction de Jules Favre. 1 vol. in-8. 5 fr.

GRÈCE & TURQUIE

BÉRARD (V.), docteur ès lettres. * **La Turquie et l'Hellénisme contemporain.** (Ouvrage cour. par l'Acad. française.) 1 v. in-12. 3e éd. 3 fr. 50

RODOCANACHI (E.). * **Bonaparte et les îles Ioniennes**, épisode des conquêtes de la République et du premier Empire (1797-1816). 1 volume in-8. 1899. 5 fr.

CHINE

CORDIER (H.), professeur à l'École des langues orientales. **Histoire des relations de la Chine avec les puissances occidentales** (1860-1900).
T. I. — 1861-1875. 1 vol. in-8, avec cartes. 10 fr.
T. II. — 1876-1887. 1 vol. in-8, avec cartes. 10 fr.
T. III. — 1888-1902. 1 vol. in-8, avec cartes et index. 10 fr.

COURANT (M.), maître de conférences à l'Université de Lyon. **En Chine.** *Mœurs et institutions. Hommes et faits.* 1 vol. in-16. 3 fr. 50

AMÉRIQUE

DEBERLE (Alf.). * **Histoire de l'Amérique du Sud**, depuis sa conquête jusqu'à nos jours. 1 vol. in-12. 3e édit., revue par A. Milhaud, agrégé de l'Université. 3 fr. 50

BARNI (Jules). * **Histoire des idées morales et politiques en France au XVIIIe siècle.** 2 vol. in-12. Chaque volume. 3 fr. 50

— * **Les Moralistes français au XVIIIe siècle.** 1 vol. in-12 faisant suite aux deux précédents. 3 fr. 50

BEAUSSIRE (Émile), de l'Institut. **La Guerre étrangère et la Guerre civile.** 1 vol. in-12. 3 fr. 50

BONET-MAURY. * **Histoire de la liberté de conscience** depuis l'édit de Nantes jusqu'à juillet 1870. 1 vol. in-8. 1900. 5 fr.

BOURDEAU (J.). * **Le Socialisme allemand et le Nihilisme russe.** 1 vol. in-12. 2e édit. 1894. 3 fr. 50

— * **L'évolution du Socialisme.** 1901. 1 vol. in-16. 3 fr. 50

D'EICHTHAL (Eug.). **Souveraineté du peuple et gouvernement.** 1 vol. in-12. 1895. 3 fr. 50

DEPASSE (Hector). **Transformations sociales.** 1894. 1 vol. in-12. 3 fr. 50

— **Du Travail et de ses conditions** (Chambres et Conseils du travail). 1 vol. in-12. 1895. 3 fr. 50

DRIAULT (E.), prof. agr. au lycée de Versailles. * **Les problèmes politiques et sociaux à la fin du XIXe siècle.** In-8. 1900. 7 fr.

— * **La question d'Orient**, préface de G. Monod, de l'Institut. 1 vol. in-8. 2e édit. 1900. (Ouvrage couronné par l'Institut.) 7 fr.

GUÉROULT (G.). * **Le Centenaire de 1789**, évolution polit., philos., artist. et scient. de l'Europe depuis cent ans. 1 vol. in-12. 1889. 3 fr. 50

LAVELEYE (E. de), correspondant de l'Institut. **Le Socialisme contemporain.** 1 vol. in-12. 10e édit. augmentée. 3 fr. 50

LICHTENBERGER (A.). * **Le Socialisme utopique**, *étude sur quelques précurseurs du Socialisme.* 1 vol. in-12. 1898. 3 fr. 50

— * **Le Socialisme et la Révolution française.** 1 vol. in-8. 5 fr.

MATTER (P.). **La dissolution des assemblées parlementaires**, étude de droit public et d'histoire. 1 vol. in-8. 1898. 5 fr.

REINACH (Joseph). **Pages républicaines.** 1894. 1 vol. in-12. 3 fr. 50

SCHEFER (C.). * **Bernadotte roi** (1810-1818-1844). 1 vol. in-8. 1899. 5 fr.

SPULLER (E.). * **Éducation de la démocratie.** 1 vol. in-12. 1892. 3 fr. 50

— **L'Évolution politique et sociale de l'Église.** 1 vol. in-12. 1893. 3 fr. 50

PUBLICATIONS HISTORIQUES ILLUSTRÉES

* **DE SAINT-LOUIS A TRIPOLI PAR LE LAC TCHAD**, par le lieutenant-colonel Monteil. 1 beau vol. in-8 colombier, précédé d'une préface de M. de Vogüé, de l'Académie française, illustrations de Riou. 1895. *Ouvrage couronné par l'Académie française (Prix Montyon).* 20 fr.

* **HISTOIRE ILLUSTRÉE DU SECOND EMPIRE**, par Taxile Delord. 6 vol. in-8, avec 500 gravures. Chaque vol. broché, 8 fr.

HISTOIRE POPULAIRE DE LA FRANCE, depuis les origines jusqu'en 1815. — 4 vol. in-8, avec 1323 gravures. Chacun, 7 fr. 50

BIBLIOTHÈQUE
DE LA
FACULTÉ DES LETTRES DE L'UNIVERSITÉ DE PARIS

***De l'authenticité des épigrammes de Simonide**, par H. HAUVETTE, professeur adjoint. 1 vol. in-8. 5 fr.

***Antinomies linguistiques**, par M. le Prof. VICTOR HENRY, 1 v. in-8. 2 fr.

***Mélanges d'histoire du Moyen âge**, par MM. le Prof. A. LUCHAIRE, DUPONT, FERRIER et POUPARDIN. 1 vol. in-8. 3 fr. 50

***Études linguistiques sur la Basse-Auvergne, phonétique historique du patois de Vinzelles (Puy-de-Dôme)**, par ALBERT DAUZAT, préface de M. le Prof. ANT. THOMAS. 1 vol. in-8. 6 fr.

***De la flexion dans Lucrèce**, par M. le Prof. A. CARTAULT, 1 v. in-8. 4 fr.

***Le treize vendémiaire an IV**, par HENRY ZIVY. 1 vol. in-8. 4 fr.

***Essai de restitution des plus anciens Mémoriaux de la Chambre des Comptes de Paris**, par MM. J. PETIT, GAVRILOVITCH, MAURY et TÉODORU, préface de M. CH.-V. LANGLOIS, chargé de cours. 1 vol. in-8. 9 fr.

Étude sur quelques manuscrits de Rome et de Paris, par M. le Prof. A. LUCHAIRE, membre de l'Institut. 1 vol. in-8. 6 fr.

***Les Satires d'Horace**, par M. le Prof. A. CARTAULT. 1 vol. in-8. 11 fr.

L'imagination et les mathématiques selon Descartes, par P. BOUTROUX, licencié ès lettres. 1 vol. in-8. 2 fr.

***Le dialecte alaman de Colmar (Haute-Alsace) en 1870**, grammaire et lexique, par M. le prof. VICTOR HENRY. 1 vol. in-8. 8 fr.

La main-d'œuvre industrielle dans l'ancienne Grèce, par M. le Prof. GUIRAUD. 1 vol. in-8. 7 fr.

Mélanges d'histoire du Moyen âge, publiés sous la direct. de M. le Prof. A. LUCHAIRE, par MM. LUCHAIRE, HALPHEN et HUCKEL. 1 vol. in-8. 6 fr.

Mélanges d'étymologie française, par M. le Prof. ANT. THOMAS. In-8. 7 fr.

La rivière Vincent-Pinzon. *Étude sur la cartographie de la Guyane*, par M. le Prof. VIDAL DE LA BLACHE. In-8, avec grav. et planches hors texte. 6 fr.

Études d'histoire byzantine. **Constantin V, empereur des Romains (740-775)**, par A. LOMBARD, licencié ès lettres. Préface de M. Ch. DIEHL, maître de conférences. 1 vol. in-8. 6 fr.

TRAVAUX DE L'UNIVERSITÉ DE LILLE

PAUL FABRE. **La polyptyque du chanoine Benoît**, in-8. 3 fr. 50

MÉDÉRIC DUFOUR. **Sur la constitution rythmique et métrique du drame grec.** 1re série, 4 fr.; 2e série, 2 fr. 50; 3e série, 2 fr. 50.

A. PINLOCHE. * **Principales œuvres de Herbart.** 7 fr. 50

A. PENJON. **Pensée et réalité**, de A. SPIR, trad. de l'allem. in-8. 10 fr.

G. LEFÈVRE. **Les variations de Guillaume de Champeaux et la question des Universaux.** Étude suivie de documents originaux. 1898. 3 fr.

ANNALES DE L'UNIVERSITÉ DE LYON

Lettres intimes de J.-M. Alberoni adressées au comte J. Rocca, par Emile BOURGEOIS, 1 vol. in-8. 10 fr.

Saint Ambroise, par Raymond THAMIN, 1 vol. in-8. 7 fr. 50

La républ. des Provinces-Unies, France et Pays-Bas espagnols, de 1630 à 1650, par A. WADDINGTON. 2 vol. in-8. 12 fr.

Le Vivarais, essai de géographie régionale, par BURDIN. 1 vol. in-8. 6 fr.

BIBLIOTHÈQUE HISTORIQUE ET POLITIQUE

LOUIS BLANC. **Discours politiques (1848-1881).** 1 vol. in-8. 7 fr. 50

DESCHANEL (E.), sénateur, professeur au Collège de France. * **Le Peuple et la Bourgeoisie.** 1 vol. in-8. 2e édit. 5 fr.

DU CASSE. **Les Rois frères de Napoléon Ier.** 1 vol. in-8. 10 fr.

HENRARD (P.). **Henri IV et la princesse de Condé.** 1 vol. in-8 6 fr.

NOVICOW. **La Politique internationale.** 1 fort vol. in-8. 7 fr.

PHILIPPSON. **La Contre-révolution religieuse au XVIe s.** In-8. 10 fr.

REINACH (J.). * **La France et l'Italie devant l'histoire.** In-8. 5 fr.

*RECUEIL DES INSTRUCTIONS

DONNÉES AUX AMBASSADEURS ET MINISTRES DE FRANCE DEPUIS LES TRAITÉS DE WESTPHALIE JUSQU'A LA RÉVOLUTION FRANÇAISE

Publié sous les auspices de la Commission des archives diplomatiques au Ministère des Affaires étrangères.

Beaux vol. in-8 rais., imprimés sur pap. de Hollande, avec Introduction et notes.

I. — **AUTRICHE**, par M. Albert SOREL, de l'Académie française. *Épuisé.*
II. — **SUÈDE**, par M. A. GEFFROY, de l'Institut .... 20 fr.
III. — **PORTUGAL**, par le vicomte DE CAIX DE SAINT-AYMOUR .... 20 fr.
IV et V. — **POLOGNE**, par M. Louis FARGES. 2 vol .... 30 fr.
VI. — **ROME**, par M. G. HANOTAUX, de l'Académie française .... 20 fr.
VII. — **BAVIÈRE, PALATINAT ET DEUX-PONTS**, par M. André LEBON. 25 fr.
VIII et IX. — **RUSSIE**, par M. Alfred RAMBAUD, de l'Institut. 2 vol. Le 1er vol. 20 fr. Le second vol .... 25 fr.
X. — **NAPLES ET PARME**, par M. Joseph REINACH .... 20 fr.
XI. — **ESPAGNE** (1649-1750), par MM. MOREL-FATIO et LÉONARDON (t. I). 20 fr.
XII et XII *bis*. — **ESPAGNE** (1750-1789) (t. II et III), par les mêmes .... 40 fr.
XIII. — **DANEMARK**, par M. A. GEFFROY, de l'Institut .... 14 fr.
XIV et XV. — **SAVOIE-MANTOUE**, par M. HORRIC de BEAUCAIRE. 2 vol. 40 fr.
XVI. — **PRUSSE**, par M. A. WADDINGTON. 1 vol. (Couronné par l'Institut.) 28 fr.

---

*INVENTAIRE ANALYTIQUE

DES ARCHIVES DU MINISTÈRE DES AFFAIRES ÉTRANGÈRES

Publié sous les auspices de la Commission des archives diplomatiques

I. — **Correspondance politique de MM. de CASTILLON et de MARILLAC, ambassadeurs de France en Angleterre (1537-1542)**, par M. JEAN KAULEK, avec la collaboration de MM. Louis Farges et Germain Lefèvre-Pontalis. 1 vol. in-8 raisin .... 15 fr.

II. — **Papiers de BARTHÉLEMY, ambassadeur de France en Suisse, de 1792 à 1797** (année 1792), par M. Jean KAULEK. 1 vol. in-8 raisin .... 15 fr.

III. — **Papiers de BARTHÉLEMY** (janvier-août 1793), par M. JEAN KAULEK. 1 vol. in-8 raisin .... 15 fr.

IV. — **Correspondance politique de ODET DE SELVE, ambassadeur de France en Angleterre** (1546-1549), par M. G. LEFÈVRE-PONTALIS. 1 vol. in-8 raisin .... 15 fr.

V. — **Papiers de BARTHÉLEMY** (septembre 1793 à mars 1794), par M. Jean KAULEK. 1 vol. in-8 raisin .... 18 fr.

VI. — **Papiers de BARTHÉLEMY** (avril 1794 à février 1795), par M. JEAN KAULEK. 1 vol. in-8 raisin .... 20 fr.

VII. — **Papiers de BARTHÉLEMY** (mars 1795 à septembre 1796). *Négociations de la paix de Bâle*, par M. Jean KAULEK. 1 v. in-8 raisin. 20 fr.

VIII. — **Correspondance politique de GUILLAUME PELLICIER, ambassadeur de France à Venise (1540-1542)**, par M. Alexandre TAUSSERAT-RADEL. 1 fort vol. in-8 raisin .... 40 fr.

Correspondance des Deys d'Alger avec la Cour de France (1759-1833), recueillie par Eug. PLANTET, attaché au Ministère des Affaires étrangères. 2 vol. in-8 raisin avec 2 planches en taille-douce hors texte. 30 fr.

Correspondance des Beys de Tunis et des Consuls de France avec la Cour (1577-1830), recueillie par Eug. PLANTET, publiée sous les auspices du Ministère des Affaires étrangères. 3 vol. in-8 raisin. TOME I (1577-1700). *Épuisé.* — TOME II (1700-1770). 20 fr. — TOME III (1770-1830). 20 fr.

Les introducteurs des Ambassadeurs (1589-1900). 1 vol. in-4, avec figures dans le texte et planches hors texte, tiré à 300 exemplaires numérotés. 20 fr.

*REVUE PHILOSOPHIQUE
DE LA FRANCE ET DE L'ÉTRANGER

Dirigée par Th. RIBOT, Membre de l'Institut, Professeur honoraire au Collège de France
(28e année, 1903.)

Paraît tous les mois, par livraisons de 7 feuilles grand in-8, et forme chaque année deux volumes de 680 pages chacun.

Prix d'abonnement : Un an, pour Paris, **30** fr. — Pour les départements et l'étranger, **33** fr. — La livraison, **3** fr.

Les années écoulées, chacune **30** francs, et la livraison, **3** fr.

Tables des matières (1876-1887), in-8...... **3** fr. — (1888-1895), in-8...... **3** fr.

---

*REVUE HISTORIQUE

Dirigée par G. MONOD

Membre de l'Institut, Maître de conférences à l'École normale, Président de la section historique et philologique à l'École des hautes études.

(28e année, 1903.)

Paraît tous les deux mois, par livraisons grand in-8 de 15 feuilles et forme par an trois volumes de 500 pages chacun.

Prix d'abonnement : Un an, pour Paris, **30 fr.** — Pour les départements et l'étranger, **33** fr. — La livraison, **6** fr.

Les années écoulées, chacune **30** fr. ; le fascicule, **6** fr. Les fascicules de la 1re année, **9** fr.

TABLES GÉNÉRALES DES MATIÈRES

I. 1876 à 1880. 3 fr. ; pour les abonnés, 1 fr. 50 | III. 1886 à 1890. 5 fr. ; — 2 fr. 50
II. 1881 à 1885. 3 fr. ; — 1 fr. 50 | IV. 1891 à 1895. 3 fr. ; pour les abonnés, 1 fr. 50
V. 1896 à 1900. 3 fr. ; pour les abonnés, 1 fr. 50

ANNALES DES SCIENCES POLITIQUES

REVUE BIMESTRIELLE

Publiée avec la collaboration des professeurs et des anciens élèves de l'École libre des Sciences politiques
(*Dix-huitième année*, 1903.)

COMITÉ DE RÉDACTION : M. Émile BOUTMY, de l'Institut, directeur de l'École ; M. ALF. DE FOVILLE, de l'Institut, conseiller maître à la Cour des comptes ; M. R. STOURM, ancien inspecteur des finances et administrateur des Contributions indirectes ; M. Alexandre RIBOT, député, ancien ministre ; M. L. RENAULT, de l'Institut, professeur à la Faculté de droit ; M. Albert SOREL, de l'Académie française ; M. A. VANDAL, de l'Académie française ; M. Aug. ARNAUNÉ, Directeur de la Monnaie ; M. Emile BOURGEOIS, maître de conférences à l'École normale supérieure ; Directeurs des groupes de travail, professeurs à l'École.

Rédacteur en chef : M. A. VIALLATE, Prof. à l'École.

Prix d'abonnement. — Un an (du 15 janvier) : Paris, **18 fr.** ; départements et étranger, **19** fr. — La livraison, **3** fr. **50.**

Les trois premières années (1886-1887-1888) *se vendent chacune* **16** *francs, les livraisons, chacune* **5** *francs, la quatrième année* (1889) *et les suivantes se vendent chacune* **18** *francs, et les livraisons, chacune* **3** *fr.* **50.**

Revue de l'École d'Anthropologie de Paris

(13e année, 1903)

Recueil mensuel publié par les professeurs :

MM. CAPITAN (Anthropologie pathologique), Mathias DUVAL (Anthropogénie et Embryologie), Georges HERVÉ (Ethnologie), J.-V. LABORDE (Anthropologie biologique), André LEFÈVRE (Ethnographie et Linguistique), Ch. LETOURNEAU (Histoire des civilisations), MANOUVRIER (Anthropologie physiologique), MAHOUDEAU (Anthropologie zoologique), SCHRADER (Anthropologie géographique), H. THULIÉ, directeur de l'École.

Prix d'abonnement : France et Étranger, **10** fr. — Le numéro, **1** fr.

TABLE GÉNÉRALE DES MATIÈRES, 1891-1900. . . . **2** fr.

ANNALES DES SCIENCES PSYCHIQUES

Dirigées par le Dr DARIEX
(13e année, 1903)

Les **ANNALES DES SCIENCES PSYCHIQUES** paraissent tous les deux mois par numéros de quatre feuilles in-8 carré (64 pages), *depuis le* 15 *janvier* 1891.

Prix d'abonnement : *Pour tous pays,* **12** fr. — *Le numéro,* **2** *fr.* **50.**

REVUE DE MORALE SOCIALE

(5e année, 1903)

Directeur : Louis BRIDEL, professeur à l'Université de Genève.

La *Revue de Morale sociale* paraît tous les 3 mois par livraisons de 8 feuilles au moins.

Prix d'abonnement : Un an, **10** fr. — Le numéro, **2** fr. **75**

L'année commence le 1er avril

BIBLIOTHÈQUE SCIENTIFIQUE
INTERNATIONALE
Publiée sous la direction de M. Émile ALGLAVE

La *Bibliothèque scientifique internationale* est une œuvre dirigée par les auteurs mêmes, en vue des intérêts de la science, pour la populariser sous toutes ses formes, et faire connaître immédiatement dans le monde entier les idées originales, les directions nouvelles, les découvertes importantes qui se font chaque jour dans tous les pays. Chaque savant expose les idées qu'il a introduites dans la science et condense pour ainsi dire ses doctrines les plus originales.

La *Bibliothèque scientifique internationale* ne comprend pas seulement des ouvrages consacrés aux sciences physiques et naturelles; elle aborde aussi les sciences morales, comme la philosophie, l'histoire, la politique et l'économie sociale, la haute législation, etc.; mais les livres traitant des sujets de ce genre se rattachent encore aux sciences naturelles, en leur empruntant les méthodes d'observation et d'expérience qui les ont rendues si fécondes depuis deux siècles.

Les titres marqués d'un astérisque* sont adoptés par le *Ministère de l'Instruction publique de France* pour les bibliothèques des lycées et des collèges.

LISTE DES OUVRAGES

98 VOLUMES IN-8, CARTONNÉS A L'ANGLAISE. CHAQUE VOLUME : 6 FRANCS.

1. TYNDALL (J.). * **Les Glaciers et les Transformations de l'eau**, avec figures. 1 vol. in-8. 7e édition. 6 fr.
2 BAGEHOT. * **Lois scientifiques du développement des nations** dans leurs rapports avec les principes de la sélection naturelle et de l'hérédité. 1 vol. in-8. 6e édition. 6 fr.
3. MAREY. * **La Machine animale**, locomotion terrestre et aérienne, avec de nombreuses fig. 1 vol. in-8. 6e édit. augmentée. 6 fr.
4. BAIN. * **L'Esprit et le Corps**. 1 vol. in-8. 6e édition. 6 fr.
5. PETTIGREW. * **La Locomotion chez les animaux**, marche, natation et vol. 1 vol. in-8, avec figures. 2e édit. 6 fr.
6. HERBERT SPENCER. * **La Science sociale**. 1 v. in-8. 12e édit. 6 fr.
7. SCHMIDT (O.). * **La Descendance de l'homme et le Darwinisme**. 1 vol. in-8, avec fig. 6e édition. 6 fr.
8. MAUDSLEY. * **Le Crime et la Folie**. 1 vol. in-8. 7e édit. 6 fr.
9 VAN BENEDEN. * **Les Commensaux et les Parasites dans le règne animal**. 1 vol. in-8, avec figures. 4e édit. 6 fr.
10. BALFOUR STEWART. * **La Conservation de l'énergie**, suivi d'une *Étude sur la nature de la force*, par M. P. de SAINT-ROBERT, avec figures. 1 vol. in-8. 6e édition. 6 fr.
11. DRAPER. **Les Conflits de la science et de la religion**. 1 vol. in-8. 10e édition. 6 fr.
12. DUMONT (L.) * **Théorie scientifique de la sensibilité**. 1 vol. in-8. 4e édition. 6 fr.
13. SCHUTZENBERGER. * **Les Fermentations**. 1 vol. in-8, avec fig. 6e édit. 6 fr.
14. WHITNEY. * **La Vie du langage**. 1 vol. in-8. 4e édit. 6 fr.
15 COOKE et BERKELEY. * **Les Champignons**. 1 vol. in-8, avec figures. 4e édition. 6 fr.
16. BERNSTEIN. * **Les Sens**. 1 vol. in-8, avec 91 fig. 5e édit. 6 fr.
17. BERTHELOT. * **La Synthèse chimique**. 1 vol. in-8. 8e édit. 6 fr.
18. NIEWENGLOWSKI (H.). * **La photographie et la photochimie**. 1 vol. in-8, avec gravures et une planche hors texte. 6 fr.
19. LUYS. * **Le Cerveau et ses fonctions**, avec fig. 1 v. in-8. 7e édit. 6 fr.

20. STANLEY JEVONS.* **La Monnaie et le Mécanisme de l'échange.** 1 vol. in-8. 5e édition. 6 fr.

21. FUCHS. * **Les Volcans et les Tremblements de terre.** 1 vol. in-8, avec figures et une carte en couleurs. 5e édition. 6 fr.

22. GÉNÉRAL BRIALMONT. * **Les Camps retranchés et leur rôle dans la défense des États**, avec fig. dans le texte et 2 planches hors texte. 3e édit. *Épuisé.*

23. DE QUATREFAGES.* **L'Espèce humaine.** 1 v. in-8. 13e édit. 6 fr.

24. BLASERNA et HELMHOLTZ. * **Le Son et la Musique.** 1 vol. in-8, avec figures. 5e édition. 6 fr.

25. ROSENTHAL.* **Les Nerfs et les Muscles.** 1 vol. in-8, avec 75 figures. 3e édition. *Epuisé.*

26. BRUCKE et HELMHOLTZ. * **Principes scientifiques des beaux-arts.** 1 vol. in-8, avec 39 figures. 4e édition. 6 fr.

27. WURTZ. * **La Théorie atomique.** 1 vol. in-8. 8e édition. 6 fr.

28-29. SECCHI (le père). * **Les Étoiles.** 2 vol. in-8, avec 68 figures dans le texte et 17 pl. en noir et en couleurs hors texte. 3e édit. 12 fr.

30. JOLY.* **L'Homme avant les métaux.** 1 v. in-8, avec fig. 4e éd. *Épuisé.*

31. A. BAIN.* **La Science de l'éducation.** 1 vol. in-8. 9e édit. 6 fr.

32-33. THURSTON (R.).* **Histoire de la machine à vapeur**, précédée d'une Introduction par M. Hirsch. 2 vol. in-8, avec 140 figures dans le texte et 16 planches hors texte. 3e édition. 12 fr.

34. HARTMANN (R.). * **Les Peuples de l'Afrique.** 1 vol. in-8, avec figures. 2e édition. *Épuisé.*

35. HERBERT SPENCER. * **Les Bases de la morale évolutionniste.** 1 vol. in-8. 6e édition. 6 fr.

36. HUXLEY. * **L'Écrevisse**, introduction à l'étude de la zoologie. 1 vol. in-8, avec figures. 2e édition. 6 fr.

37. DE ROBERTY. * **De la Sociologie.** 1 vol. in-8. 3e édition. 6 fr.

38. ROOD. * **Théorie scientifique des couleurs.** 1 vol. in-8, avec figures et une planche en couleurs hors texte. 2e édition. 6 fr.

39. DE SAPORTA et MARION. * **L'Évolution du règne végétal** (les Cryptogames). 1 vol. in-8, avec figures. 6 fr.

40-41. CHARLTON BASTIAN. * **Le Cerveau, organe de la pensée chez l'homme et chez les animaux.** 2 vol. in-8, avec figures. 2e éd. 12 fr.

42. JAMES SULLY. * **Les Illusions des sens et de l'esprit.** 1 vol. in-8, avec figures. 3e édit. 6 fr.

43. YOUNG. * **Le Soleil.** 1 vol. in-8, avec figures. *Épuisé.*

44. DE CANDOLLE.* **L'Origine des plantes cultivées.** 4e éd. 1 v in-8. 6 fr.

45-46. SIR JOHN LUBBOCK. * **Fourmis, abeilles et guêpes.** 2 vol. in-8, avec 65 figures dans le texte et 13 planches hors texte, dont 5 coloriées. *Épuisé.*

47. PERRIER (Edm.). **La Philosophie zoologique avant Darwin.** 1 vol. in-8. 3e édition. 6 fr.

48. STALLO. * **La Matière et la Physique moderne.** 1 vol. in-8. 3e éd., précédé d'une Introduction par Ch. Friedel. 6 fr.

49. MANTEGAZZA. **La Physionomie et l'Expression des sentiments.** 1 vol. in-8. 3e édit., avec huit planches hors texte. 6 fr.

50. DE MEYER. * **Les Organes de la parole et leur emploi pour la formation des sons du langage.** 1 vol. in-8, avec 51 figures, précédé d'une Introd. par M. O. Claveau. 6 fr.

51. DE LANESSAN. * **Introduction à l'Étude de la botanique** (le Sapin). 1 vol. in-8. 2e édit., avec 143 figures. 6 fr.

52-53. DE SAPORTA et MARION. * **L'Évolution du règne végétal** (les Phanérogames). 2 vol. in-8, avec 136 figures. 12 fr.

54. TROUESSART. * **Les Microbes, les Ferments et les Moisissures.** 1 vol. in-8. 2e édit., avec 107 figures. 6 fr.

55. HARTMANN (R.).* **Les Singes anthropoïdes, et leur organisation comparée à celle de l'homme.** 1 vol. in-8, avec figures. 6 fr.

56. SCHMIDT (O.). ***Les Mammifères dans leurs rapports avec leurs ancêtres géologiques.** 1 vol. in-8, avec 51 figures. 6 fr.
57. BINET et FÉRÉ. **Le Magnétisme animal.** 1 vol. in-8. 4e édit. 6 fr.
58-59. ROMANES.* **L'intelligence des animaux.** 2 v. in-8. 3e édit. 12 fr.
60. LAGRANGE (F.). **Physiol. des exerc. du corps.** 1 v. in-8 7e éd. 6 fr.
61. DREYFUS.* **Évol. des mondes et des sociétés.** 1 v. in-8 3e édit. 6 fr.
62. DAUBRÉE. * **Les Régions invisibles du globe et des espaces célestes.** 1 vol. in-8, avec 85 fig. dans le texte. 2e édit. 6 fr.
63-64. SIR JOHN LUBBOCK. * **L'Homme préhistorique.** 2 vol. in-8, avec 228 figures dans le texte. 4e édit. 12 fr.
65. RICHET (CH.). **La Chaleur animale.** 1 vol. in-8, avec figures. 6 fr.
66. FALSAN (A.). ***La Période glaciaire.** 1 vol. in-8, avec 105 figures et 2 cartes. *Épuisé.*
67. BEAUNIS (H.). **Les Sensations internes.** 1 vol. in-8. 6 fr.
68. CARTAILHAC (E.). **La France préhistorique**, d'après les sépultures et les monuments. 1 vol. in-8, avec 162 figures. 2e édit. 6 fr.
69. BERTHELOT.* **La Révol. chimique, Lavoisier.** 1 vol. in-8. 2e éd. 6 fr.
70. SIR JOHN LUBBOCK. * **Les Sens et l'instinct chez les animaux,** principalement chez les insectes. 1 vol. in-8, avec 150 figures. 6 fr.
71. STARCKE. ***La Famille primitive.** 1 vol. in-8. 6 fr.
72. ARLOING. * **Les Virus.** 1 vol. in-8, avec figures. 6 fr.
73. TOPINARD. * **L'Homme dans la Nature.** 1 vol. in-8, avec fig. 6 fr.
74. BINET (Alf.).* **Les Altérations de la personnalité.** 1 vol. in-8, avec figures. 2e édit. 6 fr.
75. DE QUATREFAGES (A.).* **Darwin et ses précurseurs français.** 1 vol. in-8. 2e édition refondue. 6 fr.
76. LEFÈVRE (A.). * **Les Races et les langues.** 1 vol. in-8. 6 fr.
77-78. DE QUATREFAGES (A.).* **Les Émules de Darwin.** 2 vol. in-8, avec préfaces de MM. E. PERRIER et HAMY. 12 fr.
79. BRUNACHE (P.).* **Le Centre de l'Afrique. Autour du Tchad.** 1 vol. in-8, avec figures. 6 fr.
80. ANGOT (A.). ***Les Aurores polaires.** 1 vol. in-8, avec figures. 6 fr.
81. JACCARD. ***Le pétrole, le bitume et l'asphalte** au point de vue géologique. 1 vol. in-8, avec figures. 6 fr.
82. MEUNIER (Stan.).* **La Géologie comparée.** 1 vol. in-8, avec fig. 6 fr.
83. LE DANTEC. ***Théorie nouvelle de la vie.** 2e éd. 1 v. in-8, avec fig. 6 fr.
84. DE LANESSAN.* **Principes de colonisation.** 1 vol. in-8. 6 fr.
85. DEMOOR, MASSART et VANDERVELDE. ***L'évolution régressive en biologie et en sociologie.** 1 vol. in-8, avec gravures. 6 fr.
86. MORTILLET (G. de). ***Formation de la Nation française.** 2e édit. 1 vol. in-8, avec 150 gravures et 18 cartes. 6 fr.
87. ROCHÉ (G.). ***La Culture des Mers** (piscifacture, pisciculture, ostréiculture). 1 vol. in-8, avec 81 gravures. 6 fr.
88. COSTANTIN (J.). ***Les Végétaux et les Milieux cosmiques** (adaptation, évolution). 1 vol. in-8, avec 171 gravures. 6 fr.
89. LE DANTEC. **L'évolution individuelle et l'hérédité.** 1 vol. in-8. 6 fr.
90. GUIGNET et GARNIER. ***La Céramique ancienne et moderne.** 1 vol., avec grav. 6 fr.
91. GELLÉ (E.-M.). * **L'audition et ses organes.** 1 v. in-8, avec gr. 6 fr.
92. MEUNIER (St.). ***La Géologie expérimentale.** 1 v. in-8, av. grav. 6 fr.
93. COSTANTIN (J.). ***La Nature tropicale.** 1 vol. in-8, avec grav. 6 fr.
94. GROSSE (E.). ***Les débuts de l'art.** Introduction de L. MARILLIER. 1 vol in-8, avec 32 gravures dans le texte et 3 pl. hors texte. 6 fr.
95. GRASSET (J.). **Les Maladies de l'orientation et de l'équilibre.** 1 vol. in-8, avec gravures. 6 fr.
96. DEMENŸ (G.). ***Les bases scientifiques de l'éducation physique.** 1 vol. in-8, avec 196 gravures. 6 fr.
97. MALMÉJAC (F.). **L'eau dans l'alimentation.** 1 v. in-8, av. grav. 6 fr.
98. MEUNIER (Stan.). **La géologie générale.** 1 v. in-8, av. grav. 6 fr.

LISTE PAR ORDRE DE MATIÈRES
DES 98 VOLUMES PUBLIÉS

DE LA BIBLIOTHÈQUE SCIENTIFIQUE INTERNATIONALE

Chaque volume in-8, cartonné à l'anglaise...... 6 francs.

SCIENCES SOCIALES

* **Introd. à la science sociale,** par HERBERT SPENCER. 1 vol. in-8. 12e éd. 6 fr.
* **Les Bases de la morale évolutionniste,** par HERBERT SPENCER. 1 vol. in-8. 6e édit. 6 fr.

Les Conflits de la science et de la religion, par DRAPER, professeur à l'Université de New-York. 1 vol. in-8. 10e édit. 6 fr.

* **Le Crime et la Folie,** par H. MAUDSLEY, professeur de médecine légale à l'Université de Londres. 1 vol. in-8. 7e édit. 6 fr.
* **La Monnaie et le Mécanisme de l'échange,** par W. STANLEY JEVONS, professeur à l'Université de Londres. 1 vol. in-8. 5e edit. 6 fr.
* **La Sociologie,** par DE ROBERTY. 1 vol. in-8. 3e édit. 6 fr.
* **La Science de l'éducation,** par Alex. BAIN, professeur à l'Université d'Aberdeen (Écosse). 1 vol. in-8. 9e édit. 6 fr.
* **Lois scientifiques du développement des nations,** par W. BAGEHOT. 1 vol. in-8. 6e edit. 6 fr.
* **La Vie du langage,** par D. WHITNEY, professeur de philologie comparée à Yale-College de Boston (États-Unis). 1 vol. in-8. 3e édit. 6 fr.
* **La Famille primitive,** par J. STARCKE, prof. à l'Univ. de Copenhague. 1 vol. in-8. 6 fr.
* **Principes de colonisation,** par J.-L. de LANESSAN, prof. à la Faculté de médecine de Paris, ancien gouverneur de l'Indo-Chine, 1 vol. in-8. 6 fr.

PHYSIOLOGIE

* **Les Illusions des sens et de l'esprit,** par James SULLY. 1 v. in-8. 2e édit. 6 fr.
* **La Locomotion chez les animaux** (marche, natation et vol), par J.-B. PETTIGREW, professeur au Collège royal de chirurgie d'Édimbourg (Écosse). 1 vol. in-8, avec 140 figures dans le texte. 2e édit. 6 fr.
* **La Machine animale,** par E.-J. MAREY, membre de l'Institut, prof. au Collège de France. 1 vol. in-8, avec 117 figures. 6e édit. 6 fr.
* **Les Sens,** par BERNSTEIN, professeur de physiologie à l'Université de Halle (Prusse). 1 vol. in-8, avec 91 figures dans le texte. 4e édit. 6 fr.
* **Les Organes de la parole,** par H. DE MEYER, professeur à l'Université de Zurich, traduit de l'allemand et précédé d'une introduction sur l'*Enseignement de la parole aux sourds-muets*, par O. CLAVEAU, inspecteur général des établissements de bienfaisance. 1 vol. in-8, avec 51 grav. 6 fr.

La Physionomie et l'Expression des sentiments, par P. MANTEGAZZA, professeur au Muséum d'histoire naturelle de Florence. 1 vol. in-8, avec figures et 8 planches hors texte. 3e édit. 6 fr.

* **Physiologie des exercices du corps,** par le docteur F. LAGRANGE. 1 vol. in-8. 7e édit. (Ouvrage couronné par l'Institut.) 6 fr.

La Chaleur animale, par CH. RICHET, professeur de physiologie à la Faculté de médecine de Paris. 1 vol. in-8, avec figures dans le texte. 6 fr.

Les Sensations internes, par H. BEAUNIS. 1 vol. in-8. 6 fr.

* **Les Virus,** par M. ARLOING, professeur à la Faculté de médecine de Lyon, directeur de l'Ecole vétérinaire. 1 vol. in-8, avec fig. 6 fr.
* **Théorie nouvelle de la vie,** par F. LE DANTEC, chargé du cours d'embryologie générale à la Sorbonne. 2e édit. 1 vol. in-8, avec figures 6 fr.

L'évolution individuelle et l'hérédité, par *le même*. 1 vol. in-8. 6 fr.

* **L'audition et ses organes,** par le Dr E.-M. GELLÉ, membre de la Société de biologie. 1 vol. in-8, avec grav. 6 fr.
* **Les bases scientifiques de l'éducation physique,** par G. DEMENY, chargé du cours d'éducation physique de la Ville de Paris. 1 v. in-8, av. 196 grav. 6 fr.

PHILOSOPHIE SCIENTIFIQUE

* **Le Cerveau et ses fonctions,** par J. LUYS, membre de l'Académie de médecine, médecin de la Charité. 1 vol. in-8, avec fig. 7e édit. 6 fr.
* **Le Cerveau et la Pensée chez l'homme et les animaux,** par CHARLTON BASTIAN, professeur à l'Université de Londres. 2 vol. in-8, avec 184 fig. dans le texte. 2e édit. 12 fr.

Les Maladies de l'orientation et de l'équilibre, par J. GRASSET, professeur à la Faculté de médecine de Montpellier. 1 vol. in-8, avec gravures. 6 fr.

* **Le Crime et la Folie**, par H. MAUDSLEY, prof. à l'Univ. de Londres. In-8, 6ᵉ éd. 6 fr.

* **L'Esprit et le Corps**, considérés au point de vue de leurs relations, suivi d'études sur les *Erreurs généralement répandues au sujet de l'esprit*, par Alex. BAIN, prof. à l'Université d'Aberdeen (Écosse). 1 v. in-8. 6ᵉ éd. 6 fr.

* **Théorie scientifique de la sensibilité** : *le Plaisir et la Douleur*, par Léon DUMONT. 1 vol. in-8. 3ᵉ édit. 6 fr.

* **La Matière et la Physique moderne**, par STALLO, précédé d'une préface par M. Ch. FRIEDEL, de l'Institut. 1 vol. in-8. 2ᵉ édit. 6 fr.

Le Magnétisme animal, par Alf. BINET et Ch. FÉRÉ. 1 vol. in-8, avec figures dans le texte. 4ᵉ édit. 6 fr.

* **L'Intelligence des animaux**, par ROMANES. 2 v. in-8. 2ᵉ éd. précédée d'une préface de M. E. PERRIER, directeur du Muséum d'histoire naturelle. 12 fr.

* **L'Évolution des mondes et des sociétés**, par C. DREYFUS. In-8. 6 fr.

* **L'Evolution régressive en biologie et en sociologie**, par DEMOOR, MASSART et VANDERVELDE, prof. des Univ. de Bruxelles. 1 v. in-8, avec grav. 6 fr.

* **Les Altérations de la personnalité**, par Alf. BINET, directeur du laboratoire de psychologie à la Sorbonne. In-8, avec gravures. 6 fr.

ANTHROPOLOGIE

* **L'Espèce humaine**, par A. DE QUATREFAGES, de l'Institut, professeur au Muséum d'histoire naturelle de Paris. 1 vol. in-8. 12ᵉ édit. 6 fr.

* **Ch. Darwin et ses précurseurs français**, par A. DE QUATREFAGES. 1 v. in-8. 2ᵉ édition. 6 fr.

* **Les Émules de Darwin**, par A. DE QUATREFAGES, avec une préface de M. EDM. PERRIER, de l'Institut, et une notice sur la vie et les travaux de l'auteur par E.-T. HAMY, de l'Institut. 2 vol. in-8. 12 fr.

* **Les Singes anthropoïdes** et leur organisation comparée à celle de l'homme, par R. HARTMANN, prof. à l'Univ. de Berlin. 1 vol. in-8, avec 63 fig. 6 fr.

* **L'Homme préhistorique**, par SIR JOHN LUBBOCK, membre de la Société royale de Londres. 2 vol. in-8, avec 228 gravures dans le texte. 3ᵉ édit. 12 fr.

La France préhistorique, par E. CARTAILHAC. In-8, avec 150 gr. 2ᵉ édit. 6 fr.

* **L'Homme dans la Nature**, par TOPINARD, ancien secrétaire général de la Société d'anthropologie de Paris. 1 vol. in-8, avec 101 gravures. 6 fr.

* **Les Races et les Langues**, par André LEFÈVRE, professeur à l'École d'anthropologie de Paris. 1 vol. in-8. 6 fr.

* **Le centre de l'Afrique. Autour du Tchad**, par P. BRUNACHE, administrateur à Aïn-Fezza (Algérie). 1 vol. in-8, avec gravures. 6 fr.

* **Formation de la Nation française**, par G. de MORTILLET, professeur à l'Ecole d'anthropologie. In-8, avec 150 grav. et 18 cartes. 2ᵉ édit. 6 fr.

ZOOLOGIE

* **La Descendance de l'homme et le Darwinisme**, par O. SCHMIDT, professeur à l'Université de Strasbourg. 1 vol. in-8, avec figures. 6ᵉ édit. 6 fr.

* **Les Mammifères dans leurs rapports avec leurs ancêtres géologiques**, par O. SCHMIDT. 1 vol. in-8, avec 51 figures dans le texte. 6 fr.

* **Les Sens et l'instinct chez les animaux**, et principalement chez les insectes, par Sir JOHN LUBBOCK. 1 vol. in-8 avec grav. 6 fr.

* **L'Écrevisse**, introduction à l'étude de la zoologie, par Th.-H. HUXLEY, membre de la Société royale de Londres. 1 vol. in-8, avec 82 grav. 6 fr.

* **Les Commensaux et les Parasites** dans le règne animal, par P.-J. VAN BENEDEN, professeur à l'Université de Louvain (Belgique). 1 vol. in-8, avec 82 figures dans le texte. 3ᵉ édit. 6 fr.

* **La Philosophie zoologique avant Darwin**, par EDMOND PERRIER, de l'Institut, directeur du Muséum. 1 vol. in-8. 2ᵉ édit. 6 fr.

* **Darwin et ses précurseurs français**, par A. de QUATREFAGES, de l'Institut. 1 vol. in-8. 2ᵉ édit. 6 fr.

* **La Culture des mers en Europe** (Pisciculture, piscifacture, ostréiculture), par G. ROCHÉ, insp. gén. des pêches maritimes. In-8, avec 81 grav. 6 fr.

BOTANIQUE — GÉOLOGIE

* **Les Champignons**, par COOKE et BERKELEY. 1 v. in-8, avec 110 fig. 4ᵉ éd. 6 fr.

* **L'Évolution du règne végétal**, par G. DE SAPORTA et MARION, prof. à la Faculté des sciences de Marseille :

* I. *Les Cryptogames*. 1 vol. in-8, avec 85 figures dans le texte. 6 fr.

II. *Les Phanérogames*. 2 vol. in-8, avec 136 fig. dans le texte. 12 fr.

Les Volcans et les Tremblements de terre, par FUCHS, prof. à l'Univ. de Heidelberg. 1 vol. in-8, avec 36 fig. 5ᵉ éd. et une carte en couleurs. 6 fr.

* **La Période glaciaire, principalement en France et en Suisse**, par A. Falsan. 1 vol. in-8, avec 105 gravures et 2 cartes hors texte. *Epuisé.*
* **Les Régions invisibles du globe et des espaces célestes**, par A. Daubrée, de l'Institut. 1 vol. in-8, 2e édit., avec 89 gravures. 6 fr.
* **Le Pétrole, le Bitume et l'Asphalte**, par M. Jaccard, professeur à l'Académie de Neuchâtel (Suisse). 1 vol. in-8, avec figures. 6 fr.
* **L'Origine des plantes cultivées**, par A. de Candolle, correspondant de l'Institut. 1 vol. in-8. 4e édit. 6 fr.
* **Introduction à l'étude de la botanique** (*le Sapin*), par J. de Lanessan, professeur agrégé à la Faculté de médecine de Paris. 1 vol. in-8. 2e édit., avec figures dans le texte. 6 fr.
* **Microbes, Ferments et Moisissures**, par le docteur L. Trouessart. 1 vol. in-8, avec 108 figures dans le texte. 2e édit. 6 fr.
* **La Géologie comparée**, par Stanislas Meunier, professeur au Muséum. 1 vol. in-8, avec figures. 6 fr.
* **La Géologie expérimentale**, par *le même*. 1 vol. in-8, avec fig. 6 fr.

La Géologie générale, par *le même*. 1 vol. in-8, avec fig. 6 fr.

* **Les Végétaux et les milieux cosmiques** (adaptation, évolution), par J. Costantin, prof. au Muséum. 1 vol. in-8, avec 171 figures. 6 fr.
* **La Nature tropicale**, par *le même*. 1 vol. in-8, avec fig. 6 fr.

CHIMIE

* **Les Fermentations**, par P. Schutzenberger, memb. de l'Institut. 1 v. in-8, avec fig. 6e édit. 6 fr.
* **La Synthèse chimique**, par M. Berthelot, secrétaire perpétuel de l'Académie des sciences. 1 vol. in-8. 8e édit. 6 fr.
* **La Théorie atomique**, par Ad. Wurtz, membre de l'Institut. 1 vol. in-8. 8e édit., précédée d'une introduction sur *la Vie et les Travaux* de l'auteur, par M. Ch. Friedel, de l'Institut. 6 fr.

La Révolution chimique (*Lavoisier*), par M. Berthelot. 1 v. in-8. 2e éd. 6 fr.

* **La Photographie et la Photochimie**, par H. Niewenglowski. 1 vol., avec gravures et une planche hors texte. 6 fr.

L'eau dans l'alimentation, par le docteur F. Malméjac. 1 vol. in-8, avec gravures. 6 fr.

ASTRONOMIE — MÉCANIQUE

* **Histoire de la Machine à vapeur, de la Locomotive et des Bateaux à vapeur**, par R. Thurston, professeur à l'Institut technique de Hoboken, près de New-York, revue, annotée et augmentée d'une introduction par M. Hirsch, professeur à l'École des ponts et chaussées de Paris. 2 vol. in-8, avec 160 figures et 16 planches hors texte. 3e *édit.* 12 fr.
* **Les Etoiles**, par le P. A. Secchi, directeur de l'Observatoire du Collège romain. 2 vol. in-8, avec 68 figures et 16 planches. 2e édit. 12 fr.
* **Les Aurores polaires**, par A. Angot, membre du Bureau central météorologique de France. 1 vol. in-8, avec figures. 6 fr.

PHYSIQUE

La Conservation de l'énergie, par Balfour Stewart, prof. de physique au collège Owens de Manchester (Angleterre). 1 vol. in-8, avec fig. 6e édit. 6 fr.

* **Les Glaciers et les Transformations de l'eau**, par J. Tyndall, suiv. d'une étude sur le même sujet, par Helmholtz, professeur à l'Université de Berlin. 1 vol. in-8, avec fig. et 8 planches hors texte. 5e édit. 6 fr.
* **La Matière et la Physique moderne**, par Stallo, précédé d'une préface par Ch. Friedel, membre de l'Institut. 1 vol. in-8. 3e édit. 6 fr.

THÉORIE DES BEAUX-ARTS

* **Les Débuts de l'art**, par E. Grosse. Traduit de l'allemand par A. Dirr. Préface de L. Marillier, 1 vol. in-8, avec gravures. 6 fr.
* **Le Son et la Musique**, par P. Blaserna, prof. à l'Université de Rome, prof. à l'Université de Berlin. 1 vol. in-8, avec 41 fig. 5e édit. 6 fr.
* **Principes scientifiques des Beaux-Arts**, par E. Brucke, professeur à l'Université de Vienne. 1 vol. in-8, avec fig. 4e édit. 6 fr.
* **Théorie scientifique des couleurs** et leurs applications aux arts et à l'industrie, par O. N. Rood, professeur à Colombia-Collège de New-York. 1 vol. in-8, avec 130 figures et une planche en couleurs. 6 fr.
* **La Céramique ancienne et moderne**, par MM. Guignet, directeur des teintures à la Manufacture des Gobelins, et Garnier, directeur du Musée de la Manufacture de Sèvres. 1 vol. in-8, avec grav. 6 fr.

RÉCENTES PUBLICATIONS

HISTORIQUES, PHILOSOPHIQUES ET SCIENTIFIQUES

qui ne se trouvent pas dans les collections précédentes.

ALAUX. **Esquisse d'une philosophie de l'être.** In-8. 1 fr.
— **Les Problèmes religieux au XIXe siècle.** 1 vol. in-8. 7 fr. 50
— **Philosophie morale et politique,** in-8. 1893. 7 fr. 50
— **Théorie de l'âme humaine.** 1 vol. in-8. 1895. 10 fr. (Voy. p. 2.)
— **Dieu et le Monde.** *Essai de phil. première.* 1901. 1 vol. in-12. 2 fr. 50
ALTMEYER. **Les Précurs. de la réforme aux Pays-Bas.** 2 v. in-8. 12 fr.
AMIABLE (Louis). **Une loge maçonnique d'avant 1789.** 1 v. in-8. 6 fr.
ANSIAUX (M.). **Heures de travail et salaires,** in-8. 1896. 5 fr.
ARNAUNÉ (A.), directeur de la Monnaie. **La monnaie, le crédit et le change** 2e édition, revue et augmentée. 1 vol. in-8. 1902. 8 fr.
ARRÉAT. **Une Éducation intellectuelle.** 1 vol. in-18. 2 fr. 50
— **Journal d'un philosophe.** 1 vol. in-18. 3 fr. 50 (Voy. p. 2 et 5.)
AZAM. **Hypnotisme et double conscience.** 1 vol. in-8. 9 fr.
BAISSAC (J.). **Les Origines de la religion.** 2 vol. in-8. 12 fr.
BALFOUR STEWART et TAIT. **L'Univers invisible.** 1 vol. in-8. 7 fr.
BARTHÉLEMY-SAINT-HILAIRE. (Voy. pages 5 et 10, ARISTOTE.)
— ***Victor Cousin,** sa vie, sa correspondance. 3 vol. in-8. 1895. 30 fr.
BEAUMONT (G. de). **Paroles d'un vivant,** in-8. 1900. 5 fr.
BERTAULD (P.-A.). **Positivisme et philos. scientif.** In-12. 1899. 3 fr. 50
BERTON (H.), docteur en droit. **L'évolution constitutionnelle du second empire.** Doctrines, textes, histoire. 1 fort vol. in-8. 1900. 12 fr.
BLONDEAU (C.). **L'absolu et sa loi constitutive.** 1 vol. in-8. 1897. 6 fr.
BLUM (E.), agrégé de philosophie. **La Déclaration des Droits de l'homme.** Texte et commentaire. Préface de M. G. COMPAYRÉ, recteur de l'Académie de Lyon. 1 vol. in-8. 1902. 3 fr. 75
BOILLEY (P.). **La Législation internationale du travail.** In-12. 3 fr.
— **Les trois socialismes** : anarchisme, collectivisme, réformisme. 3 fr. 50
— **De la production industrielle.** In-12. 1899. 2 fr. 50
BOURDEAU (Louis). **Théorie des sciences.** 2 vol. in-8. 20 fr.
— **La Conquête du monde animal.** In-8. 5 fr.
— **La Conquête du monde végétal.** In-8. 1893. 5 fr.
— **L'Histoire et les historiens.** 1 vol. in-8. 7 fr. 50
— ***Histoire de l'alimentation.** 1894. 1 vol. in-8. 5 fr. (V. p. 5.)
BOUSREZ (L.). **L'Anjou aux âges de la Pierre et du Bronze.** 1 vol. gr. in-8, avec pl. h. texte. 1897. 3 fr. 50
BOUTROUX (Em.). ***De l'idée de loi naturelle dans la science et la philosophie.** 1 vol. in-8. 1895. 2 fr. 50. (V. p. 2 et 6.)
BRASSEUR. **La question sociale.** 1 vol. in-8. 1900. 7 fr. 50
BROOKS ADAMS. **La loi de la civilisation et de la décadence.** In-8. 1899. 7 fr. 50
BUCHER (Karl). **Etudes d'histoire et d'économie polit.,** 1901, in-8. 6 fr.
BUNGE (N.-Ch.). **Littérature poli-économique,** 1 vol. in-8. 1898. 7 fr. 50
CARDON (G.). ***Les Fondateurs de l'Université de Douai.** In-8. 10 fr.
CLAMAGERAN. **La Réaction économique et la démocratie.** In-18. 1 fr. 25
— **La lutte contre le mal.** 1 vol. in-18. 1897. 3 fr. 50
COIGNET (Mme C). **Victor Considérant.** 1 vol. in-8. 1895. 2 fr. 50
COLLIGNON (A.). ***Diderot,** sa vie et sa correspondance. In-12. 1895. 3 fr. 50
COMBARIEU (J.). ***Les rapports de la musique et de la poésie considérés au point de vue de l'expression.** 1893. 1 vol. in-8. 7 fr. 50
COSTE (Ad.). **Hygiène sociale contre le paupérisme.** In-8. 6 fr.
— **Nouvel exposé d'économie politique et de physiologie sociale.** In-18. 3 fr. 50 (Voy. p. 2, 6 et 22.)

COUTURAT (Louis). ***De l'infini mathématique.** In-8. 1896. 12 fr.
DANY (G.), docteur en droit. ***Les Idées politiques en Pologne à la fin du XVIIIe siècle.** *La Constit. du 3 mai* 1793, in-8, 1901. 6 fr.
DAREL (Dr). **La Folie.** *Ses causes. Sa thérapeutique.* 1901, in-12. 4 fr.
DAURIAC. Croyance et réalité 1 vol. in-18. 1889. 3 fr. 50
— **Le Réalisme de Reid.** In-8. 1 fr. (V. p. 2.)
DAUZAT (A.), docteur en droit. **Du Rôle des Chambres en matière de traités internationaux.** 1 vol. grand in-8. 1899. 5 fr. (V. p. 17.)
DEFOURNY(M.). **La sociologie positiviste.** *Auguste Comte.* In-8. 1902. 6 fr.
DERAISMES (Mlle Maria). **Œuvres complètes.** 4 vol. Chacun. 3 fr. 50
DESPAUX. Genèse de la matière et de l'énergie. In-8. 1900. 4 fr.
DOLLOT (R.), docteur en droit. **Les origines de la neutralité de la Belgique** (1609-1830). 1 vol. in-8. 1902. 10 fr.
DOUHÉRET. ***Idéologie,** discours sur la philos. prem. In-18. 1900. 1 fr. 25
DROZ (Numa). **Etudes et portraits politiques.** 1 vol. in-8. 1895. 7 fr. 50
— **Essais économiques.** 1 vol. in-8. 1896. 7 fr. 50
— **La démocratie fédérative et le socialisme d'État.** In-12. 1 fr.
DUBUC (P.). ***Essai sur la méthode en métaphysique.** 1 vol. in-8. 5 fr.
DUGAS (L.). ***L'amitié antique.** 1 vol. in-8. 1895. 7 fr. 50 (V. p. 2.)
DUNAN. ***Sur les formes à priori de la sensibilité.** 1 vol. in-8. 5 fr.
— **Zénon d'Élée et le mouvement.** In-8. 1 fr. 50 (V. p. 2.)
DUNANT (E.). **Les relations diplomatiques de la France et de la République helvétique** (1798-1803). 1 vol. in-8. 1902. 20 fr.
DUPUY (Paul). **Les fondements de la morale.** In-8. 1900. 5 fr.
Éducation sociale (Congrès de l'), **Paris 1900.** 1 vol. in-8. 1901. 10 fr.
***Entre Camarades.** Ouvr. publié par la Soc. des anciens élèves de la Faculté des lettres de l'Univ. de Paris. *Histoire, littératures ancienne, française, étrangère, philologie, philosophie, journalisme.* 1901, in-8. 10 fr.
ESPINAS (A.). ***Les Origines de la technologie.** 1 vol. in-8. 1897. 5 fr.
FEDERICI. Les Lois du progrès. 2 vol. in-8. Chacun. 6 fr.
FERRÈRE (F.). **La situation religieuse de l'Afrique romaine** depuis la fin du IVe siècle jusqu'à l'invasion des Vandales. 1 v. in-8. 1898. 7 fr. 50
FERRIÈRE (Em.). **Les Apôtres,** essai d'histoire religieuse. 1 vol. in-12. 4 fr. 50
— **L'Ame est la fonction du cerveau.** 2 volumes in-18. 7 fr.
— **Le Paganisme des Hébreux jusqu'à la captivité de Babylone.** 1 vol. in-18. 3 fr. 50
— **La Matière et l'Énergie.** 1 vol. in-18. 4 fr. 50
— **L'Ame et la Vie.** 1 vol. in-18. 4 fr. 50
— **Les Mythes de la Bible.** 1 vol. in-18. 1893. 3 fr. 50
— **La Cause première d'après les données expérim.** In-18. 1896. 3 fr. 50
— **Étymologie de 400 prénoms usités en France.** 1 vol. in-18. 1898. 1 fr. 50 (Voy. p. 10 et 32).
FLEURY (Maurice de). **Introduction à la médecine de l'Esprit.** 1 vol. in-8. 6e éd. 1900. 7 fr. 50 (V. p. 3.)
FLOURNOY. Des phénomènes de synopsie. In-8. 1893. 6 fr.
— **Des Indes à la planète Mars.** Etude sur un cas de somnambulisme avec glossolalie. 1 vol. in-8, avec grav. 3e éd. 1900. 8 fr.
— **Nouv. observ. sur un cas de somnambulisme.** In-8. 1902. 5 fr.
Fondation universitaire de Belleville (La). Ch. GIDE. *Tr. intellect. et tr. manuel.* —J. BARDOUX. *Prem. efforts et prem. année.* 1901. In-16. 1 fr. 50
FRÉDÉRICQ (P.). **L'Enseignement supérieur de l'histoire.** Allemagne, France, Ecosse, Angleterre, Hollande, Belgique. In-8. 1899. 7 fr.
GELEY (V.). **Les preuves du transformisme et les enseignements de la doctrine évolutionniste.** 1 vol. in-8. 1901. 6 fr.
GOBLET D'ALVIELLA. L'Idée de Dieu, d'après l'anthr. et l'histoire. In-8. 6 fr.
— **La représentation proportionnelle en Belgique,** 1900. 4 fr. 50
GOURD. Le Phénomène. 1 vol. in-8. 7 fr. 50
GREEF (Guillaume de). **Introduction à la Sociologie.** 2 vol. in-8. 10 fr.
— **L'évolution des croyances et des doctrines politiques.** 1 vol. in-12. 1895. 4 fr. (V. p. 7.)

GRIMAUX (Ed.). ***Lavoisier (1743-1794)**, d'après sa correspondance et divers documents inédits. 1 vol. gr. in-8, avec gravures. 3ᵉ éd. 1898. 15 fr.
GRIVEAU (M.). **Les Éléments du beau.** In-18. 4 fr. 50
— **La Sphère de beauté**, 1901. 1 vol. in-8. 10 fr.
GUYAU. **Vers d'un philosophe.** In-18. 3ᵉ édit. 3 fr. 50 (Voy. p. 3, 7 et 10.)
GYEL (le Dʳ E.). **L'être subconscient.** 1 vol. in-8. 1899. 4 fr.
HALLEUX (J.). **Les principes du positivisme contemporain**, exposé et critique. (Ouvrage récompensé par l'Institut). 1 vol. in-12. 1895. 3 fr. 50
— **L'Evolutionnisme en morale** (*H. Spencer*). In-12. 1901. 3 fr. 50
HARRACA (J.-M.). **Contribution à l'étude de l'Hérédité et des principes de la formation des races.** 1 vol. in-18. 1898. 2 fr.
HENNEGUY (Félix). **Le Sphinx.** Poèmes dramatiques. 1 v. in-18. 1899. 3 fr. 50
— **Les Aïeux.** Poèmes dramatiques. 1 vol. in-18. 1901. 3 fr. 50
HERZEN, professeur de physiologie à l'Université de Lausanne. **Causeries physiologiques.** 1 vol. in-12. 1899. 3 fr. 50
HIRTH (G.). **La Vue plastique, fonction de l'écorce cérébrale.** In-8. Trad. de l'allem. par L. Arréat, avec grav. et 34 pl. 8 fr. (Voy. p. 7.)
— **Pourquoi sommes nous distraits?** 1 vol. in-8. 1895. 2 fr.
HOCQUART (E.). **L'Art de juger le caractère des hommes sur leur écriture**, préface de J. Crépieux-Jamin. Br. in-8. 1898. 1 fr.
HORION. **Essai de Synthèse évolutionniste**, in-8. 1899. 7 fr.
HORVATH, KARDOS et ENDRODI. ***Histoire de la littérature hongroise**, adapté du hongrois par J. Kont. Gr. in-8, avec gr. 1900. Br. 10 fr. Rel. 15 fr.
ICARD **Paradoxes ou vérités.** 1 vol. in-12. 1895. 3 fr. 50
JOYAU. **De l'invention dans les arts et dans les sciences.** 1 v. in-8. 5 fr.
— **Essai sur la liberté morale.** 1 vol. in-18. 3 fr. 50
KARPPE (S.), docteur ès lettres. **Les origines et la nature du Zohar**, précédé d'une *Etude sur l'histoire de la Kabbale*. 1901. in-8. 7 fr. 50
KAUFMANN. **La cause finale et son importance au temps présent.** Traduit de l'allemand par A. Deiber. In-12. 2 fr. 50
KINGSFORD (A.) et MAITLAND (E.). **La Voie parfaite ou le Christ ésotérique**, précédé d'une préface d'Edouard Schuré. 1 vol. in-8. 1892. 6 fr.
KUFFERATH (Maurice). **Musiciens et philosophes.** (Tolstoï, Schopenhauer, Nietzsche, Richard Wagner). 1 vol. in-12. 1899. 3 fr. 50
LAURENT. **Les Universités des deux mondes.** 1 vol. in-12. 1896. 3 fr. 50
LAVELEYE (Em. de). **De l'avenir des peuples catholiques.** In-8. 25 c.
— **Essais et Études.** Première série (1861-1875). — Deuxième série (1875-1882). — Troisième série (1892-1894). Chaque vol. in-8. 7 fr. 50
LEMAIRE (P.). **Le cartésianisme chez les Bénédictins. Dom R. Desgabets.** 1 vol. in-8. 1902. 6 fr. 50
LEMAITRE (J.), professeur au Collège de Genève. — **Audition colorée et Phénomènes connexes observés chez des écoliers.** In-12. 1900. 4 fr.
LETAINTURIER (J.). **Le socialisme devant le bon sens.** in-18. 1 fr. 50
LÉVY (Albert). ***Psychologie du caractère.** In-8. 1896. 5 fr.
LÉVY-SCHNEIDER (L.), docteur ès lettres. — **Le conventionnel Jeanbon Saint-André** (1749-1813). 1901. 2 vol. in 8. 15 fr.
LICHTENBERGER (A.). **Le socialisme au XVIIIᵉ siècle.** Les idées socialistes dans les écrivains français au XVIIIᵉ siècle. In-8. 1895. 7 fr. 50
MABILLEAU (L.). ***Histoire de la philosophie atomistique.** 1 vol. in-8. 1895. (Ouvrage couronné par l'Institut.) 12 fr.
MAINDRON (Ernest). ***L'Académie des sciences** (Histoire de l'Académie; fondation de l'Institut national; Bonaparte, membre de l'Institut). In-8 cavalier, 53 grav., portraits, plans. 8 pl. hors texte et 2 autographes. 12 fr.
MALCOLM MAC COLL. **Le Sultan et les grandes puissances**, essai historique, traduct. de Jean Longuet. 1 vol. in-8. 1899. 5 fr.
MANACÉINE (Marie de). **L'anarchie passive et Tolstoï.** In-18. 2 fr.
MANDOUL (J.). **Un homme d'État italien : Joseph de Maistre et la politique de la maison de Savoie.** 1 vol. in-8. 8 fr.
MARIÉTAN (J.). **Problème de la classification des sciences, d'Aristote à saint Thomas.** 1 vol. in-8. 1901. 3 fr.

MARSAUCHE (L.). **La Confédération helvétique d'après la Constitution**, préface de M. Frédéric Passy. 1 vol. in-18. 1891. 3 fr. 50

MATAGRIN. **L'esthétique de Lotze**. 1 vol. in-12. 1900. 2 fr.

MATTEUZZI. **Les facteurs de l'évolution des peuples**. In-8. 1900. 6 fr.

MERCIER (Mgr). **Les origines de la psych. contemp.** In-12. 1898. 5 fr.

— **La Définition philosophique de la vie**. Broch. in-8. 1899. 1 fr. 50

MILHAUD (G.), professeur à l'Université de Montpellier. **Le positivisme et le progrès de l'esprit**. 1 vol. in-12. 1902. 2 fr. 50

MISMER (Ch.). **Principes sociologiques**. 1 vol. in-8. 2e éd. 1897. 5 fr.

MONCALM. **Origine de la pensée et de la parole**. In-8. 1899. 5 fr.

MONNIER (Marcel). ***Le drame chinois**. 1 vol. in-16. 1900. 2 fr. 50

MONTIER (Amand). **Robert Lindet**, grand in-8. 1899. 10 fr.

MORIAUD (P.). **La liberté et la conduite humaine** In-12. 1897. 3 fr. 50

NEPLUYEFF (N. de). **La confrérie ouvrière et ses écoles**, in-12. 2 fr.

NIZET. **L'Hypnotisme**, étude critique. 1 vol. in-12. 1892. 2 fr. 50

NODET (V.). **Les agnoscies, la cécité psychique**. In-8. 1899. 4 fr.

NOVICOW (J.). **La Question d'Alsace-Lorraine**. In-8. 1 fr. (V. p. 4, 8 et 16.)

— **La Fédération de l'Europe**. 1 vol. in-18. 2e édit. 1901. 3 fr. 50

PARIS (comte de). **Les Associations ouvrières en Angleterre** (Trades-unions). 1 vol. in-18. 7e édit. 1 fr. — Édition sur papier fort. 2 fr 50

PAUL-BONCOUR (J.). **Le fédéralisme économique**, préf. de M. WALDECK-ROUSSEAU. 1 vol. in-8. 2e édition. 1901. 6 fr.

PAULHAN (Fr.). **Le Nouveau mysticisme**. 1 vol. in-18. 1891. 2 fr. 50

PELLETAN (Eugène). ***La Naissance d'une ville** (Royan). In-18. 2 fr.

— ***Jarousseau, le pasteur du désert**. 1 vol. in-18. 2 fr.

— ***Un Roi philosophe** : *Frédéric le Grand*, in-18. 3 fr. 50

— **Droits de l'homme**. 1 vol. in-12. 3 fr. 50

— **Profession de foi du XIXe siècle**. In-12. 3 fr. 50 (V. p. 31.)

PEREZ (Bernard). **Mes deux chats**. In-12, 2e édition. 1 fr. 50

— **Jacotot et sa Méthode d'émancipation intellect**. In-18. 3 fr.

— **Dictionnaire abrégé de philosophie**. 1893. in-12. 1 fr. 50 (V. p. 8.)

PHILBERT (Louis). **Le Rire**. In-8. (Cour. par l'Académie française.) 7 fr. 50

PHILIPPE (J.). **Lucrèce dans la théologie chrétienne** du IIIe au XIIIe siècle. 1 vol. in-8. 1896. 2 fr. 50

PIAT (C.). **L'Intellect actif**. 1 vol. in-8. 4 fr. (V. p. 8, 11, 12.)

— **L'Idée ou critique du Kantisme**. 2e édition 1901. 1 vol. in-8. 6 fr.

PICARD (Ch.). **Sémites et Aryens** (1893). In-18. 1 fr. 50

PICARD (E.). **Le Droit pur, les permanences juridiques abstraites**. 1 v. in-8. 1899. 7 fr. 50

PICAVET (F.). **La Mettrie et la crit. allem.** 1889. In-8. 1 fr. (V. p. 8.)

PICTET (Raoul). **Étude critique du matérialisme et du spiritualisme par la physique expérimentale**. 1 vol. gr. in-8. 1896. 10 fr.

PINLOCHE (A.), professeur honoraire de l'Université de Lille. **Pestalozzi et l'éducation populaire moderne**. 1 vol. in-12. 1902. 2 fr. 50

POEY. **M. Littré et Auguste Comte**. 1 vol. in-18. 3 fr. 50

PORT. **La Légende de Cathelineau**. In-8. 5 fr.

POULLET. **La Campagne de l'Est** (1870-1871). In-8, avec cartes. 7 fr.

* **Pour et contre l'enseignement philosophique**, par MM. VANDEREM (Fernand), RIBOT (Th.), BOUTROUX (F.), MARION (H.), JANET (P.), FOUILLÉE (A.); MONOD (G.), LYON (Georges), MARILLIER (L.), CLAMADIEU (abbé), BOURDEAU (J.), LACAZE (G.), TAINE (H.). 1894. In-18. 2 fr.

PRAT (Louis). **Le mystère de Platon (Aglaophamos)**. 1 v. in-8. 1900. 4 fr.

PRÉAUBERT. **La vie, mode de mouvement**. In-8. 1897. 5 fr.

PRINS (Ad.). **L'organisation de la liberté et le devoir social**. 1 vol. in-8. 1895. 4 fr.

Programme maritime de 1900-1906 (Le). 1 vol. in-12. 1902. 3 fr. 50

Psychologie (IVe Congrès international), Paris 1900. 1 vol. in-8. 1901. 20 fr.

PUJO (Maurice). ***Le règne de la grâce**. 1 vol. in-18. 3 fr. 50

RATAZZI (Mme). **Emilio Castelar**. In-8, avec illustr., portr. 1899. 3 fr. 50

RAYMOND (P.). **L'arrondissement d'Uzès avant l'Histoire.** In-8, avec gravures. 1900. 6 fr.

RENOUVIER, de l'Inst. **Uchronie.** *Utopie dans l'Histoire*. 2ᵉ é. 1901. In-8. 7 50

RIBERT (L.). **Essai d'une philosophie nouvelle.** 1 vol. in-8. 1898. 6 fr.

RIBOT (Paul). **Spiritualisme et Matérialisme.** 2ᵉ éd. 1 vol. in-8. 6 fr.

ROBERTY (J.-E.) **Auguste Bouvier,** pasteur et théologien protestant. 1826-1893. 1 fort vol. in-12. 1901. 3 fr. 50

ROISEL. **Chronologie des temps préhistoriques.** In-12. 1900. 1 fr.

ROTT (Éd.). **La représentation diplomatique de la France auprès des cantons suisses confédérés.** T. I (1498-1559). 1 vol. gr. in-8. 1900, 12 fr. — T. II (1559-1610). 1 vol. gr. in-8. 1902. 15 fr.

RUTE (Marie-Letizia de). **Lettres d'une voyageuse.** In-8. 1896. 3 fr.

SANDERVAL (O. de). **De l'Absolu.** La loi de vie. 1 vol. in-8. 2ᵉ éd. 5 fr.

— **Kahel. Le Soudan français.** In-8, avec gravures et cartes. 8 fr.

SAUSSURE (L. de). ***Psychol. de la colonisation franç.**, in-12. 3 fr. 50

SAYOUS (E.), professeur à l'Université de Besançon. ***Histoire générale des Hongrois.** 2ᵉ éd. revisée par ANDRÉ SAYOUS et J. DOLENECZ. 1 vol. grand in-8, avec grav. et pl. hors texte. 1900. Br. 15 fr. Relié. 20 fr.

Sciences sociales (Premier Congrès de l'enseignement des). Paris 1900. 1 vol. in-8. 1901. 7 fr. 50

SECRÉTAN (Ch.). **Études sociales.** 1889. 1 vol. in-18. 3 fr. 50

— **Les Droits de l'humanité.** 1 vol. in-18. 1891. 3 fr. 50

— **La Croyance et la civilisation.** 1 vol. in-18. 2ᵉ édit. 1891. 3 fr. 50

— **Mon Utopie.** 1 vol. in-18. 3 fr. 50

— **Le Principe de la morale.** 1 vol. in-8. 2ᵉ éd. 7 fr. 50

— **Essais de philosophie et de littérature.** 1 vol. in-12. 1896. 3 fr. 50

SECRÉTAN (H.). **La Société et la morale.** 1 vol. in-12. 1897. 3 fr. 50

SKARZYNSKI (L.). ***Le progrès social à la fin du XIXᵉ siècle.** Préface de M. LÉON BOURGEOIS. 1901. 1 vol in-12. 4 fr. 50

SOLOWEITSCHEK (Leonty). **Un prolétariat méconnu,** étude sur la situation sociale et économique des ouvriers juifs. 1 vol. in-8. 1898. 2 fr. 50

SOREL (Albert), de l'Acad. franç. **Traité de Paris de 1815.** In-8. 4 fr. 50

SPIR (A.). **Esquisses de philosophie critique.** 1 vol. in-18. 2 fr. 50

— **Nouvelles esquisses de philosophie critique.** In-8. 1899. 3 fr. 50

STOCQUART (Emile). **Le contrat de travail.** In-12. 1895. 3 fr.

TERQUEM (A.). **Science romaine à l'époque d'Auguste.** in-8. 3 fr.

TISSOT. **Principes de morale.** 1 vol. in-8. 6 fr. (Voy. KANT, p. 11.)

VACHEROT. **La Science et la Métaphysique.** 3 vol. in-18. 10 fr. 50

VAN BIERVLIET (J.-J.). **Psychologie humaine.** 1 vol. in-8. 8 fr.

— **La Mémoire.** Br. in-8. 1893. 2 fr.

— **Etudes de psychologie,** 1 vol. in-8. 1901. 4 fr.

— **Causeries pschologiques.** 1 vol. in-8. 1902. 3 fr.

VIALLATE (A.). **Chamberlain.** in-12, préface de E. BOUTMY. 2 fr. 50

VIALLET (C.-Paul). **Je pense, donc je suis.** Introduction à la méthode cartésienne. 1 vol. in-12. 1896. 2 fr. 50

VIGOUREUX (Ch.). **L'Avenir de l'Europe** au double point de vue de la politique de sentiment et de la politique d'intérêt. 1892. 1 vol. in-18. 3 fr. 50

WEIL (Denis). **Le Droit d'association et le Droit de réunion** devant les chambres et les tribunaux. 1893. 1 vol. in-12. 3 fr. 50

— **Les Élections législatives, législation et mœurs.** 1 vol. in-18 1895. 3 fr. 50

WUARIN (L.). **Le Contribuable.** 1 vol. in-16. 3 fr. 50

WULF (M. de). **Histoire de la philosophie scolastique dans les Pays-Bas et la principauté de Liège jusqu'à la Révol. franç.** In-8. 5 fr.

— **Sur l'esthétique de saint Thomas d'Aquin.** In-8. 1 fr. 50

— **La Philosophie médiévale.** 1 vol. in-8. 1899. 7 fr. 50

ZIESING (Th.). **Érasme ou Salignac. Étude sur la lettre de François Rabelais.** 1 vol. gr. in-8. 4 fr.

ZOLLA (D.). **Les questions agricoles d'hier et d'aujourd'hui.** 1894, 1895. 2 vol. in-12. Chacun. 3 fr. 50

Médecine populaire, par le Dr TURCK. 7e édit., revue par le Dr L. LARRIVÉ.

La Médecine des accidents, par le Dr BROQUÈRE.

Les Maladies épidémiques (Hygiène et Prévention), par le Dr L. MONIN.

Hygiène générale, par le Dr CRUVEILHIER.

La tuberculose, son traitement hygiénique, par P. MERKLEN, interne des hôpitaux.

Petit Dictionnaire des falsifications, par DUFOUR, pharmacien de 1re classe.

L'Hygiène de la cuisine, par le Dr LAUMONIER.

Les Mines de la France et de ses colonies, par P. MAIGNE.

Petite chimie de l'agriculture, pa[r] V. VAILLANT.

Les Matières premières et leur emp[loi] par le Dr H. GENEVOIX, pharmacien de 1re c[lasse].

Les Procédés industriels, par le mêm[e].

La Photographie, par H. GOSSIN.

La Machine à vapeur, par le même (av. fig.).

La Navigation aérienne, par G. DALLET.

L'Agriculture française, par A. LARBALÉTRIER, prof. d'agriculture (avec figures).

La Viticulture nouvelle, par A. BERGET.

La pratique des vins, par *le même*.

Les vins de France, par *le même*.

Les Chemins de fer, p. G. MAYER (av. fig.).

Les grands ports maritimes de commerce, par D. BELLET (avec figures).

SCIENCES PHYSIQUES ET NATURELLES

Télescope et Microscope, par ZURCHER et MARGOLLÉ.

Les Phénomènes de l'atmosphère, par ZURCHER. 7e édit.

Histoire de l'air, par ALBERT-LÉVY.

Histoire de la terre, par BROTHIER.

Principaux faits de la chimie, par BOUANT, prof. au lycée Charlemagne.

Les Phénomènes de la mer, par E. MARGOLLÉ. 5e édit.

L'Homme préhistorique, par ZABOROWSKI. Nouvelle édition refondue.

Les Mondes disparus, par le même.

Les grands Singes, par le même.

Histoire de l'eau, par BOUANT, prof. au lycée Charlemagne (avec grav.).

Introduction à l'étude des sciences physiques, par MORAND. 5e édit.

Le Darwinisme, par E. FERRIÈRE.

Géologie, par GEIKIE (avec figures).

Les Migrations des animaux et le Pigeon voyageur, par ZABOROWSKI. 4e éd.

Premières Notions sur les sciences, par Th. HUXLEY.

La Chasse et la Pêche des animaux marins, par JOUAN.

Zoologie générale, par H. BEAUREGARD.

Botanique générale, par E. GÉRARDIN, (avec figures).

La Vie dans les mers, par H. COUPIN.

Les Insectes nuisibles, par A. ACLOQUE.

PHILOSOPHIE

La Vie éternelle, par ENFANTIN. 2e éd.

Voltaire et Rousseau, par E. NOEL. 3e éd.

La Philosophie zoologique, par Victor MEUNIER. 3e édit.

L'Origine du langage, par ZABOROWSKI.

Physiologie de l'esprit, par PAULHAN (avec figures).

L'Homme est-il libre? par G. RENARD.

La Philosophie positive, par le docteur ROBINET. 2e édition.

ENSEIGNEMENT. — ÉCONOMIE DOMESTIQUE

De l'Éducation, par H. SPENCER. 8e édit.

La Statistique humaine de la France, par Jacques BERTILLON.

Le Journal, par HATIN.

De l'Enseignement professionnel, par CORBON. 3e édit.

Les Délassements du travail, par Maurice CRISTAL. 2e édit.

Le Budget du foyer, par H. LENEVEUX.

Paris municipal, par H. LENEVEUX.

Histoire du travail manuel en France, par H. LENEVEUX.

L'Art et les Artistes en France, par Laurent PICHAT, sénateur. 4e édit.

Premiers principes des beaux-arts, par J. COLLIER (avec gravures).

Économie politique, par STANLEY JEVONS.

Le Patriotisme à l'école, par le général JOURDY.

Histoire du libre-échange en Angleterre, par MONGREDIEN.

Économie rurale et agricole, par PETIT.

La Richesse et le Bonheur, par Ad. COSTE.

Alcoolisme ou épargne, le dilemme social, par Ad. COSTE.

L'Alcool et la lutte contre l'alcoolisme, par les Drs SÉRIEUX et MATHIEU.

Les plantes d'appartement, de fenêtres et de balcons, par A. LARBALÉTRIER.

L'Assistance publique en France, par le Dr L. LARRIVÉ.

La pratique des vins, par A. BERGET.

Les vins de France, par A. BERGET.

DROIT

La Loi civile en France, par MORIN, 3e édit.

La Justice criminelle en France, par G. JOURDAN. 3e édit.

L.-Imprimeries réunies, rue Saint-Benoît, 7, Paris. — 8072.

www.ingramcontent.com/pod-product-compliance
Ingram Content Group UK Ltd.
Pitfield, Milton Keynes, MK11 3LW, UK
UKHW020308230726
13925UKWH00001B/284